Miriam Dreysse / Florian Malzacher (Hg.)
Experten des Alltags

Rimini Protokoll ist das Label der Theatermacher Helgard Haug (*1969), Stefan Kaegi (*1972) und Daniel Wetzel (*1969), die sich während ihres Studiums der Angewandten Theaterwissenschaft in Gießen kennengelernt haben. Seit 2000 entstanden in unterschiedlichen Konstellationen eine Reihe bemerkenswerter Bühnen-Inszenierungen (u. a. *Kreuzworträtsel Boxenstopp* 2000, *Deadline* 2003, *Mnemopark* 2005, *Wallenstein* 2005, *Karl Marx: Das Kapital, Erster Band* 2006) sowie ortsspezifische Arbeiten (u. a. *Call Cutta* 2005, *Cargo Sofia* 2006) und zahlreiche Hörspiele. Gastspiele und Neuproduktionen führen durch ganz Europa, aber auch nach Südamerika oder Indien. Zweimal wurden Rimini Protokoll zum Berliner Theatertreffen eingeladen, 2003 in einer Kritikerumfrage zu Nachwuchsregisseuren des Jahres gewählt und 2007 mit dem Mülheimer Dramatikerpreis ausgezeichnet. 2008 erhalten sie den »Europe Prize New Theatrical Realities«.

Miriam Dreysse / Florian Malzacher (Hg.)

EXPERTEN DES ALLTAGS
Das Theater von Rimini Protokoll

Alexander Verlag Berlin

Eine Koproduktion mit

Institute for Contemporary Arts Research
Institute for the Performing Arts and Film

© by Alexander Verlag Berlin 2007
Alexander Wewerka, Fredericiastr. 8, 14050 Berlin
info@alexander-verlag.com
www.alexander-verlag.com
Gestaltung: Antje Wewerka
Umschlag unter Verwendung eines Fotos aus
Kreuzworträtsel Boxenstopp von Alexander Paul Englert

Alle Rechte vorbehalten. Jede Form der Vervielfältigung,
auch auszugsweise, nur mit schriftlicher Genehmigung durch den Verlag.
Druck und Bindung Interpress Budapest
Printed in Hungary (November) 2007
ISBN 978-3-89581-181-4

Inhalt

8 Miriam Dreysse & Florian Malzacher
Vorwort

14 Florian Malzacher
Dramaturgien der Fürsorge und der Verunsicherung
Die Geschichte von Rimini Protokoll

46 Jens Roselt
In Erscheinung treten
Zur Darstellungspraxis des Sich-Zeigens

64 Eva Behrendt
Spezialisten des eigenen Lebens
Gespräche mit Riminis Experten

76 Miriam Dreysse
Die Aufführung beginnt jetzt
Zum Verhältnis von Realität und Fiktion

100 Kathrin Röggla
in originalgröße
die landschaft von *mnemopark*

104 Annemarie Matzke
Riminis Räume
Eine virtuelle Führung

118 Heiner Goebbels
Was wir nicht sehen, zieht uns an
Vier Thesen zu *Call Cutta*

128 **Betreff: berlin report 16 april 2005**
Gesprächsprotokoll von Priyanka Nandy

130 Rimini Protokoll
Stellprobe – Bauprobe – Welt
Mögliche Projekte 2004 – 2007

138 Martina Müller-Wallraf
Zurück im Leben
Humane Überprüfungen im Soundsystem Radio

146 Matthias Pees
Menschen auf der Schwelle
Südamerikanische Projekte zwischen Arm und Reich

158 Diedrich Diederichsen
Betroffene, Exemplifizierende und Human Interfaces
Rimini Protokoll zwischen Theater, Performance und Kunst

164 Hans-Thies Lehmann
Theorie im Theater?
Anmerkungen zu einer alten Frage

182 Gerald Siegmund
Die Kunst des Erinnerns
Fiktion als Verführung zur Realität

206 Tobi Müller
»Ihr habt doch ein Leben lang geprobt!«
Die Entstehung von *Uraufführung: Der Besuch der alten Dame*

214 **Werkverzeichnis**

229 **Autoren**

231 **Koproduzenten**

232 **Fotografen**

Sonde Hannover

Vorwort

von Miriam Dreysse & Florian Malzacher

Vier alte Damen mit alten Stimmen und alten Körpern als Rennfahrerinnen auf einer Bühne mit Treppenlift, Gehhilfen und Flaggensignalen zur Orientierung. Weil Geschwindigkeit, Präsenz des Todes und Verschmelzung von Körper und Technik große Themen sind – im Altersheim wie in der Formel 1. Weil sich über den Umweg eines fiktiven Autorennens unerwartet viel und unerwartet einfühlsam erzählen lässt vom Leben am Ende des Lebens.

Bereits *Kreuzworträtsel Boxenstopp*, die erste gemeinsame Arbeit von Helgard Haug, Stefan Kaegi und Daniel Wetzel im November 2000 (noch bevor sie sich den Namen Rimini Protokoll gaben), wies fast all jene Merkmale auf, die ihr Werk seither unverwechselbar prägen, so sehr sie auch variiert, verfeinert, mal reduziert, mal erweitert werden: nichtprofessionelle Darsteller als Experten für ihr eigenes Leben, für ihren eigenen Alltag. Die Auseinandersetzung mit dem konkreten Ort der Aufführung oder dessen Umfeld (wie eben ein Seniorenstift direkt neben dem Theater). Ein Text, der deutliche Spuren seiner Entstehung zeigt, der dokumentarisch und literarisch zugleich ist und sehr disparate Materialien der Recherche (wie Alter und Formel 1) miteinander verschneidet. Die Eröffnung neuer Perspektiven auf vermeintlich Altbekanntes. Eine Dramaturgie, die sich, ebenso wie der Text, aus Vorgefundenem entwickelt, und die gleichzeitig immer eine Dramaturgie der Fürsorge ist, die Performer schützt, aber auch fordert.

So wurde *Kreuzworträtsel Boxenstopp* in mancher Hinsicht zum Prototyp für zahlreiche größere Bühnenarbeiten, die folgten. Aber auch zum Ausgangspunkt für ortsspezifische Projekte, für Hörspiele und Audiotouren, für kleine Dokumentarien und Kurzportraits.

Sieben Jahre Rimini Protokoll. Ein bisschen früh für ein ausführliches Buch, eigentlich. Doch die Arbeit von Helgard Haug, Stefan Kaegi und Daniel Wetzel ist nicht zufällig in so kurzer Zeit so erfolgreich geworden. Zweimal wurde sie bislang zum Berliner Theatertreffen eingeladen (wo Nichtdramatisches sonst kaum je auftaucht) und zuletzt mit dem Mülheimer Dramatikerpreis ausgezeichnet. Gastspiele und Neuproduktionen führen durch ganz Europa, aber auch nach Südamerika oder Indien.

Rimini Protokoll sind – in unterschiedlichen Konstellationen – freie Regisseure, die nicht mit Schauspielern und vorhandenen Stücktexten arbeiten und die dennoch an den großen Stadttheatern wie in Hamburg, Wien, Düsseldorf oder Zürich inszenieren. Die offensichtlich einen Nerv getroffen haben, der ausnahmsweise einer von Theaterwissenschaft, Kritik und Publikum gleichermaßen ist: mit einem Theater, das dokumentarisch ist – also direkt an unsere Lebenswelt andockt, die uns so sehr zu entgleiten scheint. Das zugleich aber nicht (wie die meisten Doku-Formate des Fernsehens) plump eine Realität behauptet, sondern uns eine komplexe Welt vorführt, in der der Einzelne wesentlich und die Wahrheit immer eine Erzählung ist.

Krieg, globale Marktwirtschaft, Kapitalismus, Arbeitslosigkeit, Umgang mit Alter, Sterben, Tod, all das sind Themen von Rimini Protokoll. Indem dokumentarisches Material mit subjektiven Erfahrungen konfrontiert, das Gesellschaftliche mit dem Individuellen verbunden und Information um subjektive Wahrnehmung erweitert werden, fordern sie den einzelnen, konkreten Menschen gegen das politisch Allgemeine ein. Indem eindeutige Thesen, Mitteilungen, Meinungen vermieden werden, machen Haug, Kaegi und Wetzel, frei nach Godard, weniger politisches Theater, als dass sie politisch Theater machen. Sie umgehen die Vorstellung eines autoritären Zentrums (dem klassischen Symptom des Künstler-Genies), arbeiten mal zu dritt, mal zu zweit oder alleine, haben keine feste Rollenzuschreibung oder Arbeitsteilung und führen weniger Regie im klassischen Sinn, als dass sie nach Gegebenem suchen. Ihre Themen und vor allem die gefundenen Menschen prägen die Inszenierung mindestens in gleichem Maße wie das Regiekollektiv selbst.

Diese alten Damen, Teenager, arbeitslosen Fluglotsen, gescheiterten Bürgermeisterkandidaten, Vietnamsoldaten, Trauerredner, Fernfahrer, Rechtsanwälte, Call-Center-Arbeiter, Polizisten, diese »echten Menschen« eben, sind das Markenzeichen von Rimini Protokoll. Sie stehen als Experten (und eben bewusst nicht als Laien) im Mittelpunkt der Inszenierungen, sie gestalten die Aufführungen durch ihre Geschichten, ihr berufliches oder privates Wissen und Nichtwissen, durch ihre Erfahrungen und Persönlichkeiten. Und so spielen die Experten eine zentrale Rolle auch in diesem Buch; nicht nur in den Texten über sie, sondern auch, indem sie in Beiträgen von Eva Behrendt und Tobi Müller, in einem Protokoll der Expertin Priyanka Nandy und in Zwischentexten selbst zu Wort kommen.

Dass Riminis Protagonisten nicht immer auf Theaterbühnen stehen, sondern in ortsspezifischen Arbeiten, die lokale Gegebenheiten zum Ausgangspunkt nehmen, oft auch unmittelbar in ihrem eigenen Umfeld, schildert Annemarie Matzke; während Gerald Siegmund der Verbindung eben solcher Orte sowohl mit dem individuellen als auch dem kollektiven Gedächtnis nachgeht und Riminis Theater als eine Kunst des Erinnerns beschreibt. Kathrin Rögglas Reise durch den *Mnemopark* zeigt, dass Erinnerungen bei Rimini Protokoll nicht nur an echten Orten, sondern ebenso in fiktiven Landschaften verankert werden können.

Räume eröffnen Haug, Kaegi und Wetzel auch akustisch – Heiner Goebbels hat sich auf den per Mobiltelefon von Indien aus geführten *Call-Cutta*-Gang durch Berlin gemacht. Martina Müller-Wallraf begleitete als Redakteurin mehrere von Riminis Hörspielproduktionen, die oft Material von Theaterarbeiten als Ausgangspunkt haben, das bearbeitet, ergänzt und neu gestaltet wird.

Rimini Protokoll bringen Fremdes näher und halten es zugleich auf Distanz. Dieses Oszillieren zwischen Nähe und Ferne bekommt in jenen Projekten ein besonderes Gewicht, die den europäischen Kulturkreis verlassen und, so Matthias Pees über zwei Arbeiten in Südamerika, einen besonderen (künstlerischen, dokumentarischen, gesellschaftlichen) Blick gerade auf das lenken, was sonst gern übersehen wird.

Dass unsere Wirklichkeit mit ihren theatralen Anteilen nicht nur von Rimini Protokoll thematisiert wird, beschreibt Diedrich Diederichsen. Das zeitgenössische Theater ist gekennzeichnet durch die Suche nach neuen Formen von Theatralität, die Wirklichkeit nicht illusionistisch abbilden und sich dennoch grundlegend mit ihr auseinandersetzen. Gerade weil die gesellschaftliche Realität mehr und mehr theatralisiert wird (was spätestens seit dem ersten Golfkrieg unübersehbar ist), sucht das Theater nach Möglichkeiten, Wirklichkeit zu artikulieren, ohne Teil des allgemeinen Spektakels, der Theatralisierung auch des Privaten, Alltäglichen zu werden. Doch selten findet diese Auseinandersetzung so konsequent und zugleich spielerisch statt wie im Theater von Rimini Protokoll.

Wesentlich dafür sind der Umgang mit den Experten und die dramaturgische Arbeit mit dem recherchierten Material. Die Protagonisten stehen, wie Jens Roselt erläutert, auf der Bühne für sich selbst und spielen zugleich eine Rolle. Wirklichkeit wird nicht abgebildet, sondern findet als Wirklichkeit Eingang in das Theater. Dabei werden, so Miriam Dreysse, Realität und Fiktion miteinander verwoben und auf diese Weise

Rimini Protokoll – Stefan Kaegi, Helgard Haug und Daniel Wetzel, 2007

übliche Kriterien für Echtheit versus Theatralität in Frage gestellt. Dass eben diese Theatralität auch die Theorie beeinflusst – so wie umgekehrt Theorie das Theater prägt – macht Hans-Thies Lehmann an einer Arbeit deutlich, die eigentlich ein Buch als Hauptdarsteller hat: *Karl Marx: Das Kapital, Erster Band.*

Über das Theater von Rimini Protokoll zu schreiben, bedeutet einerseits, an Grenzen des Bewertbaren zu gelangen: Wie kritisiert man den Auftritt eines Modelleisenbahnsammlers, einer Stewardess, einer Herzpatientin? Wie beschreibt man ihre Wirkung auf der Bühne?

Andererseits erzählt ein solches Buch auch einfach eine Geschichte. Es verfolgt – mal mehr journalistisch, mal mehr wissenschaftlich, mal im Detail, mal im Überblick – bestimmte Spuren, lässt andere beiseite. Es entwickelt eine Dramaturgie. Es hebt hervor, organisiert, dramatisiert. Es widerspricht sich oder wiederholt sich, aber es macht auch passend, lässt unter den Tisch fallen, betont. Es erzählt eine Wirklichkeit. Seine Wirklichkeit des Theaters von Rimini Protokoll.

Ulrike Falke: 30. Juli. Großer Preis von Deutschland: Hockenheim-Ring. Als es zu regnen beginnt, gehen die Fahrer nacheinander in die Box. Rubens Barrichello nicht. Er schlittert auf Trockenreifen von der letzten Startposition auf den ersten Rang. – Das Zucken seiner Schultern auf dem Siegerpodest. Wie er gleichzeitig heult und lacht.
2. August. Niki Lauda sagt: Ich halte nichts von Erinnerung. *(zu Frau Düring)* Frau Düring, sagen Sie mal: Ich halte nichts von Erinnerung.

Wera Düring: Ich halte nichts von Erinnerung.

Ulrike Falke: 6. August. Frau Gries aus dem Wohnstift sagt: Sie können gerne versuchen, unsere Bewohnerinnen für Ihr Projekt zu gewinnen. Aber ich warne Sie: Mit Terminen ist es schwierig: Diavorträge, Ausflüge, Weinprobe, Klavierkonzert, Gedächtnistraining, Sitzgymnastik ... Unsere Bewohnerinnen sind sehr beschäftigt.
9. August. Treffen mit Düring und Falke: Frau Düring sagt: Früher dachte ich, älter wird man erst viel später.
Frau Falke – das bin ich – sagt: Bernd Rosemeyer fuhr schon 1937 durchschnittlich 276 Stundenkilometer. Dann verunglückte er tödlich. Und der Lehrer fragte die Klasse: War Bernd Rosemeyer ein Held?

Kreuzworträtsel Boxenstopp

Dramaturgien der Fürsorge und der Verunsicherung
Die Geschichte von Rimini Protokoll

von Florian Malzacher

Ein Mann kommt auf die Bühne, projiziert ein paar Bilder von Hühnern. Redet von Bodenhaltung. Prinzipielle Überlegungen zu Futter, Ungeziefervermeidung, Schlachtung. Die Zuschauer ratlos oder amüsiert, drei, vier verärgert. Nach einstündigem Diavortrag dann Zeit für Fragen; Fragen zur Geflügelzucht und Fragen zur Repräsentation im Theater. Aber weiß der Mann auf der Probebühne des Gießener Instituts für Angewandte Theaterwissenschaft wirklich, dass alle hier etwas ganz anderes erwartet haben, eine echte Performance eben und keinen echten Menschen? Und ist das Publikum sich sicher, dass Herr Heller ein solcher ist? Ein Experte für Geflügelhaltung und nicht für Schauspiel?

Deutsche Dogge in *Ulla vom Solling*, 1998

Peter Heller spricht über Geflügelhaltung aus dem Jahr 1997 bietet sich an, wenn man nach einer Urszene sucht für das Theater von Rimini Protokoll. Die Idee war entstanden in einer Gießener Studentenkneipe bei Bier, Schnitzel und in größerer Runde. Den konkreten Geflügelzüchter aber hatte Stefan Kaegi in Petto, der kurz zuvor von der Züricher Kunstschule F+F in die hessische Kleinstadt gekommen war. Eigentlich nur, um für ein halbes Jahr zu schauen, ob es etwas zu lernen gäbe an dem von Andrzej Wirth 1982 gegründeten Institut, das die konservative *FAZ* später als »die größte Unglücksschmiede des deutschen Theaters« bezeichnete, weil von hier unter anderem René Pollesch, She She Pop, Showcase Beat Le Mot und (in Teilen) Gob Squad aufbrachen, das Sprech- und Stadttheater zu hinterfragen oder zu unterlaufen. Das Institut für Angewandte Theaterwissenschaft war das einzige (und ist es in dieser Konsequenz bis heute), das an einer deutschsprachigen Universität Theatertheorie und -praxis miteinander verknüpfte und vor allem: das sich in erster Linie zeitgenössischen und experimentellen Theaterformen widmete.

In diesem Kontext war *Peter Heller* ein schnell realisierter Versuch, ein Spiel mit dem Theater, um gerade diejenigen zu irritieren, die sich studienbedingt andauernd mit der Irritation des Theaters beschäftigten. Ein theatrales Readymade. Für Stefan Kaegi und Bernd Ernst – der im selben Jahr wie Kaegi nach Gießen kam – war es der Anfang einer ganzen Reihe von Untersuchungen darüber, wie mächtig die Blackbox als Repräsentationsmaschine ist, wie sehr alles, was man in sie hineinstellt, automatisch Theater wird. Aber auch, wie sich durch das, was man in ihn hineinstellt, der Blick in den schwarzen Kasten verändert.

Auf *Peter Heller* folgten die Inszenierung einer adligen deutschen Dogge und ein neurotischer Ufologe. 1999, als sich Bernd Ernst und Stefan Kaegi schon den Namen Hygiene Heute (als Motto gegen den vielen Staub im deutschen Theater) gegeben hatten, entstand mit *Training 747* im Rahmen des Cutting-Edge-Festivals am Staatstheater Darmstadt eine erste abendfüllende Arbeit; eine verworrene und verspielte Geschichte über geheimnisvolle Parallelen zweier legendärer Flugzeuglandungen: dem Bomber-Absturz von Joseph Beuys im Zweiten Weltkrieg und der Sportflieger-Landung von Mathias Rust nahe dem Roten Platz in Moskau.

Mögliche Rimini-Urszenen gibt es aber auch andere. Seit Januar 1995 entwickelten Marcus Droß, Helgard Haug und Daniel Wetzel, ebenfalls Gießener Studierende, unter dem Titel *Ungunstraum – Alles zu seiner Zeit* Performances, die vor allem daran arbeiteten, die Mechanismen des Theaters zu verwerfen oder explizit auszustellen. Und dabei setzten sie immer wieder auch Theaterlaien als Experten für bestimmte Funktionen auf der Bühne ein.

Etappe: Fernsehreif, 1997

Zusammengefunden hatten sich die drei im Rahmen eines szenischen Projektes des Komponisten und Regisseurs Heiner Goebbels, der damals als Gastprofessor am Institut unterrichtete. Kafkas Erzählungsfragment *Beim Bau der Chinesischen Mauer* war die Grundlage, auf der die Studierenden arbeiten sollten; und so führte die 1. Etappe von Ungunstraum (als Etappen bezeichnete die Gruppe künftig fast alle ihre jeweils aufeinander aufbauenden Performances und Installationen) auf eine imaginäre Reise von Gießen nach Peking. Allerdings nicht mit einer erkennbaren Narration – genau genommen mit überhaupt kaum etwas Erkennbarem: Kafkas Text wurde durch eine korrekte Zugverbindung zur Chinesischen Mauer ersetzt. Und auch die Performer verschwanden in einer Installation aus dampfbeschlagenen Scheiben, die Schreib- und Projektionsfläche waren, sowie hinter allerlei Sound und Technik. Das Performer-Ich (ganz zu schweigen vom Schauspieler-Ich) wurde äußerst kritisch betrachtet: »Irgendwas hat uns auf die Bühne getrieben, aber dort haben wir uns dann die ganze Zeit versteckt.« (Haug)

Etappe: Zu schön, um wahr zu sein, 1996

Den Namen Ungunstraum entnahmen sie einem Materialheft der Landesbildstelle über China, in dem von »Schwierigkeiten des Personen- und Gütertransports in einem Land mit extremen Ungunsträumen«, also Zonen mit sehr schwacher Infrastruktur, die Rede war. Ihre Ungunsträume wollten Droß, Haug und Wetzel genau da erzeugen, wo ihnen die Infrastruktur mehr als in anderen Kunstgattungen gegenüber Form und Inhalt übermächtig erschien: im Theater. Technische Perfektion war ihnen suspekt. Alles Licht, aller Ton wurde auf der Bühne sichtbar hergestellt, ihre Aufgabe als Performer war vor allem, diese zu bedienen und zu bespielen – nicht selbst zu spielen. So ausgefeilt und sorgfältig gebastelt die Bühnensettings stets waren, so sehr wurde dem eigenen Auftritt misstraut. »Professionelle Dilettanten« wollten sie sein, und es galt die nur halbironische Maxime »Proben ist für Feiglinge«.

Um jeden Preis hieß es, die Repräsentationsfalle zu meiden, die in Gießen wie kaum anderswo als Ursache allen Theaterübels (und das war im Wesentlichen die gesamte deutsche Theaterlandschaft) ausgemacht war. Alles Gefällige, alles, was den Verdacht nahelegen konnte, es ginge darum, »einem Publikum zu geben, was es wollte«, alles, was mit »reiner Optik und Oberfläche, was mit konventioneller Dramaturgie zu tun hatte, stand unter dem Generalverdacht des Nicht-Denkens« (Wetzel).

Ihre dramaturgische Struktur fanden Ungunstraumarbeiten oft im Gebrauch technischer Geräte und ihrer Bedienungsanleitungen: Bei der Etappe *Piraten: »Piraten«* wurde Marcus Droß 1996 in Köln von Helgard Haug und Daniel Wetzel per Hand in eine Box verschraubt, während eine Dolmetscherin all das, was nicht gesagt wurde, ins Tschechische übersetzte. Die Idee war, Droß als menschliche Soundkarte zu verstehen, die – einer tatsächlichen Gebrauchsanweisung folgend – in einen Rechner eingebaut wurde. Und mit ihm wieder einen Performer zum Verschwinden zu bringen: »If your box is equipped with audiovisual functions you are able to install a person with audiovisual plug-ins. [...] Most of the persons have to be installed by an authorized person due to the possibilities of damage. In case you want to install the person by yourself you are not insured against damages of your box.«

An seinem Verschwinden von der Bühne arbeitete ungefähr zur gleichen Zeit als Züricher Kunststudent auch Stefan Kaegi. Einmal wickelte er um seinen Kopf eine Blutwurst, ein andermal saß er fünf Stunden lang in einem Schrank und pustete mittels Luftrohr kleine Papierkügelchen mit Text ins Publikum. Dann wieder baute er sich für drei Stunden in einen Schreibtisch ein oder hing mit einer Schreibmaschine weit oben über den Zuschauern. Anders als Ungunstraum aber ging es Kaegi um Textproduktion: Er sah sich vor allem als Schriftsteller. Erst nach und nach führte ihn die Performativität seiner Texte zum Performativen des Vortrags und von dort mehr und mehr zu einem Interesse am Performativen selbst – auch weil seine Lesungen erfolgreicher waren als seine Literatur.

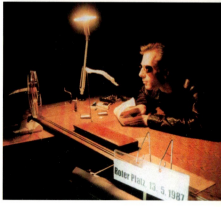

Training 747, 1999

    Das Hörspiel wurde für ihn zu einem wichtigen Medium, weil es erlaubte, Auftritte, bei denen er den Text live – beispielsweise mittels simplem *delay*-Gitarrenpedal – technisch verarbeitete, hinterher noch weiter zu gestalten und außerdem zu vervielfältigen. *Kugler Der Fall* wurde als Erstes von einem Verlag verlegt und 1998 im Radio ausgestrahlt; auch die späteren Live-Herstellungen der Hörspiele *Play Dagobert* (2001) und *Glühkäferkomplott* (2002) gehörten noch in diese Linie.

Von Ameisen und Menschen

Die verschwindenden Ungunstraum-Performer brauchten Ersatz, dem konkrete Aufgaben auf der Bühne delegiert werden konnten. Und so kamen bereits in der 2. *Etappe* im Mai 1995 die ersten »Experten« zum Einsatz: Rechts und links der Installation, die wieder aus zahlreichen Apparaturen und beschlagenen Scheiben bestand, saßen zwei Feuerwehrmänner, die aufgrund der Sicherheitsvorschriften nötig waren (also quasi zur Infrastruktur gehörten), weil gegen Ende der Aufführung mehrfach Kerzen mit Basstönen ausgeblasen und dann wieder angezündet werden sollten. Haug, Droß und Wetzel überredeten sie, diese Arbeit – als Experten für Feuer – doch gleich selbst zu übernehmen.

Denn das konkrete Handeln auf der Bühne nach Anweisungen (Maschine ausschalten, Bilder im Projektor wechseln, in den Dampf schreiben, von einem Gerät aufs andere schalten, Schallplatte anhalten, rückwärtsdrehen, loslassen) war zwar sichtbar von Performance- und Konzeptkunst beeinflusst, wollte aber unter keinen Umständen in deren Aura-Falle tappen: Ungunstraum ging es um implizites, funktionales, nicht um explizites Tun und schon gar nicht um symbolische Aufladung des Konkreten. Der Einsatz von routinierten Profis auch für kleinere Aufgaben war da ein guter Ausweg, allein schon, »weil die nicht dieses ernste Gießener-Gesicht machten, sondern sich eher freuten, dass sie tun konnten, was sie eben konnten« (Wetzel).

Europa tanzt.
48 Stunden Meerschwein Kongress, 2001

Die *Etappe: Alibis* brachte dann im Oktober 1996 einen ganzen Gesangschor in das Schlösschen von Rauischholzhausen; *Bei wieviel Lux schalten Wurst und Kraus das Licht ein?* (1998) zeigte den (vielleicht) letzten Berufsabend des Ingenieurs Wurst (der hier unter dem Namen Wetzel auftrat) in der Frankfurter Netzleitstelle – und ließ ihn vor Zuschauern ein (vielleicht) letztes Mal das Licht der Stadt anstellen: ein Knopfdruck und Frankfurt leuchtete in der Nacht.

Viele radikale Eingriffe in das System Theater, die am Gießener Institut für Angewandte Theaterwissenschaft spielerisch oder ernst ausprobiert wurden, waren nicht nur eine Folge performancetheoretischer, philosophischer oder künstlerischer Überlegungen. Sondern auch eine Frage der Pragmatik, des Arbeitens mit dem, was zur Hand war. Wenn erst Monitore angeschafft werden und später dann die ersten Beamer, werden eben erst Monitore und später dann Beamer (und noch später Soundtracks aus dem neuen Tonstudio) zu prägenden Elementen. Wenn das Publikum ausschließlich aus Kommilitonen besteht, die nicht nur eh alles besser wissen, sondern jede Inszenierung vor allem analytisch betrachten, dann kann man die Aufführung auch gleich selbst zur Analyse der eigenen Mittel machen. Und wenn man keine Schauspieler zur Verfügung hat, sondern nur sich selbst, dann forciert man entweder Ausdrucksmöglichkeiten, die nicht zum üblichen Schauspielerhandwerk gehören (wie etwa René Polleschs vom mehrmaligen Gastprofessor John Jesurun inspiriertes Schnellsprechen und Schreien), stellt sich mit seinen eigenen technischen Unzulänglichkeiten offensiv selbst in den Mittelpunkt (wie She She Pop und Showcase Beat Le Mot), zieht sich zurück wie Ungunstraum – oder eben: schaut, was passiert, wenn man die Nachbarn als echte Menschen auf die Bühne bringt.

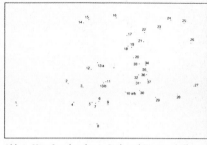

Abb 1: *Hier.* Standpunkte in Park und Eingangshalle.

Während Ungunstraum diese jedoch nicht zum Zentrum ihrer Arbeit machten und innerhalb ihrer komplexen Versuchsanordnungen funktional legitimierten, interessierten sich Bernd Ernst und Stefan Kaegi für das Ding an sich – und ließen alles weg, was den Blick verstellte: Beim Hamburger *Kongress der Schwarzfahrer* im Jahr 2000 boten gleich sechzig Spezialisten für parasitäre Systeme vom Schnorrer über den NLP-Manager bis hin zum Endosymbionten-Theoretiker ihr Wissen feil. Neben menschlichen Experten setzten Hygiene Heute immer wieder Tiere (als ideale Totalverweigerer von

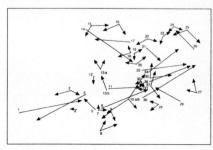

Abb. 2: *Jetzt.* Blickbeziehungen im Park, Ausrichtung in der Eingangshalle.

Etappe: Alibis, 1996

Narration und Psychologie, aber auch von Bühnenfunktionalität) in Szene: Im Tanzquartier Wien wurde 2001 in *Europa tanzt* der Wiener Kongress mit siebzig Meerschweinchen nachgestellt, in Mannheim halfen ein Jahr später tausende von Ameisen mit beim Bau der Installation *Staat. Ein Terrarium*: »Wir fanden, der Akteur, dem man wirklich vertrauen kann, ist der, mit dem man gar nicht erst zu proben braucht.« (Kaegi) Die Tiere wurden zur Projektionsfläche für Geschichten, aber sie stellten sie nicht dar; und im Reden über Tiere spiegelte sich schon über die Metaphern- und sonstige Wortwahl immer auch ein Reden über Menschen.

So berührten sich die Arbeiten von Hygiene Heute und Ungunstraum, aber sie überschnitten sich nicht wirklich; es gab nicht einmal ein besonderes Interesse am gegenseitigen Tun. Helgard Haug hatte ihr Studium längst beendet, arbeitete seit 1997 in Berlin an eigenen künstlerischen, vor allem bildnerischen Projekten und jobbte als Lektorin für einen Theaterverlag, auch Marcus Droß zog nach seiner Diplomprüfung 1998 aus Gießen weg – Ungunstraum war ein abgeschlossenes Kapitel, als sich Daniel Wetzel und Stefan Kaegi 1999 eine Nacht lang im Tonstudio des Instituts gegenseitig ihre Arbeit vorstellten, die sie bisher kaum voneinander mitbekommen hatten. Wichtiger aber als Werkverzeichnisse waren aktuelle Anknüpfungspunkte, gemeinsame Ideen und vor allem ein konkretes Projekt, das sich getrennt voneinander parallel entwickelt hatte: Sowohl Kaegi als auch Haug und Wetzel planten, eine Arbeit über das Seniorenwohnstift neben dem Frankfurter Künstlerhaus Mousonturm zu machen. Die wenig später gemeinsam verfasste Bewerbung beim gerade ins Leben gerufenen Nachwuchsfestival plateaux wurde angenommen, und die Arbeit zur ersten Produktion in dieser Konstellation, *Kreuzworträtsel Boxenstopp*, begann. Im November 2000 war Premiere – während parallel Hygiene Heute weiter an eigenen Projekten arbeitete und auch Haug und Wetzel in Zweierkonstellation unter anderem das Hörspiel *O-Ton Ü-Tek* realisierten.

Herforder Quittung

Bei unklaren Konstellationen (genauer: Kaegi allein, Haug allein, Haug/Wetzel oder Ernst/Kaegi zu zweit, Haug/Kaegi/Wetzel zu dritt oder Ernst/Haug/Kaegi/Wetzel zu viert) blieb es erst einmal – ebenso wie bei leicht unterschiedlichen Ästhetiken und Schwerpunkten. Mit zunehmendem Interesse von Veranstaltern und Presse war diese Praxis allerdings immer schwerer durchzuhalten; 2002 war klar: Das Kind brauchte einen Namen. Matthias Lilienthal, damals Chef von Theater der Welt, bestand auf einer klaren Künstler-Bezeichnung für *Deutschland 2* in Bonn. Und zwar schnell.

Haug und Kaegi beauftragten einen Kneipen-Dichter, der ihnen zufällig über den Weg lief. Das Gedicht selbst, ein Spiel mit den Initialen der vier Regisseure, half zwar nicht weiter, war aber auf einem Servierzettel mit der Aufschrift »Herforder Quittung« notiert. Das wurde als Name schließlich auch verworfen – Quittung klang irgendwie zu negativ und keiner wusste, wo Herford liegt – gab aber immerhin eine Richtung vor: Quittung war eine Textgattung und die Kombination Ortsname & Textsorte klang – die Zeit drängte – irgendwie plausibel. Die Gattung, die am besten zu passen schien, war das Protokoll. Und nach nächtlichen Überlegungen, die diffus mit den Unruhen in Genua und deutschen Touristen in Italien zu tun hatten, wurde schließlich aus Herford Rimini – Rimini Protokoll.

Die saloppe Pragmatik der Namensfindung ist symptomatisch für das Selbstverständnis der Gruppe bis heute. Als einem, bei aller Freundschaft und Freude an der Zusammenarbeit, unideologischen, fast nüchternen Zusammenschluss. Ein Markenname, um die Kommunikation zu vereinfachen. Ein effektives Arbeitsnetzwerk, ein Dachverband ohne offiziellen Gründungsakt und mit bis heute getrennten Buchführungen.

Rimini sind – auch darin anders als berühmte experimentelle Wegbereiter-Gruppen wie Living Theater, Wooster Group oder Forced Entertainment, die sich letztlich immer um zentrale Persönlichkeiten drehen (ganz zu schweigen vom Regietheater) – ein gleichberechtigtes Team ohne klare Rollenzuschreibungen. Zwar gab und gibt es unterschiedliche Interessen und Fähigkeiten – Daniel Wetzel arbeitete in Tonstudios und als DJ, Helgard Haug beschäftigte sich sehr mit Räumen, Stefan Kaegi interessierte sich eine Weile vor allem für Textproduktion, Bernd Ernst sah hinter allem eine Geschichte, einen Plot –, aber in der konkreten Arbeit fanden sich solch eindeutige Zuordnungen nie. Was vor allem in der Anfangszeit nicht immer leicht zu argumentieren war, wenn Intendanten für Verträge klare Rollenaufteilungen des Leitungsteams in Regie, Dramaturgie, Bühne etc. forderten, um sie in Programmhefte und vor allem Budgetraster einzupassen.

Eine solche Arbeitsweise im Kollektiv muss gelernt – und durchgehalten – werden. Denn die Stärke von Rimini Protokoll ist ihre Unterschiedlichkeit, nicht die im Lauf der Jahre größer gewordene Ähnlichkeit: »Wir hören uns nach wie vor immer wieder sehr fremd zu. Das ist ja das Interessante, dass man zwischendrin an anderen Sachen und in anderen Konstellationen arbeitet und sich dabei verändert. Man muss sich jedes Mal wieder neu zusammenfinden.« (Haug) Dissens kann dabei über längere Zeit aufrechterhalten werden – es geht ja darum, Neues zu ent-

Stefan Kaegi, Bernd Ernst, Helgard Haug und Daniel Wetzel
im Deutschen Bundestag, 2002

decken, sich zu überraschen, gemeinsam Fantasien zu entwickeln, sich herauszufordern. Das Skript rotiert, Änderungen, Einwände, Umstellungen werden in langen Gesprächen vor und nach den Proben diskutiert; der Verständigungsprozess untereinander, der immer ein Fortschreiben von Text und Inszenierung ist, verlangt mehr Zeit als das Proben selbst. Denn die Meinungsverschieden- und Unsicherheiten, das Unfertige, Entstehende müssen weitgehend intern bleiben. Wenn die Arbeit mit den Experten wieder beginnt, soll mit einer Stimme gesprochen werden, weshalb meist einer für eine konkrete Probe zuständig ist.

Gerade zu Beginn einer neuen Arbeit wird aber oft auch getrennt geprobt; jeder mit einem anderen Performer. »Dazwischen gilt es, immer wieder das Eigene zu finden und sich zu vergewissern, was man denn überhaupt selbst will.« (Kaegi) Denn nicht nur der Dissens ist eine Gefahr, das Einverständnis, das zur Routine führt, ist es auch – gerade davor soll die Kollaboration ja schützen: »Natürlich passiert es, dass man wegen der ganzen gemeinsamen Erfahrungen sich über Stichworte schnell verständigt und in der Bühnensprache verharrt, die wir halt sprechen, wenn wir zusammen Theater machen. Aber genau die wollen wir ja immer wieder erweitern und verändern.« (Wetzel)

Doch auch in diesen relativ offenen Verbindungen war die Zusammenarbeit zu viert nicht einfach. In den jeweiligen Zweierkonstellationen hatte man eine Sprache gefunden, auch die Dreiergruppe funktionierte von Anfang an verblüffend gut. Aber vor allem Bernd Ernst war gegenüber einer dauerhaften Zusammenarbeit skeptisch. Er und Kaegi hatten ihre sehr eigene Art des gemeinsamen wilden, berauschten Denkens gefunden, ein Hineinsteigern in eigenartige, oft fantastische Ideen, das nicht übertragbar war: »Das verband uns sehr, dass wir rastlos und ohne den Aufwand zu scheuen, dauernd darüber nachdachten, was man noch tun könnte.« (Kaegi) Zu Hygiene Heute gehörte es, auf Pragmatik erst in zweiter Linie zu achten; immer wieder wurden Projekte begonnen, die dann auf halber Strecke an der Realität scheiterten: Mal versuchten sie, ein ganzes Wohnhaus zu überreden, eine Nacht lang Gäste zu empfangen, mal einen Sprengstoffexperten samt seinem Metier zu präsentieren, dann wieder sollte die Innenstadt von Friedberg in einem unterirdischen Gang durchwandert werden ... Bei Rimini Protokoll aber kam Bernd Ernst so recht nie an – seine Fantasie ging in andere Richtungen und die Größe der Gruppe war nicht seine Sache. Nach *Deutschland 2* stieg er aus, realisierte mit Stefan Kaegi gemeinsam als Hygiene Heute noch den Wiener Meerschweinchen-Kongress, den Mannheimer Ameisenstaat, eine letzte Folge der Audiotour *Kirchner* in München und zog sich während der Produktion *Physik* am Wiener Tanzquartier zurück.

Castings

Sehr bald prägten Rimini Protokoll den Begriff Experten für ihre Performer: Experten für bestimmte Erfahrungen, Kenntnisse, Fähigkeiten. Ein Konzept, das bewusst das Gegenteil vom Laientheater behauptet; die Protagonisten sollen nicht an dem gemessen werden, was sie nicht können (eben Schauspielen), sondern an dem, was der Grund für ihre Anwesenheit auf der Bühne ist. Von ihnen hängt es ab, welchen Verlauf ein Abend nehmen kann, welche Themen angeschnitten oder ausgeführt werden, welche Figuren, Texte, Räume entstehen. Damit aber machen sie herkömmliche Kriterien eines Theaterauftritts unbrauchbar. Technik, Können, Differenzierung, Tiefe, Fantasie – alles keine Maßstäbe. Ausstrahlung, Präsenz? Ohnehin heikle Begriffe. Aber selbst sie fassen nicht die Qualitäten von Rimini-Performern. Nicht einmal, was einer erlebt hat, welche großartigen Geschichten er mitbringt, ist notwendig wichtig. Oft ist es ein eher unspektakuläres Wissen, biografisch oder beruflich, sind es konkrete Erfahrungen, gesellschaftliche Funktionen oder eine bestimmte Haltung zu sich selbst, die sie für ein Projekt geeignet erscheinen lassen.

Anfangs waren es Menschen, die Rimini vor allem wegen ihrer sehr spezifischen Körperlichkeit interessierten: Erst die alten Damen in *Kreuzworträtsel Boxenstopp* mit ihren »mehrfach kodierten Stimmen« (Kaegi), ihrer Langsamkeit und einem Risiko, das allein schon durch ihre Gebrechlichkeit spürbar wurde. Dann pubertierende Jungs in *Shooting Bourbaki*, hibbelig, kraftstrotzend, übereifrig. *Deadline*, eine Arbeit über den Umgang mit dem Tod, *Sabenation. Go home & follow the news* über den Bankrott der belgischen staatlichen Fluggesellschaft, das Diplomaten-Stück *Schwarzenbergplatz* und die Modelleisenbahnlandschaft von *Mnemopark* brachten im weiten Sinne Berufs- oder Interessenfelder auf die Bühne. *Wallenstein. Eine dokumentarische Inszenierung* und *Karl Marx: Das Kapital, Erster Band* haben komplexere Rollenzuschreibungen – im ersten Fall entlang Schillers thematischen Motiven und seinen Figuren, im zweiten als sehr unterschiedliche Auswirkungen einer Wirtschaftstheorie und -philosophie auf private Biografien.

Auch wenn es keine konkreten Listen gibt, welche Funktionen, Rollen, Performertypen unbedingt zu besetzen wären, ist gleichwohl klar: Ohne bestimmte Themenfelder (Scheitern, Verrat, Moral, Krieg) bliebe *Wallenstein* unkomplett. Und in *Sabenation* fehlte sichtlich ein richtiger Linienpilot: Am Ende hatte die Rolle einer, der gern große Maschinen geflogen hätte, es wegen eines zu kurzen Beins jedoch nur zum Sportflieger brachte. »Der saß da, erzählte eine Anekdote nach der anderen und hat so, ohne es zu wissen, die Konstellation geändert und alle anderen Piloten rausgeschmissen.« (Wetzel) Auch in *Zeugen. Ein Strafkammerspiel* blieb ohne Richter eine Lücke (das Publikum übernahm dessen Rolle) – letztlich bestimmen eben die vorhandenen Experten das Konzept.

So sehr, dass Rimini tatsächlich zu Beginn der Arbeit an *Uraufführung: Der Besuch der alten Dame* – einer Produktion, die Zeitzeugen ein konkretes historisches Ereignis (die legendäre Premiere des Dürrenmatt-Stücks fünfzig Jahre zuvor) rekonstruieren ließ – wegen unbefriedigender

Deutschland 2, 2002

Expertenlage erwogen, ganz auf Menschen auf der Bühne zu verzichten und lediglich aus Originalfotos geschnittene, lebensgroße Silhouetten zu einem Off-Ton hin und her zu schieben. Spät fanden sich dann doch geeignete Darsteller, und die Pappfiguren wurden zu Requisiten herabgestuft.

Andere Arbeiten wiederum legen bewusst die Schwelle zur Expertenfindung so niedrig wie möglich: *Deutschland 2* suchte für jeden Volksvertreter im Deutschen Bundestag wiederum einen Vertreter. Insgesamt wurden 237 Experten besetzt; jeder, der das Konzept verstand, wurde genommen. Und *Call Cutta*, eine per Mobiltelefon von indischen Callcenter-Arbeitern gesteuerte Audiotour, stand allen offen, die die Jobkriterien erfüllten: »Vor allem ging es darum, Missverständnisse auszuräumen. Zu den ersten beiden Castings kamen dreißig hochmotivierte Jung-Inder – denen mussten wir einfach sagen, dass es bei uns keine Aufstiegschancen gibt und keinen Bonus für Geschäftsabschlüsse.« (Wetzel) Auch bei *100% Berlin* anlässlich der Hundertjahrfeier des Hebbel-Theaters, wo im Januar 2008 eine Art demographischer Querschnitt von Berlin erstellt werden soll, wird es nicht um einen differenzierten Gruppenzusammenhang gehen: »Eher werden Leute wie Perlen auf einer Schnur aneinandergereiht: Jeder weiß, warum er da ist, aber sie stehen nicht in direktem Kontakt zueinander.« (Wetzel) Wie bei der Brüsseler *Midnight Special Agency* wird das Theater als Medium genutzt, Leute ins Zentrum zu rücken, die sonst allenfalls Zuschauer, meist nicht einmal das sind. Solche Porträts fügen keine weitere narrative Ebene hinzu, sondern rahmen lediglich Vorhandenes.

Die Anzahl der Protagonisten bei den Bühnenproduktionen hat sich über die Jahre deutlich erhöht: Vier waren es im Jahr 2000 bei *Kreuzworträtsel Boxenstopp* – einundzwanzig 2007 bei *Uraufführung*. Und auch das Team um die Regisseure herum ist gewachsen. Dramaturgen, Bühnenbildner, Assistenten, Betriebsbüros, Hospitanten ... Castings werden längst von anderen vorbereitet, Anzeigen geschaltet, herumtelefoniert: »Das hat die Arbeit schon verändert. Früher ist das, wie man sich den Menschen genähert und wie man sie gefunden hat, oft in den Text mit eingeflossen. So gab es Material bereits vor dem ersten Treffen.« (Haug) Inzwischen sind selbst für die Auswahl nicht mehr notwendig alle beteiligten Riminis gemeinsam anwesend.

Zugleich sorgt die Professionalisierung des Casting-Vorgangs, vor allem aber die zunehmende Bekanntheit von Rimini Protokoll, für eine größere Auswahl bei der Expertenfindung. Das Grundvertrauen von Fremden in die Regisseure ist durch Einladungen zum Berliner Theatertreffen oder zum Mülheimer Stücke-Festival gewachsen – schließlich sind Rimini-Experten (wenn überhaupt) in der Regel konservative Theatergänger. Nicht wenige der Performer in *Uraufführung* gehörten als Abonnenten des Züricher Schauspielhauses zu den leidenschaftlichen Gegnern Christoph Marthalers als Intendant.

Der Ruf im deutschsprachigen Raum nützt allerdings wenig über dessen Grenzen hinaus. Vor allem für Stefan Kaegis Arbeiten in Südamerika und Osteuropa hat sich wenig verändert: Die Infrastruktur ist meist klein, und Rimini Protokoll oder Goethe-Institut zählen nicht sonderlich viel bei argentinischen Pförtnern, bulgarischen Lastwagenfahrern oder brasilianischen Polizisten. Eine Zeitungsanzeige ist ein Jobangebot, eine Möglichkeit zum Broterwerb, sonst nichts. »Trotzdem oder deswegen kam es bei den Castings oft zu absurden Szenen der Erleichterung, wenn die Bewerber merkten, dass es um etwas ganz anderes ging. In Córdoba haben sich bei *Torero Portero* die Pförtner – die alle da waren, weil sie dachten, es würde ein Theaterpförtner gesucht – über ihre Lebenserzählungen sofort verbrüdert, und es kam zu einer Art spontaner Gewerkschaftsgründung für arbeitslose *porteros*.« (Kaegi) In Salvador da Bahia hatte sich während der Vorbereitung zur Bustour *Matraca Catraca* in der Theaterszene herumgesprochen, dass ein ausländischer Regisseur in der Stadt war, und Kaegi, der in seiner Jugend zeitweise in Brasilien gelebt hat und fließend Portugiesisch und Spanisch spricht, musste den versammelten Schauspielern erst einmal erklären, dass er jemanden mit zehn Jahren Berufserfahrung als Busschaffner suchte.

Die eigentliche Motivation, sich als Experte an einer Rimini-Produktion zu beteiligen, ist letztlich die gleiche in Westeuropa wie anderswo: nicht ein Interesse an neuen, zeitgenössischen Theaterformen, nicht Kunst – sondern seine Geschichte erzählen zu können. Das gilt für den konservativen Politiker Sven-Joachim Otto in *Wallenstein*, der sich immerhin auf die Bühne des Hauses traute, das er im Wahlkampf zusammenstreichen wollte, ebenso wie für die Polizisten der *Police Training Opera* in Caracas oder *Chácara Paraíso* in São Paulo: »Endlich einmal als Polizist wahrgenommen und nicht gleich gehasst zu werden.« (Kaegi) Eine gewisse Redefreiheit, die in diesem Fall alle begrüßten (selbst die Vorgesetzten), für die aber niemand die Verantwortung übernehmen wollte – offiziell. Inoffiziell und privat könne natürlich jeder tun, was er wolle. »Was aber ein brasilianischer Polizist neben dem Dienst darf und was nicht, das ist eine Wolke ungeschriebener Gesetze.« (Kaegi) Ihnen zum Schutz ließen Stefan Kaegi und die argentinische Regisseurin und Autorin Lola Arias, mit der gemeinsam er das Projekt realisierte, sie zum Teil anonym auftreten oder gar versteckt hinter Milchglas. Polizisten im Zeugenschutzprogramm.

Dramaturgien der Fürsorge und Zonen der Verunsicherung
Eine Rimini-Aufführung ist nie perfekt – und sollte es auch nicht sein. Gerade dann, wenn die Performer zu viel Routine bekommen, sich zu sicher fühlen, anfangen, ihre Rolle auszubauen, zu schauspielern, dann verlieren die Stücke mehr als nur Charme. Das Unsichere, das Fragile ist der konstituierende Moment für das, was viele als authentisch wahrnehmen. Und doch sind diese Momente des Verlusts von Timing, Spannung, Einfühlung, Präsenz auch quälend: Wenn der ehemalige Bauunternehmer Johannes Baur in der Premiere von *Uraufführung* kurzzeitig die Orientierung verliert, wenn die rund achtzigjährige Frau Düring in *Kreuzworträtsel Boxenstopp* ihr Gedächtnis nach dem nächsten Satz durchforstet oder man in *Sabenation* Spieler untereinander soufflieren hört, dann sind das die Momente, in denen man sich als Zuschauer unwohl fühlt. Man leidet für einen Augenblick mit, ist peinlich betroffen – oder gerührt über die Anstrengung von Darstellern, die sich nicht durch erlernte Techniken schützen können.

Es sind Momente des Einbruchs der Realität, in denen man auf das banale Grundprinzip des Theaters zurückgeworfen ist: gemeinsam in einem Raum zu sein mit anderen – echten – Menschen, mit der Möglichkeit des Fehlers, des Versagens, des Nichtfunktionierens (bis hin zum möglichen Tod eines Schauspielers oder Sitznachbarn, wie Heiner Müller betonte). Das Theater kokettiert zwar immer damit, ephemer, flüchtig, zu sein und beansprucht diesen Moment des Vergänglichen, des Nichtreproduzierbaren als sein Wesentliches, das es von allen anderen Künsten unterscheidet – zugleich aber legt es seit Jahrhunderten primär Wert darauf, gerade eine möglichst exakte Wiederholbarkeit zu suggerieren.

Es ist dieses Paradox, das viele zeitgenössische, avancierte Theatermacher reizt; und es ist ein wesentlicher Aspekt des Werks von Rimini Protokoll. Stefan Kaegi und Bernd Ernst stellten den Fehler (noch als Hygiene Heute) bereits zwei Jahre vor der Entstehung von Rimini Protokoll ins Zentrum ihres Interesses: »Unsere liebsten Theatermomente 1998 waren eine verirrte Fliege auf dem schneeweißen Bühnenbild von ATTIS, Norbert Schwientek als Krapp, dessen letztes Band nicht funktionierte und der Hustenanfall einer Zuschauerin bei Jürgen Flimms *Onkel Wanja* [...]. Wir mögen die Möglichkeit der kleinen menschlichen Katastrophe Peinlichkeit, die im Missverständnis wurzelt und eigentlich gar nicht peinlich, sondern über alle Grenzen menschlich ist.«

Dass solche Augenblicke bei Rimini jedoch kaum je den Eindruck erzeugen, hier würden Menschen objektiviert, ausgestellt in Situationen, denen sie nicht gewachsen sind oder gar denunziert, hängt auch damit zusammen, dass gerade in diesen Momenten oft ein Gefühl der gegenseitigen Verantwortung spürbar wird. Da es keine Souffleuse gibt, springen Mitspieler helfend ein oder die Dramaturgie des Stückes hat ohnehin schon Vorkehrungen getroffen. Die Arbeiten von Rimini Protokoll haben eine Dramaturgie der Fürsorge.

Bereits in *Kreuzworträtsel Boxenstopp* waren die drei Regisseure damit konfrontiert, dass sie ihren Expertinnen, vier Damen um die Achtzig, offensiv durch den Abend helfen mussten – ohne dabei künstlerische Überlegungen zugunsten von sozialen Notwendigkeiten zu verraten. Wegen der labilen Physis und Lebenssituation der Performerinnen zeigt *Boxenstopp* deutlicher als andere, was im Kern alle Arbeiten konstituiert.

Denn schon die Struktur der Produktionsphase wird von den spezifischen Bedürfnissen und Möglichkeiten der jeweiligen Experten (und somit des »Inhalts« der Arbeit) geprägt. Gerade bei *Boxenstopp* waren beispielsweise die täglichen Probezeiten deutlich begrenzt – wegen mangelnder Belastbarkeit der Damen, aber auch weil der Terminplan eines Seniorenstifts voller ist, als man glauben mag: Sitzgymnastik, Gedächtnistraining, Kaffeekränzchen, Musizieren, Essen ... dazu kommt der besondere Protektionismus einer solchen Institution gegenüber ihren Bewohnern. Einfach hineinspazieren, Leute ansprechen oder gar ein Casting zu veranstalten war schlicht nicht möglich, geschweige denn probehalber einmal ein paar Runden Formel 1 auf der Playstation mit den Pensionären zu spielen. »In die entschleunigte Welt der Alten reinzukommen« (Wetzel), war schließlich nur möglich durch die Vermittlung der Leiterin des Gedächtnistrainings – die zumindest in dieser Hinsicht etwas über die Beanspruchungsmöglichkeiten der Damen wusste. Kreuzworträtsel war eine der Techniken, das Gedächtnis zu fordern. Eine Art Boxenstopp für das Gehirn.

In dieser Zeit fanden Rimini Logiken, die ihren Expertinnen ermöglichen, in der Aufführung selbstsicher zu agieren und sich im System Theater zu behaupten: Flaggensignale beispielsweise, die Helgard Haug aus dem Souffleusenkasten gab, waren einerseits ein Fundstück aus der Formel-1-Narration des Stückes, andererseits ermöglichten sie klare Anweisungen auf der Bühne für die buchstäblich nächsten Schritte. Die vorgelesenen Protokolle von Frau Falke waren Text-, aber auch sichtbares Logbuch eines Rennens, in das die Alten (aus etwas unklaren Gründen, die mit merkwürdigen wissenschaftlichen Forschungen zu tun hatten) geschickt wurden; der kleine Treppenfahrstuhl ein spielerischer Verweis auf motorisierte Technik ebenso wie konkrete Bewegungshilfe. Notwendigkeiten diktieren Bühnengeschehen und Requisiten und ermöglichen so neue Formen der Sinnproduktion und des Erzählens. Die Logik der Fürsorge ist eine analoge zu der des Plots: »Die Rennfahrer im Auto überleben ja auch nur, weil sie ständig Zeichen von Außen kriegen. Sonst würden die ja einfach gegen eine Wand fahren.« (Wetzel) Seither finden sich solche – mal sichtbar ausgestellten, mal diskreten, aber nie versteckten – Hilfsmittel in fast allen Arbeiten als eine Doppelstrategie des Unterstützens wie des Erzählens: »Wenn die Kinder in *Uraufführung* Kostüme anziehen können, wie den Wams eines Bürgermeisters, dann entspricht das ihrer Auffassung von Theater und hilft ihnen ebenso wie Frau Düring die Flaggensignale.« (Wetzel)

Kreuzworträtsel Boxenstopp, 2000

Diese Dramaturgie der Fürsorge betrifft nicht nur Hilfsmittel, sondern auch die Art des Textes: Auch der muss einerseits eigenständig

Apparat Berlin, 2001

bleiben, andererseits eine Stütze sein. Dass in *Uraufführung* einige der Figuren Schweizerdeutsch sprechen und andere nicht, hat genau hierin seine Ursache; ebenso der unterschiedliche Umgang mit Auswendiggelerntem, Spickzetteln oder Hinweisschildern. Nicht nur das eigene Empfinden der Performer spielt dabei eine Rolle. Sie zuweilen auch vor sich selbst zu schützen beziehungsweise nicht einer ihnen unbekannten Situation auszuliefern, bedeutet für Rimini Protokoll genau zu beobachten, »wann sich ein Befremden entwickelt, also ein Stück in die falsche Richtung geht und man feststellt: Nein, so mag man diesen Menschen nicht gegenübersitzen und ihnen zuhören. So vermitteln sie nicht, was man an ihnen, von ihnen oder über sie zeigen möchte« (Haug).

Das Vertrauen der Mitwirkenden in die Regisseure muss bei jeder Produktion neu geschaffen werden, wobei die längeren Laufzeiten und vor allem das oft ausgiebige Touren der Stücke dazu führen, dass Experten inzwischen oft die Möglichkeit haben, sich im Vorfeld andere Arbeiten von Rimini anzuschauen und so vermeintlich eine Art paralleles Expertenwissen aufzubauen: »Bei *Uraufführung* war das extrem: Alle hatten vorher *Kapital* gesehen und dadurch das Gefühl: Wir wissen, wie das funktioniert. Aber auch schon bei *Kapital* hatten einige vorher *Wallenstein* gesehen und sind dann sehr komparatistisch an die Sache rangegangen. Im Prinzip waren sie damit schon halb versaut – andererseits hilft das auch in Krisenzeiten.« (Haug)

Doch die Regisseure von Rimini sind nicht zwangsläufig nette Menschen. So sehr, wie sie ihre Performer schützen und den Abend ihren Bedürfnissen anpassen, so sehr fordern sie sie auch. Als die Experten von *Physik* bei einer Aufführung im Rahmen der Internationalen Sommerakademie am Frankfurter Mousonturm zu sicher wurden, zu routiniert durch die Aufführung brausten, konfrontierten Bernd Ernst und Stefan Kaegi sie kurz vor Beginn mit der Idee, den Abend doch diesmal – wegen der vielen internationalen Gäste – auf Englisch zu machen. Der Kampf mit der Sprache wurde so zum theatralen Erlebnis.

Solche Zonen der Verunsicherung gehören mittlerweile zum Handwerk von Haug, Kaegi und Wetzel, um dem Alltagstrott der Performer entgegenzuwirken. Einzelnen Experten werden dann kleinere Aufgaben gestellt, Möglichkeiten gegeben, hier oder dort einmal eine andere Frage zu stellen, eine andere Antwort zu geben, für einen Augenblick vom Skript abzuweichen und so sich selbst wie die anderen Mitspieler kurz zu irritieren. Bis hin zu tatsächlichen kleinen Raufereien der Jungakademiker von *Apparat Berlin* (Regieanweisung: »Echtes Prügeln, Brillen heile lassen«) oder der Kids von *Shooting Bourbaki*.

Diese Zonen müssen eindeutig umrissen sein: »Es muss klar bleiben, dass ein kleiner bühneninterner Scherz okay ist, aber auch dass da weiterhin Zuschauer sind und man nicht anschließend minutenlang rumkichern kann.« (Haug) Am dritten Jahrestag des Firmencrashs der belgischen Fluglinie Sabena traten die ehemaligen Angestellten, die Experten in der Produktion *Sabenation* waren, bei PACT Zollverein in Essen auf und wollten natürlich dieses für sie so wichtige Datum an diesem Abend thematisieren. Doch diese Aktualisierung jenes Tages, an dem sie unerwartet vor verschlossenen Werkstoren standen, war mehr als sie überspielen konnten – mit den Tränen der ehemaligen Stewardess Myriam Reitanos und allzu sentimentalen Erzählungen der anderen Mitspieler verlor sich auch die Form der Inszenierung, deren Ziel eben kein stummes Mitleid der Zuschauer war.

Die Fürsorglichkeit von Rimini Protokoll gegenüber den Performern ist eine professionelle: Es geht um eine künstlerische Produktion, nicht um Freundschaften. Kontakte werden selten gehalten und beschränken sich auf eher zufällige, von den Experten gesuchte Begegnungen. »Die Komplizenschaft ist temporär« (Wetzel) – und die Arbeit längst anderswo angekommen. Zuweilen ist der harte Schnitt auch menschlich notwendig, wenn der Erfolg der Aufführungen verdeckt, dass er für die Experten auf ihrem Expertensein in dieser einen Arbeit beruht – nicht auf einer grundsätzlichen Begabung für die Bühne.

Gerade bei *Midnight Special Agency*, als während des Brüsseler Kunstenfestivals 2003 jede Nacht ein anderer von dreiundzwanzig Experten seine fünf Bühnenminuten bekam und wenig Zeit für Vorbereitung und Kennenlernen blieb, war Distanz besonders wichtig: »Der Auftritt kam ja sehr unvorbereitet – das war für viele wie Bungeejumping. Die wollten daraufhin gleich ihr Leben ändern.« (Wetzel) Auch bei anderen Produktionen ist es nicht immer für alle leicht verständlich, dass das Interesse an ihrem Leben auf ein Projekt begrenzt ist. »Es gibt oft eine Kränkung, dass wir weiterziehen.« (Wetzel) Ein Bund auf Zeit und nicht fürs Leben.

Minima Moralia

Die Herangehensweise von Rimini Protokoll an ihre Themen und Protagonisten ist eine der Emphase, des Zuhörens, nicht des Ausstellens oder gar Denunzierens. Der Wechsel von Hygiene Heutes frühem Konzept des theatralen Readymades hin zu Riminis Begriff des Experten betont, wie sehr es um Protagonisten als Subjekte, nicht als Objekte einer Inszenierung geht. Handelnde Menschen, die ins Publikum zurückblicken, durch eine Rolle hindurch, aber doch direkt.

Das jedoch birgt die Gefahr der Harmlosigkeit oder gar des Verharmlosens, sobald Dinge verhandelt werden, die eine klare Positionierung der Regisseure zu fordern scheinen. Ein Konflikt, der bei Stefan Kaegis Arbeit *Chácara Paraíso* (gemeinsam mit Lola Arias) sehr sichtbar wird: Der brasilianische Polizei-Apparat steht immer wieder in der Kritik wegen mafiöser Strukturen, wegen Korruption und Menschenrechtsverletzungen. Kann man die Autobiografien normaler Polizisten in den Mittelpunkt einer solchen Arbeit stellen, ohne diesen Kontext zu thematisieren? »Wir wollten durchbrechen, dass über Themen wie Irak, Israel oder brasilianische Polizei nur mit einer bestimmten Botschaft berichtet wird. Stattdessen wollten wir den Alltag statt des Skandals und den Skandal des Alltags abbilden.« (Kaegi) Menschen erzählen lassen, die sonst nie über sich erzählen. Die kleinen Geschichten, nicht das große System. Und dabei dem Publikum zuzutrauen, die ohnehin überall sichtbare Kritik an der Polizei, das Wissen um die Skandale selbst mitzudenken: Wie wahr ist das, was einer sagt; mehr noch, was er verschweigt? Dass es um mehr geht als um Privates oder gar Anekdotisches, dass diese Lebensgeschichten auch politische Geschichten sind und Geschichten einer realen Gefahr für sich und andere, dafür steht – neben Sichtblenden und falschen Namen – ein improvisierter Schießstand: In Sekundenschnelle muss jeder selbst entscheiden, ob er nun aus Notwehr oder grundlos auf Richtige oder Falsche zielt.

Schwarzenbergplatz, 2004

Dennoch verdeutlichen solche Arbeiten, wo das Theater von Rimini an Grenzen stößt: Es will zeigen, nicht bewerten – und kann zugleich nur zeigen, was Menschen auf der Bühne zu zeigen gewillt sind. Widersprüchliche Auffassungen können (wie in *Wallenstein* oder *Kapital*) gegengeschnitten, Fehlstellen sichtbar gemacht werden. Aber auch wenn auf diese Weise Distanzierungstechniken des Dokumentarfilms übernommen werden, sie sind immer nur im Konsens aller Beteiligten möglich. »Es ist aber auch bei keiner unserer Arbeiten die Intention, eine Ablehnung zu erzeugen, wie bei einem Kind, das aus dem Theater kommt und den Schauspieler auf der Straße sieht und sagt: ›Du bist böse‹.« (Kaegi) Die Zuschauer sollen sich selbst verhalten – die Frage ist, wie gut es jeweils gelingt, ihnen die dafür nötigen Voraussetzungen zu schaffen.

Denn gezeigt werden soll das, was wir nicht schon kennen, was uns nicht ohnehin schon nahe ist: »Die Arbeit fängt eher aus einer Distanz heraus an, aus einem Interesse am Fremden: Mal was mit einem CDU-Politiker machen, mit Polizisten. Während der Produktion entsteht dann aber ein Moment der Komplizenschaft, der sehr wichtig ist. Der ist deshalb möglich, weil man den Leuten klar sagen kann, dass gerade das Fremde der Grund dafür ist, warum sie da sind. Denn sie suchen ja parallel auch nach ihrer Legitimation auf der Bühne. Und die liegt darin, dass sie sich diese Fremdheit erhalten und nicht alles recht machen.« (Haug)

Gerade »alles recht machen« wollen die Experten aber oft umso mehr, je nötiger es ist, ihre Position distanziert zu betrachten. Wie bleibt beispielsweise im Diplomatenstück *Schwarzenbergplatz* am Wiener

Burgtheater sichtbar, was manche Experten hinter den Kulissen abfällig über andere Länder oder Asylbewerber äußern? Und: Würde man diese Äußerungen überhaupt auf der Bühne wiederholt haben wollen? Wird die Kluft der Welten ausreichend kenntlich, wenn ein Konsularbeamter über die Ausweisung illegaler Einwanderer spricht – und sich dabei weiße Handschuhe überzieht? »Bei *Schwarzenbergplatz* haben wir bis zur zweiten Hauptprobe auf verschiedenste Weisen versucht, Hintergründe sichtbar zu machen. Aber sobald der Verdacht aufkam, es würde staatskritisch, wurde mit dem Ausstieg gedroht. Die Diskrepanz zwischen dem, was sie dir im Hinterzimmer sagen und dem, was öffentlich werden durfte, war so groß, dass wir schließlich eine Videoebene einziehen mussten, die formal so vorsichtig war, dass sie damit leben, wir aber gleichzeitig markieren konnten, dass wir nicht einverstanden sind« (Wetzel): eine Textschleife – die quasi hinter dem Rücken der Experten lief – mit Begriffen aus dem diplomatischen Wortschatz, die im Kontext der Aufführung eine andere Bedeutung bekamen: »Abgesprochen« – »Gegengelesen« – »Verhandelt« – »Vorgedruckt« ... in alphabetischer Reihenfolge, damit es ja nicht als konkreter Kommentar zum jeweiligen Text gelesen werden konnte. »Nach Punkten haben wir damit vielleicht knapp gewonnen – aber nicht wirklich.« (Wetzel)

Undercover actors und Experten-Experten

Auch aus anderen Gründen herrscht nicht immer Harmonie in der temporären Expertenfamilie, manchen wird die Belastung zu viel, geht die Entwicklung gegen den Strich oder die eigene Rolle zu nah. *Deadline* endet mit dem Ausstieg einer der Darstellerinnen, und in *Boxenstopp* verließ eine der alten Damen bereits kurz vor der Premiere die Produktion. Ersetzt wurde sie durch die Schauspielerin Christiane Zerda, die den Text im Wesentlichen unverändert übernahm. Der Austausch wurde nicht verheimlicht – und trotzdem von vielen im Publikum nicht wahrgenommen. Auch weil mit Martha Marbo ja bereits ganz offensichtlich und geplant eine boulevarderprobte Schauspielerin auf der Bühne stand. Ebenfalls knapp achtzig Jahre alt und nicht mehr gut zu Fuß (insofern eine Expertin fürs Alter wie die anderen), zugleich aber in der Funktion der Erzählerin eine Expertin fürs Theatersprechen.

»Schauspieler als Ersatz waren immer ein Politikum ersten Ranges bei uns, eigentlich ein Tabu« (Wetzel) – aber eines, das noch ein weiteres Mal schon bei der ersten Wiederaufnahme von *Boxenstopp* gebrochen wurde, als Ulrike Falke wegen einer Grippe nicht auftreten konnte und

Deadline, 2003

ihre Rolle von einer schnell gefundenen Agentur-Schauspielerin übernommen wurde. Offen angekündigt zwar, aber das Verhältnis der Profis gegenüber den Laien stand damit 3:1. Auch die *Deadline*-Expertin Alida Schmidt wurde bei der letzten Vorstellung, einem Gastspiel in Łódź, vertreten: Die eingesprungene Schauspielerin referierte den Text eindeutig auf die abwesende Performerin verweisend. Und auf Polnisch.

Eine andere Form der Vertretung brachte *Das Kapital*: Ulf Mailänder hatte als Ghostwriter die Autobiografie des Hochstaplers und Finanzbetrügers Uwe Harksen geschrieben, der – im offenen Vollzug – seine Teilnahme nicht für alle Aufführungen garantieren konnte. So kam mit Mailänder ein Experten-Experte ins Spiel, der nicht nur alle anekdotischen Details kannte, sondern auch Sprechweisen und Redewendungen beherrschte. »Er konnte gleich bei der ersten Probe so perfekt in der ersten Person aus Harksens Leben erzählen, dass alle Experten glaubten, er sei der echte – obwohl sie die Vorgeschichte ja kannten. Aber schon bei der zweiten Probe bekam er die Mimesis-Grippe und musste ständig nachfragen, ob er jetzt die Hand in der Tasche lassen sollte etc. Das ist er nicht mehr ganz losgeworden.« (Wetzel) In der Jury-Diskussion für den Mülheimer Dramatikerpreis war Mailänder dann ein entscheidendes, wenn auch wackliges Argument dafür, dass es sich bei *Kapital* wohl doch um einen Dramentext, also um etwas Nachspielbares handeln müsse – wenn einer die Rolle eines anderen übernehmen konnte, warum sollte man dann nicht auch alle anderen neu besetzen.

Tatsächlich gab es auch nach dem Einsatz von Martha Marbo in *Boxenstopp* weitere Versuche, mit Schauspielern von Beginn einer Pro-

Zeugen! Ein Strafkammerspiel, 2004

duktion an zu arbeiten. Im Schweizer *Mnemopark* führt Rahel Hubacher als eine Art Erzählerin durch den Abend, und in *Zeugen* sollten Bühnenprofis als Experten die Selbstdarstellungsstrategien bei Strafprozessen untersuchen: »Es war erstaunlich, wie sehr Schauspieler darin trainiert sind, andere beim Schauspielen zu beobachten und zu analysieren, aber wie sehr sie gelitten haben im Gericht, wenn da normale Leute verkrampft versuchten, glaubhaft zu wirken.« (Wetzel) Doch letztlich kam man so recht nicht zusammen. Mit dem Bühnentonfall und den ausgebildeten Körpern der Schauspieler, wenn sie nicht in klarer Erzählerfunktion eingesetzt wurden, wussten Rimini nichts anzufangen – am Ende blieben die Profis in zwar inhaltlich plausiblen, aber doch relativen Außenpositionen. Relikte eines Arbeitsprozesses mehr als Protagonisten.

Ein weiterer Versuch mit Schauspielern des Wiener Burgtheaters scheiterte bei *Schwarzenbergplatz*: Dem einen war das Spiel mit (oder gegen) die Experten zu riskant, ein zweiter, der all das sprechen sollte, was die Diplomaten sich auf der Bühne nicht zu sagen getrauten, wurde von den Experten abgelehnt.

Solche Experimente (oder manchmal Notlösungen) mit Schauspielern oder anderem Experten-Ersatz sind nicht nur für konzeptuelle Puristen problematisch – dass Publikum und Presse oft geradezu beleidigt darauf reagieren, zeigt, wie stark der Wunsch ist, an das Authentische zu glauben. Der Unterschied zwischen der Wahrheit des Experten, der sich selbst spielt, und der Wahrheit eines Schauspielers, der einen Experten spielt, wurde nie wieder so stark thematisiert wie in *Boxenstopp*, aber das sichtbare Nachdenken über das Wesen des mimetischen Spiels ist Riminis Arbeiten immer wesentlich.

Deshalb auch kehrt der Theatervorhang als Zitat stets wieder, wird mal von einem Fensterputzer vor den Zuschauern aufgezogen, die aus einem Hochhaus auf einen belebten Platz als Bühne hinunterblicken *(Sonde Hannover)*, mal nur noch metaphernhaft erwähnt (als automatische Tür in *Call Cutta*). Und deshalb werden auch die Techniken und Implikationen des schauspielerischen Als-ob so häufig thematisiert. Durch die theaterspielenden Kinder in *Uraufführung* ebenso wie durch den Europaparlament-Dolmetscher, der in *Midnight Special Agency* vorführt, wie sehr er seine eigene Meinung beim Übersetzen ausblendet, um den Redner so direkt wie möglich emotional wiederzugeben (selbst wenn er ein französischer Rechtsradikaler sein sollte).

»Das haben auch die *Deutschland 2*-Leute verstanden, dass sie umso flüssiger vertreten konnten, je mehr sie mit der Vorlage mitgingen.« (Wetzel) Nicht verstanden allerdings hatte es der damalige Bundestagspräsident Wolfgang Thierse, als er eben diese Aufführung im ehemaligen Plenarsaal in Bonn untersagte: Während Rimini vergeblich erklärten, »dass der Akt der Vertretung eines Abgeordneten durch einen Wähler ein solidarisches Identifikationsmoment mit sich bringe – fern jeder billigen Distanznahme durch Imitation wie in Comedyshows«, fürchtete Thierse einen eher Brecht'schen Entlarvungseffekt und sah »das Ansehen und die Würde des Deutschen Bundestages beeinträchtigt«. Dabei sind diese Grundfragen des Theaters doch auch die einer jeden Demokratie: Wie funktioniert, was bewirkt Repräsentation? Was bedeutet es, für einen anderen zu stehen?

Facts und *fiction*

Riminis Arbeiten, so frei ihr Umgang mit dokumentarischem Material zuweilen ist, beruhen immer auf ausführlichen Recherchen, vor allem auf stundenlangen Gesprächen mit Experten, die längst nicht alle auf der Bühne landen. Solches Zusatzmaterial geht mal direkt in die Aufführung ein, als Videoeinspielung, als Zitat im Text, mal dient es den Regisseuren dazu, überhaupt erst ein Gefühl für die Möglichkeiten eines Themas zu entwickeln. Mehr als um eine kohärente Story oder darum, einem Thema gerecht zu werden, dreht es sich darum, das Potenzial auszuloten, sich von Geschichten treiben zu lassen und Fäden weiterzuspinnen.

Dabei liegen die Motive einer Arbeit mal früh und vor den eigentlichen Recherchen auf der Hand, mal müssen – wie bei den Auftragswerken *Sonde Hannover* und *Brunswick Airport* – erst ein geeigneter Ort und hinterher die dazugehörigen Geschichten gefunden werden. Der lokale Kontext ist jedoch nicht nur bei solchen eindeutig ortsspezifischen Projekten wichtig, oft ist er auch bei Bühnenproduktionen ausschlaggebend: das Altenwohnstift neben dem Künstlerhaus Mousonturm *(Boxenstopp)*, die gesellschaftliche Situation Brasiliens *(Chácara Paraíso)*, die Schillerstadt Mannheim *(Wallenstein)*. So sehr, dass gar eine Theaterbühne selbst, wie die Züricher Spielstätte Pfauen als Uraufführungsort des *Besuch der alten Dame*, zum spezifischen Ort werden kann: Die Inspizientenansagen, die Kulissenschieberei, selbst das Publikum als Material, das verwendet wird ...

Auch wenn Stefan Kaegi oft erzählt, dass er einmal ein Jahr lang als Lokaljournalist bei den *Solothurner Nachrichten* gearbeitet hat: Die Recherche von Rimini Protokoll mag ähnliche Ansätze haben, sie dient einem anderen Zweck. »Letztlich ist für uns gar nicht interessant, ob jemand die Wahrheit sagt oder nicht. Eher wie sich jemand darstellt und welche Rolle er spielt.« (Wetzel) *Facts* und *fiction* sind nicht trennbar, die Technik des Dokumentarischen ist für Rimini Protokoll (in ihren Erzählstrategien ohnehin gar nicht so weit entfernt von denen Alexander Kluges) eine des Geschichtenerzählens, nicht der faktischen Wahrheit. Die nämlich liegt oft woanders, und häufig gerade im Detail, nicht in großen Zusammenhängen: »Es geht bei unseren Recherchen oft mehr um Atmosphärisches. Oder dass uns plötzlich ein Plakat auffällt, das hinter dem Schreibtisch eines Experten hängt und sich daran etwas entzündet. Nicht selten sind es Nebensächlichkeiten, die wichtig werden.« (Haug)

Solche wichtigen Nebensächlichkeiten werden dann zu konkretem Material, das – als Readymade – zur Requisite wird und damit den dokumentarischen Charakter der Arbeit einerseits unterstreicht, andererseits verunsichert, da die Originalität stets ungewiss ist. So steuerte der Marx-Experte Kuczynski zwar tatsächlich jene anderthalb Meter seltener »Kapital«-Ausgaben bei, vor denen er beim ersten Gespräch mit Rimini Protokoll saß und rollte – nachdem die versicherungstechnische Seite geklärt war – seine zwei Koffer zu jeder Probe, jeder Aufführung. Inzwischen jedoch wurden auch diese Bücher großteils von der Requisite nachgemalt, die Authentizität ist nur mehr eine gefühlte.

Wie die Geschichten der Menschen sich im Stück verweben und verändern, wie der Text des einen am Ende bei einem anderen gelandet sein kann, so ist auch die Wahrhaftigkeit der *objets trouvés* eine flexible: Die Geweihe, die in *Uraufführung* das Haus des Dürrenmatt'schen Alfred Ill zieren, stammen tatsächlich vom leidenschaftlichen Jäger Johannes Baur, der dessen Rolle teils übernimmt. Authentisches wird ebenso fiktionalisiert, wie Fiktionales in die Wirklichkeit geholt wird.

Geskriptete Realität
Der Mülheimer Dramatikerpreis 2007 an Helgard Haug und Daniel Wetzel für *Kapital* mag ein Schock für eine bestimmte Autorenlobby gewesen sein – abwegig ist er nicht: Auch wenn der Blick auf die Arbeiten von Rimini Protokoll immer in erster Linie ein Blick auf die Experten sein wird, so wird die vermeintliche Authentizität dieser Figuren – und Figuren sind es ja – nicht nur durch die Körper der Performer hergestellt. Sie ist das Resultat einer Dramaturgie, das Resultat von Inszenierung und das Resultat eines Textes, der nicht spontan ist und der eben nicht einfach so dem Volk vom Maul geschaut wurde. Selten spricht hier jemand, wie ihm der Schnabel gewachsen ist, selten wird Text improvisiert wie bei der Brüsseler *Midnight Special Agency*. Vielmehr hat die spezifische Theaterarbeit von Haug/Kaegi/Wetzel zu einer spezifischen Textsorte geführt. Die Realität muss geskriptet werden.

Und das wird sie bei Rimini Protokoll – wie schon im Namen verraten – vor allem mittels Prinzipien des Protokollierens, des Tagebuchführens: Bereits in *Kreuzworträtsel Boxenstopp* sitzt Frau Falke auf einem erhöhten Stuhl und kurbelt den Text auf einer großen Rolle vor sich ab; das Protokoll des vermeintlichen Formel-1-Rennens ist auch das Protokoll des Weges zum Ziel der Premiere. Die Rennfahrergeschichte vermischt sich mit dem Erlebnis der Proben, der Entstehung des Stückes und – noch vergleichsweise wenig – mit den Geschichten der Damen. Auch wenn diese Struktur künftig selten mehr so offen ausgestellt wurde – die Logik des Protokolls prägt fast alle Rimini-Texte.

Die Frage danach, wie man auf der Bühne überhaupt noch sprechen kann, beziehungsweise wer spricht, wenn einer spricht, und in welcher Form dieses Sprechen außerhalb des weitgehend storykausal und psychologisch motivierten, dialogischen Dramas existiert, ist zentral im experimentellen, repräsentationskritischen Theater vor allem seit den 80er Jahren. Rimini haben sie auf ihre Weise beantwortet: Die Struktur des Protokolls, spielerisch verwendet in einer Theatertradition strenger Sprachformalisierungen oder -ritualisierungen (beispielsweise in Form von Listen, Frage-Antwort-Spielen, oder abstrakter Bildbeschreibungs- oder Thesenmonologe), bietet vor allem die plausible Möglichkeit, mittels einer behaupteten oder realen Chronologie verschiedenste narrative Schichten zu organisieren. Ebenen wie die des konkreten Probenprozesses, des biografischen Materials der Beteiligten und darüber gelegter fiktionaler oder faktenbasierter größerer Erzählungen werden verschränkt und erzeugen so eine Mikro-Makro-Struktur, in der rapide Wechsel von Detailaufnahmen kleinteiliger Anekdoten zum Weitwinkel großer Zusammenhänge problemlos möglich sind: Bei *Boxenstopp* ist es die Langsamkeit des Alters, die mit der Geschwindigkeit des Autorennens kontrastiert wird, *Shooting Bourbaki* ordnet die Computerspielwut von Kids einem größeren Schießzusammenhang zu, *Mnemopark* lässt die Sammel- und Bastelleidenschaft von Modelleisenbahnern zur Frage nach dem Erinnern werden, *Blaiberg* stellt eine geglückte Herztransplantation neben die Herzensangelegenheiten der Partnersuche, *Wallenstein* sortiert Expolitiker, ehemalige Vietnamsoldaten, Astrologinnen und Heiratsvermittlerinnen nach Schiller-Motiven.

Die Brüche, die bei solchen oft harten Gegenüberstellungen entstehen, schaffen Assoziationsräume für weitere Ebenen im Kopf des Zuschauers. Das permanente, wenn auch oft diskrete Thematisieren des künstlerischen Entstehungsprozesses erzeugt zudem eine Transparenz, die eine unreflektierte Identifikation mit dem Bühnengeschehen erschwert.

Bei all dieser Vielstimmigkeit ist das Protokoll monologisch – und so ist es meist auch das Sprechen bei Rimini: berichtend und direkt ans Publikum gerichtet. Die Experten wenden sich – ein bisschen wie in Brechts Lehrstücken – direkt an uns und überspringen so geschickt die Repräsentationsfalle rollenspielenden Theaters. Denn während stückimmanente Dialoge unverkennbar gespielte Gesprächssituationen erfordern, vorgetäuschte Spontaneität, psychologische Einfühlung oder zumindest den Glauben an ein intaktes dialektisches System, suggerieren Riminis Ansprachen an die Zuschauer (die sich real angesprochen fühlen und nicht als Publikumsdarsteller) eine wenn auch einseitige Konversation zwischen realen Partnern. Gerade dass ihr Sprechen nicht spontan wirkt, sondern meist eher wie etwas unsichere Vorträge nicht sehr geschulter Redner, trägt paradoxerweise zum Anschein ihrer Aufrichtigkeit bei. Brechts Verfremdungseffekt, der Identifikation verhindern soll, ist in dieser Form längst zu einem vermeintlichen Garant von Authentizität geworden – und das nicht erst seit Doku-Fiction und gestellte Talkshows im Fernsehen suggerieren, geleiertes Sprechen sei automatisch »echten Menschen« zuzuordnen.

Dennoch sind in letzter Zeit quasidialogische Momente im Werk von Rimini dazugekommen, Zwiegespräche, die verschiedene Auffassungen der Figuren repräsentieren. Auch Kontroversen unter den Bühnenfiguren sind nun in gewissem Umfang möglich. Wurde bei *Boxenstopp* noch der einzige Vertreter einer anderen Gruppe – ein Rennfahrer eben – im Lauf der Proben rausgeschmissen, weil er nicht ins Bild passte, so ergaben andere Ansätze – wie beim *Kapital* oder *Wallenstein* – andere Performer-Konstellationen und brachten mit sich eine größere Bandbreite an Auffassungen und internen Widersprüchen. Die Künstlichkeit dieser Dialogansätze (meist nur zwei, drei miteinander gewechselte Sätze oder ein spöttischer Blick zum Mitspieler) ist offen ausgestellt und nicht nur durch das mangelnde schauspielerische Handwerk deutlich erkennbar. Verschiedene Meinungen, Haltungen, aber auch Konflikte werden so sichtbar gemacht oder sichtbar gehalten. In *Uraufführung* gibt es mit einer Szene, die von Kindern gespielt wird (als Verweis darauf, dass die *Alte Dame* nach wie vor ein beliebtes Schultheaterstück ist), sogar eine klassisch dargebotene Theaterszene mit allem, was dazu gehört: »Das Risiko ist natürlich, dass es aussehen könnte, als würden wir diese Form von Theater ernst meinen. Für uns ist es aber ein Spaß, weil wir das selten gemacht haben: Dramendialoge auf der Bühne.« (Wetzel)

Text entsteht bei Rimini erst einmal als Fragestellen und Zuhören. Das Gehörte wird vor und während den Proben mehr und mehr in eine eigene Form gebracht, die immer wieder mit der Realität der Performer abgeglichen werden muss. Wie hört es sich, wie fühlt es sich an, wenn die Experten ihren ursprünglich eigenen, dann von ihnen abgetrennten und schließlich ihnen wieder zugeteilten Text sprechen? Parallel dazu wird der Text permanent abgeglichen mit dem, was sie tatsächlich auch bereit und in der Lage sind zu sagen. Gegen welche Formulierungen sind sie resistent? Welche Grammatiken gehen ihnen gegen den Strich? Welche Inhalte ändern sie beharrlich ab?

Schließlich lernen die Experten relativ schnell die Spielregeln zu verstehen, merken, was wie vom Gesagten in den Text einfließt und wie es transformiert wird. Das Verneinen von zuvor Behauptetem ist da keine Seltenheit: »Dieses ›Das hab ich so nicht gesagt‹ stimmt ganz oft nicht – aber wenn es dann so dasteht, ist ihnen das oft zumindest am Anfang

unangenehm, weil sie nicht einschätzen können, was das im Stückzusammenhang bedeutet.« (Wetzel)

So ist das Fixieren des Textes nicht selten auch Verhandlungssache – ein Prozess, der merkwürdige Auswüchse haben kann bis hin dazu, dass ein Experte – wie der Marx-Experte Thomas Kuczynski in *Kapital* – einen korrekten Begriff (in diesem Fall: »Gebrauchswert«) wider besseres Wissen gegen einen salopperen, im Kern aber falschen (nämlich: »Wert«) austauscht, um so seine Eigenständigkeit gegenüber der Inszenierung zu behaupten und seine Person von der Rolle abzugrenzen. Rimini-Aufführungen haben in ihrem Entstehen zuweilen Ähnlichkeiten mit Familienaufstellungen.

Figuren auf Zeit
Von Herrn Heller, dem Geflügelzüchter, ist es vermutlich der einzige Bühnenauftritt geblieben, vor zehn Jahren auf der Gießener Probebühne. Martha Marbo, die eindrucksvolle Boulevard-Diva in *Kreuzworträtsel Boxenstopp* ist inzwischen gestorben, die Kids von *Shooting Bourbaki* sind erwachsen geworden. Der Hobbyflieger Peter Kirschen darf noch immer keine Linienmaschinen fliegen, der Exbürgermeisterkandidat Sven-

Shooting Bourbaki. Ein Knabenschießen, 2002

Joachim Otto hat die Stadt seiner politischen Blamage verlassen, und einer der brasilianischen Polizisten steht vor Gericht.

Immer nur kurz können die Momentaufnahmen von Rimini Protokoll das Bild festhalten; es verschwindet mit den Inszenierungen. Sie fokussieren die Gegenwart, sammeln nichts für die Zukunft. Ein Museum des Augenblicks, das Figuren unserer Zeit auf Zeit zusammenstellt – sortiert mal nach Wissensgebieten, mal nach Berufen, nach Alter, nach Schicksalen – und sie dann wieder verliert.

Es ist ein wesentlicher Grund für den Erfolg des Theaters von Rimini Protokoll: dass es sich weder auf das letztlich überschaubare Reservoir verfügbarer oder neu geschriebener Dramenfiguren noch auf die Performer des Gleichaltrigentheaters der meisten anderen freien Theatermacher beschränken muss. Dass es Leute zeigt, die man selten so sieht oder nie. Dass es sie – anders als Reality TV und Talkshows – nicht in realen oder künstlichen Ausnahmezuständen präsentiert, sondern unaufgeregt und aus ihrem Zentrum heraus. Und dass es kein Geheimnis daraus macht, dass diese Authentizität der Menschen auf der Bühne nur eine Rolle ist. Wenn auch die Rolle ihres Lebens.

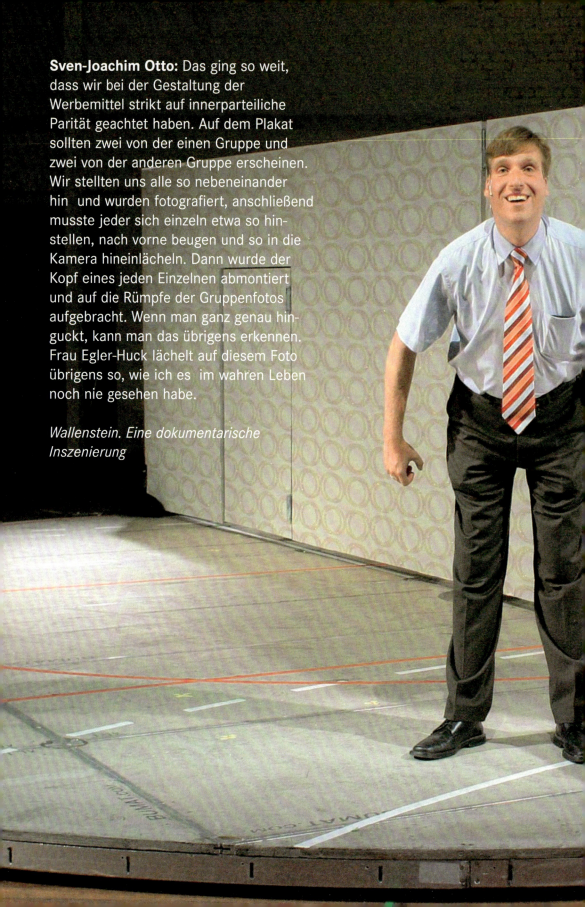

Sven-Joachim Otto: Das ging so weit, dass wir bei der Gestaltung der Werbemittel strikt auf innerparteiliche Parität geachtet haben. Auf dem Plakat sollten zwei von der einen Gruppe und zwei von der anderen Gruppe erscheinen. Wir stellten uns alle so nebeneinander hin und wurden fotografiert, anschließend musste jeder sich einzeln etwa so hinstellen, nach vorne beugen und so in die Kamera hineinlächeln. Dann wurde der Kopf eines jeden Einzelnen abmontiert und auf die Rümpfe der Gruppenfotos aufgebracht. Wenn man ganz genau hinguckt, kann man das übrigens erkennen. Frau Egler-Huck lächelt auf diesem Foto übrigens so, wie ich es im wahren Leben noch nie gesehen habe.

Wallenstein. Eine dokumentarische Inszenierung

In Erscheinung treten
Zur Darstellungspraxis des Sich-Zeigens

von Jens Roselt

»Das waren echte Menschen.« Wer zum ersten Mal eine Arbeit von Rimini Protokoll sieht und später anderen von seinem Erlebnis berichtet, wird um diesen Satz wahrscheinlich nicht herumkommen, wenn er die Besonderheit der Arbeits- und Darstellungsweise beschreiben möchte. Doch die Ratlosigkeit, die dann nicht selten aus dem Gesicht des Angeredeten spricht, zeigt, dass diese lapidare Feststellung nicht besonders aufschlussreich ist. Sieht man im Theater nicht immer echte Menschen? Ist ein Staatsschauspieler etwa ein falscher Mensch? Sind die Individualität und die Körperlichkeit eines Darstellers nicht immer unlöslich mit seiner Darstellung verwoben?

»Das schon«, könnte man einräumen und erläuternd hinzufügen: »Bei Rimini Protokoll spielen die sich selbst bzw. ihr wahres Leben.« Doch inwiefern kann hier tatsächlich davon die Rede sein, dass die Darsteller überhaupt spielen, geschweige denn sich selbst? Der Modus ihrer Rede ist häufig die Ansprache und nicht der Dialog, es wird etwas vorgetragen und nicht vorgespielt. Auch ausdrücklich biografische Szenen wirken eher nachgestellt als nachgeahmt. Was man zu sehen bekommt, ist kein authentischer Komödienstadl, an dessen dilettantischem Charme sich die Zuschauer delektieren könnten, sondern der Vortrag eines Berichts oder, um den Namen der Gruppe beim Wort zu nehmen, ein Protokoll. Laut Duden versteht man darunter die »wortgetreue oder auf wesentliche Punkte beschränkte schriftliche Fixierung des Hergangs einer Sitzung, Verhandlung, eines Verhörs«. Die Rimini-Darsteller geben in einer Aufführung ihre Geschichten zu Protokoll, zeigen zugleich ihre Körper und bringen ihre Stimmen zu Gehör. Der Darstellung des Protokolls im Hier und Jetzt des Theaters durch die leibhaftigen Akteure auf der Bühne ist damit immer schon eine Form der Nachträglichkeit eingeschrieben, die kenntlich macht, dass die protokollierten Ereignisse bereits stattgefunden haben.

»Aber«, könnte man ein letztes Mal argumentativ Luft holen, »das, was hier zu Protokoll gegeben wird, hat doch mit dem eigenen Leben der Protokollanten zu tun. Zumindest können die Zuschauer davon ausgehen, dass die berichteten Erlebnisse durch die Biografien der Darsteller verbürgt sind. Hier werden schließlich keine Rollen gespielt, die ein Dramatiker den Darstellern, ohne sie zu kennen, ins Buch geschrieben hätte.« Auch diese Feststellung hat etwas für sich, doch zugleich muss man darauf hinweisen, dass das Geschehen auf der Bühne kein spontaner, improvisierter Vorgang ist, sondern dass das sprachliche und körperliche Handeln der Darsteller auf ein Inszenierungsskript rekurriert. Dass es eine solche Vorschrift für die Aufführung gibt, merkt man als Zuschauer nicht zuletzt daran, dass die Darsteller mitunter deutliche Texthänger haben. Und wer im Text hängt, muss doch einen Text haben, der ihm vorgeschrieben ist, aber augenblicklich nicht zur Verfügung steht.

Wie man es auch immer angeht, die Beschreibung der Darstellungsweise in Arbeiten von Rimini Protokoll bleibt unadäquat; irgendwie weiß man zwar, was gemeint ist, wenn von echten Menschen, dem wahren Leben oder auch von Authentizität die Rede ist, doch wirklich treffend sind diese Beschreibungen nicht. Die echten Menschen auf der Bühne bringen einen in Verlegenheit. Man weiß nie so genau, woran man eigentlich ist. Man wird verunsichert, bildet Hypothesen und stellt sie sogleich wieder in Frage. Auch die theoretische Reflexion dieser Vorgänge kann einem die Unsicherheit nicht nehmen. Rimini Protokoll setzen einen zwischen sämtliche begrifflichen Stühle aus dem Fundus der Theatertheorie. Am deutlichsten wird dies schon bei der Frage, wie man die vermeintlich echten Menschen auf der Bühne denn bezeichnen soll. Als Schauspieler? Als Performer? Als Darsteller? Als Laienspieler? Oder doch als Experten des Alltags?

Im Folgenden wird es nicht darum gehen, einen neuen Begriff zu finden, mit dem man die Rimini-Protokollanten bezeichnen könnte, vielmehr soll gerade das Oszillieren zwischen den Kategorien von Mensch und Rolle, von Schauspieler und Figur, von Echtheit und Wahrheit oder von Wissen und Glauben zum Ausgangspunkt der Betrachtung gemacht werden. Die These ist, dass dahinter ein grundsätzliches Problem auftaucht, das immer dann zu Tage tritt, wenn Menschen auf der Bühne vor Zuschauern in Erscheinung treten. Es geht dabei um die Frage, wie man unterscheiden kann zwischen dem, was ein Darsteller macht, und dem, was ein Darsteller ist. Damit soll keineswegs behauptet werden, es gäbe keinen nennenswerten Unterschied zwischen Rimini-Darstellern und Schauspielern etwa in einem Stadttheater – doch wie kann er beschrieben werden, und worin liegen die Gemeinsamkeiten?

Wer sich in einer Aufführung von Rimini Protokoll als Zuschauer mit den Darstellern auf der Bühne auseinandersetzt, dem drängen sich eine Reihe von Fragen auf, die unmittelbar zwar kaum beantwortet werden können, aber gerade deshalb die Wahrnehmung der Zuschauer in mitunter beunruhigender Weise begleiten. Ein Beispiel etwa ist die Frage danach, wie die Teilnehmer einer Produktion überhaupt ausgewählt werden. Rimini Protokoll arbeiten ja immer projektbezogen, das heißt es gibt kein festes Ensemble von Darstellern, sondern die Gruppe setzt sich jeweils in Hinblick auf eine konkrete Arbeit zusammen, die dann erst durch die Biografien und Beiträge der Teilnehmer Gestalt annimmt. Wie kommt das Theater an diese Menschen bzw. wie kommen diese Menschen auf eine Bühne? Auch der Probenprozess kann so thematisch werden: Wie entstehen diese Inszenierungen? Was ist geprobt und was ereignet sich spontan? Führen die Darsteller letztlich doch nur die Anweisungen eines für die Zuschauer im Verborgenen bleibenden Regieteams aus und werden so zu willfährigen Erfüllungsgehilfen für die ästhetischen Formabsichten von Produzenten?

Daran schließt sich die Frage nach der konkreten Motivation jedes Einzelnen an. Warum suchen die Teilnehmer ein Medium auf, das ihnen nicht vertraut zu sein scheint, dessen Wahrnehmungsbedingungen sie mitunter verunsichern? Was treibt sie auf die Bühne? Was lockt sie, sich zu zeigen, oder wodurch werden sie getrieben, sich bloßzustellen? All diese Fragen schwingen immer mit, wenn man Schauspielern zusieht – auch im Stadttheater. Nicht selten sieht man Schauspieler auf der Bühne Handlungen ausführen und bekommt dabei den Verdacht, dass sie selbst nicht wissen, was sie da tun und welche Motivation sie überhaupt haben. All diese Anmutungen und Fragen sind virulent, sie werden aber häufig zurückgedrängt mit dem Argument, dass sie das spezifisch Künstlerische am Akt des Schauspielens verfehlen. Gerade die Frage nach der Motivation kann so mit dem Hinweis auf die Profession der Schauspieler zurückgestellt werden. Die machen ihren Job, den haben sie gelernt und als Profis zeichnet sie gerade aus, dass ihre persönlichen Beweggründe, Einstellungen und Biografien bei der Verkörperung einer literarisch gefassten Figur keine ausdrückliche Rolle spielen. Professionalität könnte damit ein Unterscheidungskriterium sein.

Professionalität

Als Zuschauer können wir davon ausgehen, dass Rimini-Darsteller keine Berufsschauspieler sind. Sie haben keine mehrjährige Ausbildung erhalten, nie eine Prüfung abgelegt und streben auch nicht danach, ihren Lebensunterhalt dauerhaft durch Auftritte zu bestreiten. Man muss allerdings darauf hinweisen, dass dieses Verständnis vom Berufsschauspieler historisch relativ jung ist. Eine akademisierte und staatlich geregelte schulische Ausbildung gibt es hierzulande erst seit dem 20. Jahrhundert. Bis dahin führte der Weg auf die Bühnen die Einsteiger nicht durch Schulklassen und Prüfungskommissionen, sondern durch die Vor- und Hinterzimmer der Theater, in denen man antichambrierte, um sich dienstbar zu machen und so vielleicht an kleine Rollen zu kommen. Flankiert wurde dieser *Learning-by-doing*-Bildungsweg, den Goethes Wilhelm Meister zumindest literarisch adelte, durch kostenpflichtige Privatschulen oder dozierende ältere Schauspieler, die ihren zahlenden Eleven mit Rat und Tat oder zumindest doch mit lustigen Anekdoten aus dem Theaterleben weiterhalfen. Es muss also nicht verwundern, dass der wichtigste Schauspieltheoretiker des 20. Jahrhunderts selbst Autodidakt war: Konstantin Stanislawski.

Nicht ausgebildete Spieler waren im Theater also immer mit von der Partie. Gerade in Zeiten, in denen der Schauspielstil in tradierten Konventionen und Normierungen zu erstarren drohte, konnten die mitunter belächelten Auftritte von Laien und Halbprofis wesentliche Impulse für die Innovation neuer Spielstile liefern. Da ungebildete Körper auf der Bühne also auch eine Provokation neuer Darstellungsweisen sein können, wurden wichtige Phasen des Theaters immer auch durch Dilettanten getragen und geprägt. Als beispielsweise in den 80er Jahren des 19. Jahrhunderts die damals neuen ungewohnten Dramen des Naturalismus auf Interesse stießen, war sehr schnell klar, dass diese Texte mit der an Hoftheatern üblichen idealisierenden Darstellungspraxis und deklamatorischen Sprechweise nicht adäquat verkörpert werden konnten. Und es war eine Amateurtruppe, die der theaterbegeisterte Buchhalter André Antoine 1887 unter dem Namen Théâtre-Libre für die Inszenierung dieser ungewohnten Texte um sich scharte. Die Freizeitschauspieler in diesem ersten europäischen Off-Theater vermochten nicht zuletzt deshalb eine neue Form von Natürlichkeit zu zeigen, weil sie die damaligen Maximen konventioneller Schauspielkunst nicht beherrschten. Sie konnten sich so Fehler leisten, für die jeder Schauspieler an der Comédie Française vor Scham im Boden versunken wäre, wie etwa das verpönte Spiel mit dem Rücken zum Publikum. In der Folge entstand so eine psychologisch-realistische Spielweise, die auch heute noch für viele Schauspieler und Zuschauer ein gültiges Paradigma ist. An der Herausbildung dieses Stils, der so ziemlich das Gegenteil der Praxis von Rimini Protokoll ist, waren also auch Laien beteiligt.

Schließlich ist darauf hinzuweisen, dass der heutige Berufsschauspieler ein Kind des literarisierten Theaters ist, bei dem der Dienst am Drama im Mittelpunkt der schauspielerischen Arbeit steht. Aber auch hier zeichnet sich eine deutliche Verschiebung ab, denn an Stadttheatern wird immer häufiger projektbezogen gearbeitet, ohne dass ein bestimmter Dramentext den Ausgangs- und Zielpunkt der Inszenierung bilden muss. Im Gegenzug scheinen Rimini Protokoll mit *Wallenstein. Eine dokumentarische Inszenierung* und *Uraufführung: Der Besuch der alten Dame* das Drama zu entdecken.

Wallenstein

Die Feiern zum 200. Todestag Schillers hatten bereits im April des Jahres mit einem scheppernden Tusch des Bundespräsidenten begonnen. Horst Köhler meinte sich für die Klassiker ins Zeug legen zu müssen und hatte in einem Grußwort dazu aufgerufen, Schillers Dramen nicht weiter zu problematisieren, sondern diese Texte »in ihrer Schönheit und Kraft« zu zeigen: »Ein ganzer Tell, ein ganzer Don Carlos! Das ist doch was!« Die anschließende Debatte um Köhlers Attacke mit ihren längst überwunden geglaubten Ressentiments gegen das Regietheater machte unabhängig vom persönlichen Geschmack eines deutlich: Klassikertheater gilt vielen in erster Linie als dramatisches Texttheater. Doch der Umgang mit diesem Text ist alles andere als selbstverständlich. So sehr man auch beteuern mag, dass Schillers Dichtung unser kulturelles Erbe ausmacht, wird deutlich, dass uns dieses sprachliche Vermächtnis nie ganz zu eigen geworden ist. Insofern stellt jede Inszenierung einen Versuch der Aneignung des mitunter sperrigen Textmaterials dar. Dieser Materialaspekt des Textes ist bei Rimini Protokoll von Beginn an auf der Bühne präsent. Ein großer Packen druckfrischer Reclam-Hefte liegt – teilweise noch verschweißt, teilweise aufgerissen – auf dem Bühnenboden.

Der erste Darsteller, der auftritt, ist Friedemann Gassner, der im Programm als Elektromeister und Schillerfan angekündigt wird. Er spricht eine Art Prolog, in dem er von seiner Geschichte mit Schiller berichtet, dessen Dichtung, wie man später zu wissen bekommt, ihm in einer existenziellen Lebenskrise große Kraft gegeben habe. Die Zuschauer erfahren, dass Gassner seither tagtäglich Verse Schillers auswendig lernt. Er erzählt nicht nur, wie er dabei vorgeht, sondern nimmt sich sogleich einen Vers aus seinem *Wallenstein*-Heftchen vor, den er im Angesicht des Publikums auswendig lernt. Hierzu geht er auf und ab, blickt gelegentlich in den Text oder an die Decke und eignet sich den Text gleichsam meditierend Zeile für Zeile an. Mit dem Thema des Auswendiglernens wird ein Aspekt angesprochen, der gemeinhin mit professionellen Schauspielern in Verbindung gebracht wird, zu deren handwerklichen Fähigkeiten es gehört, große Textmengen auswendig zu lernen. So originell Gassners Prozedur auch erscheinen mag, im Grunde erörtert der Darsteller eine Frage, vor der auch jeder professionelle Schauspieler zu Beginn der Probenphase stehen dürfte: Was habe ich mit Schiller zu tun bzw. was hat Schiller mit mir zu tun? Nicht jeder Profi findet darauf bis zur Premiere eine so überzeugende Antwort wie Gassner. Sein Vorgehen zeigt, dass die Aneignung des Klassikers nicht notwendig als intellektuelle Auseinandersetzung oder Interpretation Schiller'scher Ideen vonstatten gehen muss, sondern sich als sprachlicher und damit auch als körperlicher Vorgang vollziehen kann. Gassner verkörpert nicht eine Schiller'sche Rolle, sondern er inkorporiert die Sprache des Klassikers, die er in leichtem schwäbischem Dialekt spricht. Sich den Text sprechend zu eigen zu machen, ist ihm eine existenzielle Notwendigkeit geworden.

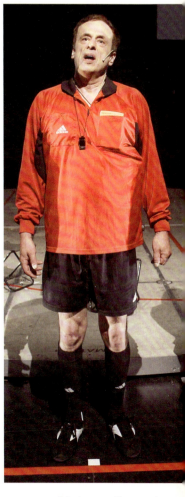

Friedemann Gassner in *Wallenstein*

Bereits in dieser ersten Szene könnten die Zuschauer an den Darsteller jene Gretchenfrage stellen, die im Laufe der Aufführung immer wieder auftauchen mag: Spielt der Darsteller Theater oder nicht? Das bedeutet konkret: Lernt er die Zeilen Schillers nun tatsächlich auswendig? Hat er also einen Vers gewählt, den er noch nicht kannte und der in den vorherigen Aufführungen nicht vorkam? Oder tut er nur so, »als ob« er den Text auswendig lernt, obwohl er ihm schon seit Wochen oder Monaten vertraut ist? Wie beim professionellen Theater bleibt dem Zuschauer während der Aufführung nichts anderes übrig, als dem Darsteller zu glauben oder eben nicht. Auffallend ist, dass bei Rimini Protokoll solche einzelnen szenischen Motive dramaturgisch nicht weiter verfolgt werden. Man wird nie erfahren, ob Gassner den Satz am Ende der Aufführung nun aufsagen kann oder nicht.

Während der gesamten Aufführung trägt der Schillerfan den Dress eines Fußballschiedsrichters. Seine Kleidung ist damit deutlich als Kostüm erkennbar, während die übrigen Darsteller im Anzug oder in Kleidungen erscheinen, die sie in ihrem persönlichen Alltag auch tragen mögen. Gassner verfügt zusätzlich über eine Trillerpfeife, mit deren schrillem Pfiff er die einzelnen Abschnitte des Abends einleitet bzw. abbricht. Die Dreiteilung der *Wallenstein*-Trilogie wird dabei deutlich kenntlich gemacht.

Im ersten Teil *(Wallensteins Lager)* treten sechs Männer auf und wenden sich mit ihrer Geschichte unmittelbar an das Publikum: Der Pensionär Robert Helfert wurde als »kleiner Bub« 1944 Flakhelfer in Mannheim. Auch er berichtet von einem biografischen Bezug zu Schillers Drama, das ihm noch vertraut ist, da er seinerzeit einen Schulaufsatz darüber schreiben musste. Der Arbeitslose Hagen Reich ist ein ehemaliger Offiziersanwärter, der zur Bundeswehr wollte, um dort Geld zu verdienen. Ralf Kirsten, heute stellvertretender Leiter einer Polizeidirektion in Thüringen, hatte sich in der DDR zur Bereitschaftspolizei gemeldet, um nicht zur Nationalen Volksarmee zu müssen. Die amerikanischen Veteranen Dave Blalock und Darnell Stephen Summers haben als GIs in Vietnam gekämpft. Und Wolfgang Brendel war als ehemaliger Oberkellner im Weimarer Hotel Elefant unterschiedlichen Machthabern zu Diensten.

Auf den ersten Blick wirkt diese Truppe sehr heterogen. Die Männer scheinen nichts gemeinsam zu haben. Man darf vermuten, dass sie sich ohne *Wallenstein* nie bewusst begegnet wären und sich womöglich auch nichts zu sagen hätten. Sie entstammen verschiedenen Generationen und ihre Biografien haben sehr unterschiedliche Verläufe genommen. Die dialektale Färbung ihrer Sprache zeigt ihre ost- oder westdeutsche Herkunft an, während die amerikanischen Ex-GIs wenig oder gar kein Deutsch zu sprechen scheinen. Eine direkte dialogische Kommunikation mit ihnen findet jedenfalls kaum statt. Schon in diesen ersten Szenen kann man feststellen, dass die Darsteller entweder Handlungen ausführen und dabei mit sich selbst beschäftigt sind, oder aber dass sie sich unmittelbar an das Publikum wenden. Selbst bei gemeinsamen Aktionen, wie dem Marschieren, bleibt die Gestaltung eines ausdrücklichen Zusammenspiels zwischen den Akteuren die Ausnahme. Hierin besteht ein deutlicher Unterschied zur psychologisch-realistischen Spielweise, die im professionellen Theater gängig ist, und bei der es gerade darauf ankommt, dass die Schauspieler miteinander spielen, so dass sich zwischen ihnen eine dramatische Situation entwickeln kann. Da der unmittelbare Kontakt zum Publikum dafür hinderlich ist, haben Schauspieler das zu zelebrieren, was Stanislawski als »öffentliche Einsamkeit« bezeichnet hat.

Erst im Laufe der Aufführung von *Wallenstein* wird eine Reihe von Gemeinsamkeiten auffällig bzw. hergestellt. Alle Männer haben

Dave Blalock in *Wallenstein*

einen persönlichen Bezug zum Militär oder können von Kriegserlebnissen berichten. In ihren Präsentationen wird auch die romantisch verklärte Seite des Soldatenlebens kenntlich, etwa wenn das Foto von Dave Blalock als jugendlicher GI in Vietnam in einem Wachstand mit Waffe, Zigarette und Peace-Plakette auf der offenen Brust auf die hintere Bühnenwand projiziert wird. Oder wenn Robert Helfert Schillers Lied »Auf, auf Kameraden« singt und dabei im Kreis marschiert, wie er es beim Jungvolk gelernt hat. Alle Männer sind bei der Ausübung ihres Dienstes in einen Interessenkonflikt geraten zwischen Gehorsam, Verantwortung und Eigennutz. Wenn Ralf Kirsten später davon erzählt, dass er von seinem Vorgesetzten aufgefordert wurde, sich von seiner Geliebten zu trennen, weil diese in der DDR politisch nicht vertrauenswürdig war, oder aber den Dienst zu quittieren, werden damit Züge der Rolle des Max Piccolomini aufgerufen, der ebenfalls in einen Gewissenskonflikt gerät, da er zwischen der Treue zum Kaiser und der Liebe zu Wallensteins Tochter zu entscheiden hat. Auch dass Robert Helfert schon als kleiner Junge im Jungvolk militärisch erzogen wurde, kann an Max' Geschichte gemahnen, der seine gesamte Kindheit und Jugend im Krieg unter Soldaten zugebracht hat. Trotz dieser Assoziationen kann jedoch nicht davon die Rede sein, dass ein Darsteller die Rolle des Max auch nur zeitweise spielen

Wallenstein. Eine dokumentarische Inszenierung

würde. Die Inszenierung stellt immer wieder assoziative Bezüge zu Motiven von Schillers Drama her, ohne einzelnen Darstellern explizit entsprechende Rollen zuzuweisen.

Neben diesen biografischen Bezügen zum dramatischen Stoff besteht eine entscheidende Gemeinsamkeit der Akteure darin, dass sie zusammen die Aufführung hervorbringen. Sie wissen, was zu tun ist, verüben Handlungen, erzählen von sich und haben diesen Ablauf geplant und geprobt. Ebenso wie sich in *Wallensteins Lager* eine Heerschar aus unterschiedlichen Gründen (Überzeugung, Gewohnheit, Geld) zusammenfindet, kommt auf der Rimini-Bühne eine gemischte Darstellertruppe zusammen, die ein Ziel eint: *Wallenstein* aufzuführen. Dahinter können freilich sehr unterschiedliche persönliche Motive zur Teilnahme stehen. In einem Interview über die Arbeit mit Rimini Protokoll äußert sich zum Beispiel der Vietnam-Veteran Blalock über die politische Dimension seines Auftretens: »I have learned over years that every arena of life contains a political agenda. And that this agenda is generally set by the ruling elite of our society. The theatre arena is no different – except for one thing – it appeared to me that the *Wallenstein* project could be a ›gust of fresh air‹ that begins to clear out the stuffy, conservative, stagnating smog that dominates much of the theatre world today.«

Erst im zweiten Teil der Trilogie *(Die Piccolomini)* wird der ausdrückliche Bezug einzelner Rollen zu bestimmten Darstellern hergestellt. Wie bei Schiller erscheint der Titelheld recht spät: Es ist Sven-Joachim Otto, der 1999 Spitzenkandidat der CDU für die Mannheimer Oberbürgermeisterwahlen war und nun seinen relativ steilen Aufstieg und jähen Fall innerhalb der Partei zu Protokoll gibt. Otto war in die Bresche gesprungen, als die CDU im »roten« Mannheim keinen geeigneten Kandidaten fand, der scheinbar ohne reale Chancen gegen den SPD-Amtsinhaber antreten wollte. Ottos Schilderungen stellen einen direkten Bezug zur Rolle Wallensteins her, was insbesondere im dritten Teil *(Wallensteins Tod)* klar wird, wenn er davon berichtet, wie er auf dem Höhepunkt seiner Macht von den eigenen Parteifreunden geschasst wurde. Auf der Bühne agiert Otto souverän. Sobald er aufgetreten ist, gibt er mit Selbstverständlichkeit anderen Darstellern Anweisungen. Im Laufe der Aufführung wird er die Machenschaften innerhalb seiner Partei preisgeben und zugleich zeigen, welche Rolle er im Getriebe des Apparats gespielt hat. Nicht zuletzt weil er dabei seine innerparteilichen Weggefährten und Gegner beim Namen nennt, wird deutlich, dass auch Otto eine ganz eigene Motivation hat, an dem Projekt teilzunehmen. Er nutzt die Möglichkeit einer öffentlichen Theateraufführung auch als Forum für seine eigenen Interessen bzw. zur Bloßstellung seiner Gegner. Die Rezeption seiner Darstellung kann deshalb zwiespältig bleiben. Man schwankt zwischen der Zurückweisung der eitlen Selbstdarstellung eines gescheiterten Kommunalpolitikers und der Rührung angesichts der schonungslosen Offenlegung seiner Verstrickung. Otto erscheint als Opfer einer Kampagne, deren Kopf und Mittelpunkt er zugleich war. Die Haltung gegenüber dieser Figur bleibt auch deshalb ambivalent, weil unklar ist, welche Haltung Otto selbst gegenüber dem Geschehen damals bzw. seinem aktuellen Auftritt einnimmt. Obwohl er schonungslos die eigenen Fehler beschreibt, erscheint er nicht als geläuterter Held. Obwohl er seinen Auftritt vor Publikum zu genießen scheint, bleibt er sensibel für die Peinlichkeit, die solche Momente stiften können. Souverän wirkt er nicht als Politiker und souverän wirkt er auch nicht als Darsteller; Souveränität gewinnt er erst in der distanzierten Rolle des Protokollanten der eigenen Geschichte.

Dennoch kann auch bei ihm nicht davon die Rede sein, er würde eine Rolle des *Wallenstein*-Dramas verkörpern. Das gilt im Übrigen auch für die beiden einzigen Frauen, die an dem Projekt teilnehmen. Die Mannheimer Astrologin Esther Potter hat die Horoskope der Darsteller erstellt und dabei, in Analogie zur Rolle des Seni bei Schiller, dem Protagonisten für den Moment seines Sturzes eine heikle Sternenkonstellation attestiert. Die Darstellerin Rita Mischereit ruft hingegen das Thema der Verkupplung auf, für das bei Schiller die Rolle der Gräfin Terzky steht. Mischereit betreibt eine Seitensprungagentur, für die sie in Zeitungsanzeigen wirbt. Sie vermittelt so diskrete Treffen vor allem für verheiratete Männer und Frauen. Dabei erfahren die Zuschauer von der Darstellerin, dass sie den größten Teil ihrer Tätigkeit per Handy abwickelt. Und da Erreichbarkeit ihr Geschäft ist, hat sie ihr Handy auch in der Aufführung dabei. Als sich hier im Laufe ihrer Erzählung tatsächlich jemand meldet, wird die Aufführung unterbrochen und die Zuschauer werden Zeugen eines Vermittlungsgesprächs. Ob dabei tatsächlich ein liebestoller Anrufer in der Leitung ist oder ob diese Szene gestellt, geplant und geprobt ist, bleibt für die Zuschauer unklar.

Dargestellte Protokolle

Grundsätzlich weist die Dramaturgie der Inszenierung zwei Szenenarten auf, die von den Darstellern unterschiedliche Leistungen verlangen: Berichtsszenen und Handlungsszenen.

In den Berichtsszenen wenden sich einzelne Darsteller mimisch und gestisch unmittelbar an die Zuschauer. Sie stehen zumeist frontal zum Publikum und erzählen biografische Episoden aus ihrem Leben oder dem der anderen Darsteller. Dabei wird die Protokollform auch dadurch kenntlich gemacht, dass Ort und Zeit der referierten Vorgänge angegeben werden. In den Handlungsszenen werden einzelne Aktionen unter Mitwirkung mehrerer Akteure ausgeführt. Dabei verüben die Darsteller Praktiken, die ihnen aus ihrem Expertendasein im Alltag vertraut sind. Der ehemalige Offiziersanwärter der Bundeswehr Hagen Reich etwa macht vor, wie man das Aufspüren von Minen trainiert. Indem die Darsteller zeigen, was sie können, gewinnen sie Sicherheit. Die Handlungsszenen sind häufig dadurch gekennzeichnet, dass sie bereits im Alltag inszenierte Züge aufweisen. So ist das Aufspüren der Minen ein Rollenspiel, bei dem die Mine nicht explodiert, sondern piept. Dass im Ernstfall der Soldat seine Gliedmaßen verlieren kann, geschieht auf dem Truppenübungsplatz nicht wirklich, sondern wird erzählt. Auch das militärische

The Midnight Special Agency

Manöver ist in diesem Sinne ein szenisches Spiel, bei dem die Rollen der Partisanen von Darstellern übernommen werden. Dabei wurde es dem Offiziersanwärter Reich zum Verhängnis, dass er nicht durchschaute, wie ernst das Spiel werden kann. Er gibt Bericht davon, wie der Kommandeur, der ihm die Verantwortung über den Einsatz gegeben hat, ihn und seine Kameraden »zum Duschen« befiehlt. Für Reich war das das Signal zum Feierabend. Als ihr Bus auf dem Weg zur Kaserne angehalten und von Partisanen überfallen wird, hält Reich das für ein Missverständnis. Er macht den Darsteller des Partisanen darauf aufmerksam, dass er im falschen Bus sei und dass die Übung für sie beendet sei. Doch der Partisan zieht seine Rolle durch. Die Situation eskaliert, keiner der Anwesenden reagiert mehr, wie es das Lehrbuch vorsieht, und Reich übernimmt nicht die ihm übertragene Verantwortung. Schließlich stellt sich heraus, dass dieses

Spiel Ernst war. Der gespielte Überfall war im Regiebuch des Kommandeurs vorgesehen. Die bittere Lehre des Vorfalls sollte besagen: Im Krieg gibt es keinen Feierabend und selbst auf dem Weg zum Duschen können Partisanen gefährlich werden.

Auch die Erzählungen anderer Darsteller weisen solche inszenierten Züge auf. Kirsten beispielsweise wollte im Dienst nicht mehr den staatstreuen Polizisten mimen, der seine Liebesbeziehung verheimlichen muss. Er offenbarte sich einem Vorgesetzten, der sich seinerseits verstellte und sich später als Informant der Staatssicherheit herausstellte. Auch der Oberkellner Wolfgang Brendel hat in seinem Job eine servile Höflichkeit gegenüber mächtigen Gästen kultiviert. Wenn er nicht ohne Stolz davon berichtet, wie der rumänische Diktator Ceaușescu bei ihm Orangensaft getrunken hat, bleibt offen, ob er überhaupt eine persönliche Haltung zu seinem Gegenüber hat. Auch der lieblich säuselnde Ton, mit dem Mischereit ihre Kunden am Telefon verkuppelt, verrät wenig über ihre eigene Befindlichkeit. Am deutlichsten wird diese selbstverständliche Inszeniertheit des Alltäglichen bei Ottos Bericht von den Machenschaften der Kommunalpolitik, insbesondere des öffentlichkeitswirksam in Szene gesetzten Wahlkampfs, bei dem das Image des Spitzenkandidaten kreiert wurde.

Sich zu verstellen, sich zu präsentieren oder einen kalkulierten Eindruck von sich zu machen, ist den Akteuren also bereits in ihren alltäglichen Lebenszusammenhängen vertraut und manchem wohl gar in Mark und Bein übergegangen. Mit den »echten Menschen« von Rimini Protokoll bricht also nicht das »wahre« Leben auf der Bühne ein, vielmehr werden jene Inszenierungsstrategien entdeckt, mit denen sich das »Wahre« alltäglich in Szene setzt. Die Selbstdarstellung der eigenen Person ist dabei nicht notwendig eine ästhetische Prozedur, sondern auch eine Lebens- und Überlebenspraxis. Dass es dabei auch immer zu Konflikten zwischen dem Selbstverständnis und dem inszenierten Image kommen kann, macht gerade die Person Ottos deutlich. Er musste sich im Wahlkampf als jemand zeigen, der er nicht war: als volksnaher, lockerer, sympathischer Familientyp von nebenan.

Der Auftritt im Theaterkontext, das heißt vor zahlenden, mithin fremden Menschen, dürfte den Darstellern dennoch nicht selbstverständlich sein, auch wenn es einzelnen von ihnen immer wieder Spaß zu machen scheint, sich vor anderen zu produzieren. Man merkt, dass die Situation des öffentlichen Auftritts in den Biografien der Teilnehmer unterschiedliche Rollen gespielt hat. Der Polit-Profi aus der Provinz geht damit anders um als der beflissene Kellner. Die Souveränität eines Kriegsveteranen stellt sich anders dar als die eines ehemaligen Offiziersanwärters der Bundeswehr. Für die Wahrnehmung der Zuschauer kann so eine heikle Situation entstehen. Auf der einen Seite gibt es im Publikum die Lust, zu beobachten oder zu bewundern, um gar durch intensives Schauen das Beobachtete zu kontrollieren. Auf der anderen Seite, der der Darsteller also, erkennt man den Wunsch, sich zu zeigen, sich auszudrücken und zu inszenieren, um so Eindruck zu machen. Der amerikanische Psychoanalytiker Léon Wurmser hat in diesem Zusammenhang von zwei Grundimpulsen kulturellen Handelns gesprochen und sie Schaulust (Theatophilie) und Zeigelust (Delophilie) genannt. In Wahrnehmungssituationen des Theaters können diese Impulse konflikthaft aufeinander treffen, was bei den Beteiligten auf der Bühne und im Parkett Schamgefühle auszulösen vermag. Das ist etwa der Fall, wenn der Auftritt eines Darstellers als penetrant, übertrieben, ungezügelt oder eben schamlos empfunden wird. Denkbar ist aber auch, dass einen die Scheu oder Unsicherheit eines Darstellers derart bezaubert, dass man die eigene Gier, ihn zu beobachten, für unangebracht hält. Nicht selten rühren einen ungelenke Rimini-Darsteller derart, dass man lieber weggucken möchte, wenn sie vor einem erscheinen. Solche Schamkonflikte kommen prinzipiell vor, wenn Menschen sich vor Menschen aufführen, also auch im professionellen Theater. Entscheidend für Rimini Protokoll dürfte aber sein, dass man deutlich erkennt, dass jeder einzelne Darsteller seinen eigenen Umgang mit der ungewohnten Situation und den eigenen Weg durch die Aufführung finden muss. Durch die Präsenz, die sie dabei gewinnen (oder eben nicht) und welche die Zuschauer als angenehm oder unangenehm erfahren mögen, kreieren sie gewissermaßen unwillkürlich ihren eigenen Stil. Bei professionellen Schauspielern hingegen, die ja schon in der Ausbildung an ihrer Präsenz und deren bewusstem Einsatz arbeiten, ist dieser Stil stärker nivelliert und aufeinander abgestimmt. Inwiefern der Auftritt für sie eine Überwindung ist, muss sich den Zuschauern nicht vermitteln. Das schließt freilich nicht aus, dass auch Profis penetrant, peinlich oder schamlos wirken können.

Was die Spielweise der Rimini-Akteure angeht, ist auffallend, dass sie die beiden im Laienspiel vorherrschenden stereotypen Darstellungskonventionen nicht oder kaum bedienen. Das eine Extrem, das man vom Schul- bis zum Bauerntheater beobachten kann, ist, dass sprachliche und körperliche Zeichen sich stets entsprechen und einander bestätigen müssen, das heißt der Körper muss mit möglichst eindeutigen Gesten bebildern, was der Text sagt (Luftmalerei). Das andere Extrem hingegen ist, dass zwischen körperlichen und sprachlichen Zeichen gar kein sinnvoller oder zumindest gestalteter Zusammenhang erkennbar wird. Die Körpermotorik vermag zwar einzelne Bewegungsimpulse auszulösen, welche durch die Extremitäten angezeigt werden, doch diese Bewegungen weisen keinen vermittelten Zusammenhang auf, erscheinen unmotiviert, nicht kontrolliert und werden häufig gar nicht zu Ende geführt (Laiengezappel). Das ist bei Rimini anders: Hier wird kaum gezappelt oder in die Luft gemalt. Die Darsteller agieren ruhig und kontrolliert. Der inszenierte Rahmen gibt ihnen dabei ein gewisses Maß an Sicherheit. Auffallend ist auch, dass die szenischen Handlungen stark formalisiert sind. Es entsteht so nicht der Eindruck einer quasi spontanen Aktion, als mehr der des kalkulierten Vollzugs eines geprobten Ablaufs, der den formalen Gestaltungswillen des Regieteams erkennen lässt. Diese Darstellungsweise steht deutlich in der Tradition der Performance Art, bei der es ja auch um den Vollzug einzelner konkreter Handlungen geht, die nicht auf eine fiktive Rollenfigur verweisen müssen.

Der Unterschied zwischen dem Sich-Zeigen im Alltag und dem In-Erscheinung-Treten im Theater besteht hier darin, dass die Inszeniertheit des Auftritts bei Rimini Protokoll nicht kaschiert und die spezifische Wahrnehmungssituation sogar ausgestellt wird. Das dargestellte Protokoll, das Rimini-Aufführungen bieten, kann auch als Verfahren der Episierung beschrieben werden. Hierfür hat Bertolt Brecht 1940 ein Grundmodell entworfen, das er Straßenszene nennt. Die Idee der Straßenszene ist, dass der Augenzeuge eines Verkehrsunfalls anderen Passanten nachträglich vom Ablauf des Unfalls berichtet. Dabei wird er seinen Zuhörern den Vorfall nicht mimetisch vorspielen, sondern ihm wesentlich erscheinende Momente demonstrieren und dabei die Handlungen oder Haltungen verschiedener beteiligter Personen wiedergeben, ohne deren Rollen ausdrücklich zu verkörpern. In einem Theater, das sich dieses Modell zum Vorbild macht, steht, so Brecht, die Demonstration eines Vorgangs und nicht die vollständige Nachahmung des Ereignisses selbst im Mittelpunkt. Ziel der Darsteller dürfe es deshalb nicht sein, die Identität ihrer Person mit ihrer Rolle vorzugaukeln – Brecht spricht von der restlosen Verwandlung –, sondern ihre Distanz zur Rolle kenntlich zu machen. Auch Brecht hatte bei diesem Modell an nichtprofessionelle Darsteller gedacht, doch im Unterschied zu seiner Vorstellung von der Straßenszene geben die Rimini-Akteure sehr wohl Bericht von einem Vorgang, an dem sie nicht nur selbst beteiligt waren, sondern der ihr Leben auch nachhaltig beeinflusst hat. Entscheidend aber ist, dass die Form des Zitierens und Kommentierens auch beibehalten wird, wenn es um die eigene Person geht. Die Darsteller bei Rimini Protokoll stehen damit nicht vor der Aufgabe, im Spiel eine Distanz von Schauspieler und Rolle kenntlich zu machen, sondern spielend eine Distanz zur eigenen Rolle und Geschichte aufzubauen. Dass sie dabei auch in rührenden oder bedrückenden Szenen die Einfühlung in sich selbst nicht zu vollziehen scheinen, kann ihnen in den Augen der Zuschauer zusätzlich Souveränität verleihen.

Dass den Darstellern durch den formalen Rahmen der Inszenierung immer wieder die Möglichkeit zur Selbstdistanzierung gegeben wird, zeichnet die Arbeit von Rimini Protokoll aus. Damit kann auch der entscheidende Unterschied markiert werden zur Arbeit mit nichtprofessionellen Darstellern, wie sie derzeit vor allem im Fernsehen Konjunktur hat. In Dokusoaps werden Laien beim Hauskauf, der Kindererziehung oder in der Schuldenfalle in Szene gesetzt. Doch diesen Darstellern wird durch den Inszenierungsrahmen, den eine kluge Bildregie zu kaschieren versteht, die Möglichkeit der Distanzierung gerade genommen. Sie werden auf einen Aspekt (Opfer, Täter, dumm, dreist, arm) reduziert, der quotenträchtig ausgeschlachtet werden kann. Diesen Menschen wird die Souveränität gerade vorenthalten. So energisch und lautstark sie sich auch geben mögen, scheinen sie sich als Persönlichkeiten vor uns aufzulösen.

Interesse am Nichtperfekten
Nun kommt es auch bei Rimini Protokoll immer wieder zu Momenten der Überforderung, in denen die Darsteller im Text hängen, ihren Einsatz verpassen oder unsicher und ungelenk erscheinen. Die Perfektion des szenischen Arrangements wird so immer wieder gebrochen durch den Auftritt der nichtperfekten Darsteller. Diese Patzer und damit auch die mangelnde Professionalität der Darsteller werden nicht kaschiert, vielmehr sind die Pannen oder auch das Versagen integrativer Teil der Inszenierung. Diese Fehler sind nicht gewollt oder gar geprobt, aber insofern sie sich im Laufe der Aufführung ereignen können, gehören sie dazu.

Dieses Interesse an der Arbeit am Nichtperfekten zeichnet Produktionen von Rimini Protokoll aus. Auch hierin kann ein entscheidendes Differenzkriterium zur Praxis des Stadttheaters erkannt werden. Es geht also nicht um die Gegenüberstellung von Profis und Laien oder von »wahren« und »falschen« Menschen, sondern um die Konfrontation von

Perfektion und Nichtperfektion. Die Arbeit am Perfekten impliziert das Ideal des Abschlusses, der Vollständigkeit oder Vollkommenheit. Das Perfekte ist fertig, es hat Anfang und Ende bzw. einen definierten Verlauf, und es unterstellt Bewertungs- oder Qualitätskriterien, die sich als objektiv nachvollziehbar verstehen. Perfektion ist also immer auf Normen bezogen, die gesellschaftlich tradiert werden. Wer von Perfektion spricht, akzeptiert diese Normen.

Die Arbeit am Nichtperfekten, die derzeit bei einer Vielzahl von Theaterprojekten mit nicht professionellen Darstellern wie Alten, Obdachlosen, Strafgefangenen oder Behinderten zu beobachten ist, meidet nicht nur das Ideal der Vollendung; vielmehr wird die Orientierung des Menschen und seiner Darstellung in Hinblick auf ein verbindliches Ideal selbst suspekt. Inkonsequenz, Widersprüchlichkeit, formale Heterogenität, Unfertigkeit und Offenheit werden geradezu gesucht. Während professionelles (perfektes) Schauspielen den Körper als virtuoses Ausdrucksinstrument trainiert, sucht das Nichtperfekte eher die körperlichen Widerstände und Grenzen auf und macht diese erfahrbar. Besonders deutlich wird diese Dimension im Moment der Überforderung; zu denken ist an die stimmliche Überlastung, die Unfähigkeit, einen Text auswendig zu lernen oder frei vorzutragen.

Diese Praxis rüttelt auch an einer wesentlichen Säule professioneller Schauspieltechniken, nämlich der Vorstellung, dass der Körper des Schauspielers ein beherrschbares und regulierbares Objekt der Gestaltung ist. Zwar können Körper als Voraussetzung und primäres Medium des Ausdrucks gelten, doch zugleich sind sie von einer Materialität, die jede Darstellung begrenzt und ihr einen Widerstand entgegenstellt. Das Ideal der Schauspielkunst seit dem 18. Jahrhundert war es, diese immanente Widerständigkeit zu beherrschen und sie möglichst nicht die Zuschauer merken zu lassen. So wurde Schauspielen als eine Technik beschrieben, die erlernt werden kann. Die von Stanislawski erläuterte psychophysische Wechselwirkung von Innen und Außen zielt gerade darauf ab, den Körper des Schauspielers transparent für innere Vorgänge zu machen, was sein Handeln nachvollziehbar werden lässt. Perfekte Schauspieler haben dabei ihren Körper zu beherrschen wie Musiker ihre Instrumente. Diese harmonische Instrumentalisierung durch technische Beherrschung erfährt durch das Nichtperfekte einen disharmonischen Beiklang. Die Körper der Rimini-Darsteller sind nicht ausschließlich beherrschbare Ausdrucksmedien und virtuose Körperinstrumente, sondern führen den Eigensinn und die Widerständigkeit des Körpers vor, der eben nicht nur Mittel, sondern auch Hindernis sein kann. Auftritte des Nichtperfekten sprechen dem schauspielerischen Ideal von Kontrolle und Beherrschbarkeit des Körpers Hohn.

Bei der Auseinandersetzung mit der Darstellungspraxis des Sich-Zeigens in Inszenierungen von Rimini Protokoll rückt so ein Aspekt schauspielerischen Handelns in den Blickpunkt, der im professionellen Theater nur indirekt – wenn überhaupt – thematisch wird: Schauspielen ist ästhetisches und ethisches Handeln zugleich. Die Konfrontation mit dem eigenen biografischen Material vor Zuschauern macht den individuellen Bezug jedes einzelnen Darstellers zur Inszenierung kenntlich. Dabei generiert der Akt des Schauspielens selbst Scham- oder Angstmomente, Situationen der Freude, Überforderung und des Frusts. Obwohl die Darsteller in einem deutlich erkennbaren und vorgegebenen formalen Rahmen agieren, erscheinen sie nicht nur als Erfüllungsgehilfen »höherer« Regieabsichten, sondern sperren sich gerade mit ihrer Nichtperfektion gegen die völlige Vereinnahmung durch die Macher und die Zuschauer. In dieser mithin unwillkürlichen Widerständigkeit gewinnt die Verantwortung des Darstellers für das eigene Tun eine Tragfähigkeit und Schwere, der gegenüber professionelle Schauspieler als ethische Leichtgewichte erscheinen. Für den Theaterbetrieb könnte sich diese Praxis insofern als Provokation erweisen, als mit den schauspielerischen Konventionen zugleich der Diskurs um das Theater verschoben wird.

Als im Sommer 2007 Peter Steins gigantisches *Wallenstein*-Projekt mit Klaus Maria Brandauer am Berliner Ensemble Premiere hatte, lief im Publikum und im Feuilleton wieder jene Interpretationsmaschine an, die seit dem Boom des Regietheaters in den späten 60er Jahren gut geölt ist. Im Mittelpunkt der Auseinandersetzung um Peter Steins *Wallenstein* standen wieder Fragen wie: Was hat den Regisseur interessiert? Wie führt er uns die Aktualität eines alten Textes vor? Die Frage, warum Klaus Maria Brandauer oder seine jüngeren Kollegen an dem Projekt überhaupt teilnahmen, was die Profis riskierten, aufs Spiel setzten und vielleicht verloren haben, spielte kaum eine Rolle.

Spezialisten des eigenen Lebens
Gespräche mit Riminis Experten

von Eva Behrendt

Dem *Kapital* traut Thomas Kuczynski einiges zu. Schließlich hat sich der letzte Direktor des Instituts für Wirtschaftsgeschichte der DDR zeit seines Gelehrtenlebens eingehend mit dem weltverändernden Werk von Karl Marx beschäftigt. Dass das Buch auch als Gegenstand einer Theateraufführung taugen könnte, hat der 63-Jährige allerdings für eine »völlig verrückte Idee« gehalten. Dass er selbst darin auftreten könnte, ebenfalls. »Aber für verrückte Ideen bin ich immer zu haben. Mich selber auf die Bühne zu bringen, daran habe ich jedoch kein Interesse.«

Kuczynski, der einen gleichermaßen an den großen Karl Marx wie an die Rocker von ZZ Top gemahnenden Vollbart trägt, gehört zu den sogenannten »Experten des Alltags« oder »Spezialisten des eigenen Lebens«, die Rimini Protokoll sorgfältig für jedes ihrer Projekte casten. In *Karl Marx: Das Kapital, Erster Band*, dem beim Mülheimer Stückefestival mit dem Dramatikerpreis ausgezeichneten Stück, war er der einzige Experte im engeren wissenschaftlichen Sinn. Kuczynski stammt aus einer preußisch-jüdischen Dynastie von Statistikern und Ökonomen, hat in der DDR Wirtschaftsgeschichte studiert und gelehrt und ist im Moment damit beschäftigt, Band Eins des *Kapitals* zu edieren. Während seine Bühnenkollegen, etwa der Alt-68er Jochen Noth, der exspielsüchtige Elektroniker Ralph Warnholz und Ulf Mailänder, Autor einer Biografie des Anlagebetrügers Jürgen Harksen, erzählen, wie das *Kapital* ideologisch und materiell ihr Leben bestimmt hat, bestückt Kuczynski die Düsseldorfer Inszenierung vor allem mit Statistiken und Fakten.

Auch wenn er dabei nicht allzu viel von sich als Experte des eigenen Lebens preisgegeben hat – sich selbst auf die Bühne gebracht hat Thomas Kuczynski gleichwohl. »Dabei bin ich ein Bewegungsidiot«, sagt er – und macht doch auf dem Theater eine durchaus markante Figur. Er ist der ruhige Pol, der verlässliche Archivar, der Gralshüter und Tempelherr der Inszenierung, wenn er wie ein New Yorker Obdachloser gemessenen Schritts seine Habseligkeiten im Einkaufswagen vor sich herschiebt. Nur liegen im Wagen weder Schlafsack noch Altpapier, sondern mehrere Dutzend Blindenschrift-Bände des *Kapitals*.

Seit ein paar Jahren tauchen sie in den Inszenierungen von Rimini Protokoll auf: Menschen wie du und ich, ohne Schauspielausbildung und Mimenehrgeiz, mit einem mehr oder weniger interessanten Beruf und einer mehr oder weniger durchschnittlichen Vergangenheit, mit Hobbys, Krankheiten, Ehrenämtern. Theaterkritiker, die diese Menschen als Laien bezeichneten, wurden von Helgard Haug, Stefan Kaegi und Daniel Wetzel stets höflich darauf hingewiesen, dass die Bezeichnung Experten auf diese Akteure viel besser passt, und das nicht allein, weil der Laie Defizite gegenüber dem Profi, der Experte dagegen Kompetenz signalisiert. Sie verweist zudem auf das Konzept des Regieteams, anstelle fiktiver Stoffe und Plots Ausschnitte sozialer Wirklichkeit zu seinem Gegenstand zu machen – meist unter der Prämisse einer kultursoziologischen Fragestellung: Wie gehen wir mit dem Tod um *(Deadline)*? Wie sähe heute die Personnage von Schillers *Wallenstein* aus? Hat *Das Kapital* noch eine Bedeutung? Außerdem lassen Rimini Protokoll Disparates miteinander reagieren wie chemische Substanzen in einem Experiment, etwa das Nationalritual des Schweizer »Knabenschießens« mit der Leidenschaft männlicher Teenager für Ego-Shooter-Spiele, oder so gegensätzliche Herzensangelegenheiten wie Organtransplantation und Partnervermittlung. Mit dem dokumentarischen Besteck von Reportern und Wissenschaftlern suchen die Theatermacher nach Menschen, deren erlerntes oder erlebtes Wissen für das Thema aufschlussreich sein kann, und die ihre Zeugnisse, Erfahrungen und Wissensbeiträge durch ihre persönliche Anwesenheit auf der Bühne beglaubigen.

Thomas Kuczynski

Spieler und Traumabewältiger
Heidi Mettler aus Stäfa am Zürichsee war schwer herzkrank, hat eine Zeitlang mit einem künstlichen Herzen gelebt und schließlich vor rund sechs Jahren via Organspende ein neues Herz bekommen. Als Rimini Protokoll für das Projekt *Blaiberg & Sweetheart 19* nach mitteilungsfreudigen Herztransplantierten suchten und sich zu diesem Zweck an den Schweizer Transplantiertenverein wandten, meldete sich Heidi Mettler, »denn Auskunft gebe ich gerne«. »Durch meine Krankheitsgeschichte bin ich schon zur Expertin geworden«, erzählt die geschiedene Mutter zweier Söhne, »für den Vorgang der Transplantation und für seine Folgen. Viele wissen gar nicht, dass der Körper ein fremdes Organ abzustoßen versucht. Des-

halb muss ich viele Medikamente nehmen, die viele Nebenwirkungen haben und die Einnahme vieler weiterer Medikamente erforderlich machen.« Im Mittelpunkt von *Blaiberg & Sweetheart 19*, benannt nach dem ersten Transplantationspatienten Philip Blaiberg und dem Pseudonym eines Online-Flirters, stand die Suche nach dem geeigneten Herzen – medizinisch und metaphorisch. Helgard Haug, Stefan Kaegi und Daniel Wetzel hatten deshalb nicht nur Experten aus dem Bereich der Kardiotechnologie gecastet, sondern auch einen Speedflirtagenten und eine Partnersuchende. Doch bei niemandem war das Expertenwissen so existenziell fundiert wie bei Heidi Mettler: Ohne ihr zweites Herz wäre sie schon tot. Deshalb hatte für sie der Bühnenauftritt mit Traumabewältigung und Sinnstiftung zu tun: »Es ist mir sehr wichtig, über meine Krankheiten zu reden. Ich kann das nicht in mich reinfressen, kann nicht einfach still sein. Weil es ein Stück von mir ist.« Gleichzeitig will sie keinesfalls, dass es so aussieht, als würde sie jammern. »Man sieht mir ja nichts an. Tatsächlich brauche ich aber für die meisten Anstrengungen eine fast ebenso lange Erholungsphase. Es ist gar nicht so einfach, mit dem schlechten Gewissen zu leben, eine Zeitlang nichts für die Gesellschaft tun zu können.«

Auch Sven-Joachim Otto hat in Rimini Protokolls *Wallenstein. Eine dokumentarische Inszenierung* als Experte für eine existenzielle oder zumindest lebensverändernde Erfahrung auf der Bühne gestanden. Genauer gesagt: für den *Wallenstein*-Moment, der dem damals 34-jährigen CDU-Politiker am 17. September 2004 widerfuhr. An diesem Tag endete mit einem Schlag die bis dahin recht steile Politkarriere des promovierten Juristen, der schon mit 29 Jahren für das Amt des Mannheimer Oberbürgermeisters kandidiert hatte und nur knapp am Sieg vorbeigeschlittert war. Seine christdemokratischen Parteigenossen wählten ihn, anders als erwartet, nicht zum Kämmerer und führten ihn damit öffentlich vor. Für Otto war dieser Verrat »der einsamste Moment, der einem als Politiker widerfahren kann«. In die motivisch und dramaturgisch an *Wallenstein* angelehnte Inszenierung, in der die Lebensgeschichten der Experten die Schillerfiguren und ihre Repliken ersetzen, passt Ottos Geschichte von Aufstieg und Fall vorzüglich auf *Wallensteins Tod*.

Kaum eine Geschichte hat die Zuschauer so mitgerissen und so viel mediale Aufmerksamkeit erregt wie die von Sven Ottos *Wallenstein*; selbst in der alljährlichen Kritikerumfrage von *Theater heute* erhielt er 2006 in der Kategorie »Nachwuchsschauspieler des Jahres« zwei Stimmen. Trotz Schreibtischbäuchlein und Klassensprecherappeal entwickelte Otto auf der Bühne den ambivalenten Charme des gewieften Geständigen. Mit der Eloquenz des erprobten Redners, aber auch mit der inneren Anteilnahme, die das Wiedererinnern der Schmach hervorruft, bewegte er Zuschauer linker wie rechter Provenienz – und erregte zugleich den Verdacht, auch seine selbstkritische Offenbarung nur aus politischer Berechnung inszeniert zu haben. »Interessanterweise waren diejenigen, die mir politisch am fernsten stehen, auch diejenigen, die am begeistertsten waren«, hat der Expolitiker beobachtet und vermutet: »In der rot-rot-grünen Szene in Berlin bin ich zum Beispiel ein absolut bunter Vogel. Wenn ich dann auch noch anders bin, als die sich einen CDU-Politiker vorstellen, dann macht mich das natürlich bei ihnen sympathisch. Wenn ich gefordert hätte: ›Wir müssen die Videoüberwachung verschärfen, damit sich die Leute wieder auf die Straße trauen‹, wär's mit der Sympathie schnell vorbei gewesen.« Vielleicht wirkt Ottos Auftritt aber auch deshalb so bewegend, weil sein Bericht für ihn selbst kathartisch ist. Er findet es keineswegs peinlich, den Verrat im Theater wieder und wieder Revue passieren zu lassen: »Für mich wirkt das heute noch befreiend, ganz offen darüber reden zu können. Generell ist für mich die Verarbeitung von schwierigen Lebenssituationen dadurch möglich, dass ich darüber spreche. Ich muss es rauslassen! Das ist meine Technik.«

Sven-Joachim Otto

Priyanka Nandy ist 23, wohnt noch bei ihren Eltern und macht gerade ihren Master in Englischer Literatur an der Jadavpur-Universität in Kalkutta. Durch die europäische Brille betrachtet, ist sie der Inbegriff des selbstbewussten *post colonial girls*: In ihrer Freizeit liest und bloggt sie oder chattet online mit ihren Freunden – den meisten, sagt sie, ist sie im wirklichen Leben noch nie begegnet. Falls sie schon einmal an einem existenziellen Wendepunkt stand, dann hat er für ihre Mitarbeit bei Rimini Protokolls deutsch-indischem Stadtrundgang *Call Cutta* jedenfalls keine Rolle gespielt. Gefragt waren dort andere Kompetenzen: »Meine einzigen beiden Talente dürften sein, dass ich Leuten gerne zuhöre und selber wahnsinnig viel quatsche. Außerdem liebe ich es, mir Geschichten auszudenken. *Call Cutta* hat diese drei Dinge auf sehr nette Weise zusammengebracht. Ja, in gewisser Weise haben die Riminis so meine Expertise genutzt«. Anders als Heidi Mettler, Thomas

Kuczynski und Sven-Joachim Otto stand sie auf keiner Theaterbühne. Ihre und die Aufgabe ihrer Kollegen bestand darin, anhand eines ausgeklügelten Zeitplans von Kalkutta aus einzelne Theaterbesucher via Handy durch Berlin-Kreuzberg zu lotsen, geheimnisvolle Geschichten um den indischen Freiheitskämpfer Subhas Chandra Bose anzudeuten und dabei auch noch ein freundliches, fröhliches, gern auch flirtives Gespräch zu führen: für Priyanka kein Problem, sondern ein »unglaublich kreatives Hoch. Jede Aufführung war eine improvisierte Theaterperformance für mich, aber auch ein kultureller Austausch mit Leuten, die mir alle möglichen Fragen stellten über Bollywood, über meine Ausbildung, über das Alter, in dem Frauen in Indien heiraten, und darüber, wie gestiftete Ehen funktionieren. Umgekehrt erzählten sie mir höchst private Dinge, die sie normalerweise für sich behalten. Das Vertrauen, das einige Leute zu mir hatten, war sehr berührend.«

Nachdem Ventzislav Borissov sich auf die Anzeige des Goethe-Instituts Sofia hin als Fahrer beworben hatte, glaubte er eine ganze Weile, dass er in Stefan Kaegis mobilem Theater-Projekt *Cargo Sofia* nichts weiter zu tun haben werde, als einen LKW zu steuern. Dass er tatsächlich als Hauptdarsteller vorgesehen war, verstand er erst kurz vor der Premiere in Basel: »Überraschung! Ich kriegte Angst und glaubte erst nicht, dass ich das schaffe. Weil ich aber alles Neue, Abenteuerliche mag und mein Job sonst sehr viel mit Routine zu tun hat, habe ich beschlossen, es trotzdem zu versuchen.« Mit seiner Überraschung stand der 53-jährige Bulgare übrigens nicht allein. Auch andere Experten wie Heidi Mettler und Sven Otto begriffen trotz klarer Ansagen von Seiten der Regisseure lange Zeit nicht, dass sie tatsächlich auf der Bühne stehen würden – weil sie sich ein Theater ohne Schauspieler einfach nicht vorstellen konnten. Seit Juni 2006 tourt Borissov nun in europäischen Städten, die er bislang nur vom Ausfahrtsschild an der Autobahn kannte. Statt Handelsware sitzen im umgebauten Frachtraum 45 Theaterzuschauer, denen Borissovs Kollege Nedjalko Nedjalkov und er die jeweilige Stadt aus der Perspektive osteuropäischer Fernfahrer zeigen – eine Stadtführung über Ausfallstraßen, Parkplätze und Warenlager. Um sein Expertentum macht Borissov im Gespräch wie in der Inszenierung nur so viele Worte wie nötig: »Ich weiß, was ein guter Fahrer wissen muss. Ich kenne die Straßen, ich kenne Europa und sogar noch Länder darüber hinaus, und ich erzähle von den Erfahrungen, die ich dort gemacht habe.«

Rolle oder Readymade?

»Also, der spielt ja wirklich fantastisch!« Dieses zweifelhafte Kompliment über sich oder ihre Kollegen bekamen die Experten Heidi Mettler, Thomas Kuczynksi und Sven-Joachim Otto durchaus öfters zu hören. Zweifelhaft war es deshalb, weil die begeisterten Zuschauer davon ausgingen, dass die Darsteller Rollenfiguren spielten und nicht sich selbst. Ein Missverständnis. Denn eigentlich sollen die Experten, die sich auf der Bühne in Alltagsgarderobe mit ihrem realen Namen vorstellen, ja gerade signalisieren: Wir spielen kein Theater. Wir sind einfach wir.

Theaterwissenschaftler und -kritiker haben den Begriff »theatrale Readymades« für die Akteure bei Rimini Protokoll geprägt. Allerdings setzt die Theatersituation einen außeralltäglichen Rahmen und die Akteure den beobachtenden Blicken des Publikums aus. Damit die Readymades auch welche bleiben, muss die Regie nachhelfen und sie als solche inszenieren: »Wenn ich die Stimme angehoben habe, hat Daniel Wetzel mich sofort nachgeäfft und gesagt, ich solle das auf keinen Fall so theaterhaft machen. Wir wurden da schon ein Stück weit vor uns selbst geschützt. Immer drohte es unfreiwillig komisch zu werden!«, berichtet Sven Otto. Eine weitere Vorsichtsmaßnahme ist das Manuskript, das nicht nur als Textbasis, sondern auch als Ablaufplan und Gedächtnisstütze dient. Gleichzeitig soll es jedoch möglichst nicht auswendig gelernt werden: »Eigentlich liegt die Stabilität des Stückes in seiner Instabilität. Es darf kein abgespieltes Stück werden. Wir sollen uns immer wieder neu erinnern«, erklärt Otto. Mit anderen Worten: Auf der Bühne sind die Experten idealerweise sie selbst, bleiben dabei hochkonzentriert, lampenfieberfrei und werden auf gar keinen Fall routiniert.

Ventzislav Borissov

Dass dieses Figurenkonzept recht fragil ist, bestätigt sich in den Gesprächen. Auf die Frage: »Hatten Sie das Gefühl, auf der Bühne Sie selbst zu sein?«, antwortet Thomas Kuczynski erst mal überzeugt: »Ja, durchaus!« Dann relativiert er: »Ich weiß, dass Menschen immer Rollen spielen. Weil das so ist, spielt es letztlich keine Rolle.« Er überlegt: »Für Angela Merkel spielt es schon eine Rolle, dass sie Souveränität so schlecht spielen kann. Ihr Vorgänger Schröder war darin viel besser. Man sieht ihre Fehler, das macht sie sympathisch.« Vielleicht sind »echte Menschen« die besseren, weil imperfekten Schauspieler? Darauf möchte Kuczynski sich auch nicht festlegen: »Ich glaube, jeder Mensch ist ersetzbar. Ich würde es auch für möglich halten, dass die Personnage dieses Stückes, so wie es im Skript formuliert ist, durch professionelle Schauspieler nachgestellt werden kann. Das zeichnet ja einen professionellen Schauspieler aus, dass er jemanden ersetzt.«

Auch Heidi Mettler glaubt: »Ich war wirklich ich selbst. Vielleicht war meine Stimme anders. Aber eigentlich habe ich überhaupt nicht darauf geachtet, wie ich wirke. Ich glaube, ich kann gar kein anderer sein. Ich bin viel zu gewöhnlich dafür! Mir müsste das zuerst jemand beibringen. Ich hab einfach nicht die Fähigkeit zur Schauspielerin«, lacht sie. »Ich bin eine Buchhalterin, und dabei bleibt's!« Vielleicht hatte Heidi Mettler auch gar keine Zeit, auf ihre Wirkung zu achten, weil sie ernsthaft mit ihrem Körper beschäftigt war: Das Cortison, das sie einnehmen muss, schwächt ihre Beinmuskulatur, und in der mit mehreren Treppen versehenen Bühnenkonstruktion hatte sie Angst zu stürzen. Einmal habe sie eine Kollegin sogar kurz auffangen müssen. Auch den Zuschauern vermittelte sich die physische Anstrengung, die das Theater für Heidi Mettler bedeutete. Allerdings ordnete man ihre Kurzatmigkeit eher dem Herzen zu. Irrtum: »Um mein Herz hatte ich keinen Moment Angst! Das ist schließlich gesund.« Bei alldem war es ihr wichtig, sich in jeder Aufführung neu vor Augen zu führen, »dass die Leute keine Ahnung von meiner Geschichte haben, dass ich ihnen das alles genau erklären muss. Sobald ich abgeschaltet und nur auswendig wiederholt habe, war ich schlecht.«

Priyanka Nandy hat sich dagegen einen Spaß daraus gemacht, sich selbst im Telefontheater neu zu erfinden. Auf die Frage, ob sie sich denn als Schauspielerin gefühlt habe, antwortet sie: »Absolut! Nur die Star-Allüren haben gefehlt«, und präzisiert: »Als wir das Skript erhielten, hatte ich das Gefühl, dass jeder mit einer indischen Stimme diese Rolle hätte übernehmen können. Aber schon bei den ersten Telefongesprächen erschuf ich diese Person, die in jeder Hinsicht so war wie ich, nur ein bisschen interessanter. Das fing schon damit an, dass der Großvater dieser Person, wie im Skript vorgeschrieben, ein Abenteurer und Freiheitskämpfer war. Dazu erzählte ich weitere Geschichten. Manche entsprachen der Wahrheit, aber die interessanteren dachte ich mir spontan im Verlauf der Gespräche aus.« Die verspielte Leichtigkeit, mit der die Anglistin sich auf eine virtuelle Identität einließ, hat aber auch mit der Unsichtbarkeit der Telefon-Guides in *Call Cutta* zu tun. Sie galt im Übrigen auch für den Theater-Spaziergänger, der sich nie so ganz sicher war, wer ihn da wirklich durch die plötzlich verwunschen wirkende Gegend südlich des Potsdamer Platzes lotste und ob er überhaupt wirklich mit Indien telefonierte (die Zeitverzögerung während des Handygesprächs sprach dafür). Die Unsichtbarkeit des Gegenübers machte zwei Spielhaltungen überraschend einfach: die der schonungslosen Offenheit, aber auch die der fröhlichen Verstellung. Dabei wirkte das Tarnkappenprinzip so stark, dass viele Spaziergänger sich im Spiel vergaßen. Jedenfalls beobachtete Priyanka Nandy, dass ihre Gesprächspartner erstaunlich bereitwillig ihren teilweise absurden Aufforderungen folgten: »Der durchschnittliche deutsche Theatergänger war sehr sportlich. Er tat auch peinliche Dinge, zum Beispiel öffentliches Herumschreien, einfach weil wir ihm erzählten, das sei Teil der Show. Manche zögerten, manche lachten, aber sie taten es!«

Priyanka Nandy

Auch Sven-Joachim Otto hat das Gefühl, noch Reste einer Rollenfigur auszufüllen. »Einerseits war ich Wallenstein, andererseits Sven Otto und habe dessen reale Geschichte erzählt. Und da bin ich im Grunde in die Rolle geschlüpft, die ich damals in Mannheim hatte. Weil man ja in seinem Leben durchaus mehrere Rollen einzunehmen hat, etwa, wenn man den Job wechselt, wie ich es kürzlich getan habe. Wenn ich jetzt für die letzte Vorstellung von *Wallenstein* in meine alte Rolle zurückschlüpfe, als ich noch CDU-Fraktionsvorsitzender und OB-Kandidat war, dann ist das ein Stück weit Reflexion, ein Sich-wieder-Hineindenken in die damalige Funktion und Rolle.« Weil die Zeit vergeht und die Menschen sich verändern, seien die Theaterinszenierungen von Rimini Protokoll »sehr fragile Gebilde, nicht beliebig oft wiederholbar allein deshalb, weil die Menschen älter werden, vielleicht sogar krank. Wenn einer ausscheidet, ist das Stück kaputt. Das war immer unsere Befürchtung.«

Wildfremde Menschen in interessanten Zusammenhängen
»Es war für uns alle eine große Überraschung, dass sich jemand aus dem Theater überhaupt für das Leben der Fahrer interessiert«, sagt Vento Borissov. »Am Anfang dachten wir, dass es dafür überhaupt kein Publikum gibt. Es war dann eine noch größere Überraschung, dass jedes Mal so viele Leute kommen. In Dänemark konnten wir nicht einmal alle Besucher mitnehmen.« Wie kommt es, dass Rimini Protokoll aus vermeintlich unspektakulären Aspekten des Alltags in der globalisierten Welt Spektakuläres her-

auszukitzeln vermögen? Sven Otto vermutet, es liegt an der Haltung der Regisseure: »Sie haben Neugier. Sie sind auf der Suche nach den hinter der Realität liegenden Ursachen und Entwicklungen. Das ist nicht besserwisserisch oder belehrend, sondern eine eher heuristische Herangehensweise. Sie geben keine Antworten, sondern sie stellen Fragen. Dadurch tasten sie sich über jede einzelne Figur, die sie auf die Bühne bringen, allmählich an bestimmte Dinge heran. Sie selbst, ihre eigene Lebensgeschichte, ihre eigene Meinung sind völlig unwichtig.« Thomas Kuczynksi meint gewohnt trocken: »Wildfremde Menschen sind immer interessant.«

Und zwar nicht nur für ein mehrheitlich bildungsbürgerliches Publikum, das im Theater normalerweise nur auf bulgarische LKW-Fahrer trifft, wenn ein anderer Bildungsbürger sie sich ausgedacht hat. Sven Otto schwärmt: »Das Theater mit Rimini Protokoll war eine neue Erfahrung für mich, gerade auch in dieser Gruppe von völlig verschiedenen Leuten. Wahrscheinlich hätte ich keinen von denen kennen gelernt ohne das Theater.« Theater mit Rimini Protokoll scheint für die meisten Akteure auch deshalb eine beglückende Erfahrung zu sein, weil es in der Sphäre der Hochkultur einen Austausch und Kontakt ermöglicht, der viel stärker als im Schauspieler- und Regietheater soziale Grenzen überschreitet. Allerdings dürfte es auch kein Zufall sein, dass es vor allem die theaterparkettsicheren Intellektuellen sind, die diese Beobachtung als bemerkenswert verbuchen.

Tatsächlich ist die soziale Spannbreite der Rimini-Casts beträchtlich. Fast immer treffen Akademiker auf Handwerker, Arbeitslose auf Gutverdienende, Alte auf Junge, Theaterfans auf Noch-nie-im-Theater-Gewesene, Gesunde auf Gehandicapte, oder, wie Thomas Kuczynski es marxistisch formulieren würde: Lohnarbeiter auf Kapitalisten und Intellektuelle. Sven Otto: »Diese Leute zu einer Einheit zu formen, daraus ein Ganzes zu machen, ist eine gigantische Leistung. Das hängt sehr stark mit den Persönlichkeiten von Rimini Protokoll zusammen, die manchmal mit Engelszungen auf die Leute einreden, und, wenn es sein muss, auch zu Menschenschindern werden. Die haben sehr fein ausgeprägte Antennen. Das haben sie mit allen erfolgreichen Leuten in der heutigen Dienstleistungsgesellschaft gemeinsam. Psychologisches Fingerspitzengefühl spielt eine wachsende Rolle.« Keiner der Befragten hatte den Eindruck, »vorgeführt« zu werden, vielmehr betonten alle, wie ernst sie sich genommen fühlten.

Dadurch, dass jeder als er selbst auf der Bühne stehen kann und als Experte einen wichtigen Beitrag leistet, gewinnen Rimini-Projekte tatsächlich den Charakter eines gesellschaftlichen Experiments, einer sozialen Utopie, eines Theaters, in dem jeder einzelne Mensch auf seine Weise interessant und wertvoll ist. Weil Rimini-Konzepte an keiner primär kunstvollen, sondern kommunikativen Auffassung von Sprache hängen, lassen sie sich zudem überall auf der Welt und sogar zeitgleich in zwei so unterschiedlichen und weit voneinander entfernten Städten wie Kalkutta und Berlin umsetzen. Die Neugier auf Mensch und Material muss nur groß genug sein. Auch ein materielles Detail trägt zur meist positiven Ensemble-Erfahrung bei. Anders als ihre professionellen Kollegen erhalten nämlich alle Darsteller dieselbe Gage (als sogenannte »Edelstatisten«, wie Thomas Kuczynski amüsiert anmerkt), egal, ob ihr Part groß oder klein ist. »In der Theatersituation sind alle gleich«, sagt Christdemokrat Otto.

Auch wenn keiner der Befragten sagen würde, dass das Theater mit Rimini Protokoll wirklich sein Leben verändert hat – was ja vielleicht auch ein bisschen viel verlangt wäre – positiven, wenn nicht euphorisierenden Einfluss darauf genommen hat es schon. Vento Borissov freut sich, dass er, solange *Cargo Sofia* tourt, Städte kennenlernen darf, von denen er sonst nur die LKW-Rastplätze kennt. Thomas Kuczynski kann weiter in Städten, in denen *Das Kapital* aufgeführt wird, in Ruhe in Ausstellungen gehen. Heidi Mettler gibt auch künftig Auskunft über ihr Leben und ihre Krankheit, zum Beispiel, wenn Abiturientinnen sie dazu befragen. Priyanka Nandy hat sich geschworen, in Zukunft beim Quatschen mit anderen Leuten die Uhr mehr im Blick zu behalten (das hat sie nämlich von der Arbeit mit Rimini Protokoll gelernt). Und Sven Otto erzählt, dass ihn die Begegnung mit fremden Erfahrungswelten wie denen der pazifistischen Vietnamveteranen tief beeindruckt hat – »auch ihre Haltung zum Irakkrieg teile ich mittlerweile.« Vor allem aber gehen alle ins Theater, wenn Rimini Protokoll eine neue Inszenierung machen.

Heidi Mettler

Peter Kirschen: I always wanted to become a pilot but all the circumstances seemed to be against it ! In 1969, I had a medical examination, because I can not move my leg more than like this. The Doctor said: You can never fly!
All: OOOooohhh or MMMmmmhhh ...

Danny Rits: September 2001, we expected more and more troubles, pilots were in strike, metalworkers were present at the airport, well-known as heavy trouble makers. About one and a half month before the crash, my boss told me to make a list of the weak points of the Sabena buildings. And that is what I did:
Peter Kirschen: In 1973 I found an add in the newspaper. So I took the opportunity to become Flight attendant. But the Doctor said: No, it's not possible, because one leg is 5 cm shorter!
All: OOOooohhh or MMMmmmhhh ...

Danny Rits: Hangar 26: gas bottles, they can be used as weapons or bombs.
Peter Kirschen: In 1974 I told the doctor: Listen this is my body, I take responsibility for it, so if I want to fly, please let me do! He said: Okay. For MAXIMUM two years and at your own risk!
All: OOOooohhh or MMMmmmhhh ...

Danny Rits: Hangar 23: there is enough Cyanic acid to kill all the people of the village of Zaventem.

Sabenation. Go home & follow the news

Die Aufführung beginnt jetzt
Zum Verhältnis von Realität und Fiktion

von Miriam Dreysse

In der Performance *Bei wieviel Lux schalten Wurst und Kraus das Licht ein?* von 1998 aus der Reihe *Ungunstraum – Alles zu seiner Zeit* werden die Zuschauer von Helgard Haug, Marcus Droß und Daniel Wetzel in einem Bus vom Theater zur Netzleitstelle der Stadt Frankfurt am Main gefahren. Bereits im Bus hört man nach Erläuterungen zum Ablauf des Abends zweimal den Satz »Die Aufführung beginnt jetzt«, ein weiteres Mal hört man ihn bei der Ankunft in der Netzleitstelle, wo die Zuschauer von einer Besucherempore aus, abgeschirmt durch eine schalldichte Verglasung, die Ingenieure und Schaltmeister der Stadtwerke bei ihrer Arbeit beobachten können: Da werden Monitore und Pläne konsultiert, Tastaturen, Knöpfe und Schalthebel betätigt, Telefongespräche geführt. Einer der Angestellten, der als Herr Wetzel vorgestellt wird, hält einen Vortrag über die Geschichte und Funktionsweisen der Netzleitstelle. Man erfährt, dass in Frankfurt der Strom seit dem 16.10.1894, 17.30 Uhr aus der Steckdose kommt, dass der Neubau, indem man sich befindet, 1977 gebaut wurde, und dass die Besuchergalerie damals aufgrund der angespannten innenpolitischen Lage dann doch nicht in Betrieb genommen wurde. Außerdem hört man einiges über Stromtechnik, Stromerzeugung und Stromverbrauch, über spannungslose Stadtteile und Notstromwahlpulte, über Stromspitzen und Stromtäler. Den Wahrheitsgehalt dieses Vortrags kann man als Zuhörerin oder Zuhörer nicht überprüfen, und viele der Ausdrücke wirken so theatral, dass man sich fragt, ob sie nicht eigens für diese Aufführung erfunden worden sind. Und auch das Geschehen unten, in der Schaltzentrale, schwankt beständig zwischen Alltäglichkeit und Theatralität: In ruhigen Phasen scheint jeder vor sich hin zu werkeln, zwischendurch wird miteinander gesprochen, manchmal gelacht. Dann leuchten plötzlich Lämpchen auf, blinken aufgeregt, und für kurze Zeit setzt hektische Betriebsamkeit ein, die wie ein inszenierter Höhepunkt, wie ein Ausschnitt aus einem schlecht ausgestatteten Hollywood-Film wirkt. Das irreale Moment wird dadurch verstärkt, dass man kaum glauben mag, dass diese paar Menschen dort unten mit ihren wenigen Knopfdrücken die Stromversorgung einer ganzen Metropole kontrollieren – vielleicht tun sie auch nur so, als ob.

Über Kopfhörer hat man die Möglichkeit, zwischen drei Tonspuren zu wechseln: Zwischen dem Vortrag des Herrn Wetzel, der akustischen Live-Übertragung, also den Geräuschen und Gesprächen aus der Kommandozentrale, die man durch die Glasscheiben sieht, sowie einem Kriminalhörstück, das von einem der Schaltmeister gelesen wird und von Kollegen aus den Stadtwerken handelt. So wie man sich auf der Besucherterrasse frei bewegen und verschiedene Perspektiven einnehmen kann, kann man sich auch die Tonspur selbst zurechtschneiden. Wirken bereits die einzelnen Tonspuren bewusst produziert und komponiert, auch diejenige aus der Schaltzentrale mit ihren verschiedenen Stör- und Warngeräuschen, dem Blubbern des Aquariums und den teilweise absurd wirkenden Gesprächen, so wird dieser Aspekt durch die Möglichkeit der Montage noch verstärkt.

Gegen Ende der Aufführung wird Herr Wetzel nach 35 Dienstjahren feierlich verabschiedet. Ein bereits pensionierter Angestellter der Netzleitstelle hält eine Rede, Herr Wetzel bekommt eine Urkunde, ein Geschenk vom Betriebsrat und von seinen Kollegen ein Fahrrad, auf dem er gleich eine kleine Runde zwischen den Schalttischen dreht. Sowohl in der Zentrale wie auf der Besucherterrasse wird Sekt ausgeschenkt und angestoßen. Als letzte Amtshandlung darf Herr Wetzel, von dem wir immer noch nicht mit Sicherheit wissen, ob er tatsächlich so heißt, oder ob er den Namen nur von Daniel Wetzel geborgt hat, noch einmal die Straßenbeleuchtung in Frankfurt einschalten. Doch erst wird gewartet, bis die richtige Lux-Zahl erreicht ist – dies ist der Fall, erfahren wir, wenn mindestens fünf Messstellen im Stadtgebiet einen Wert unter 70 Lux melden. Unten in der Zentrale wird gewartet, oben auf der Besucherempore wird gewartet – dann ertönt ein Gong, und Herr Wetzel bedient einen unscheinbaren kleinen Hebel an einem Schaltkasten. Ein Blick durch die Glasscheibe auf der anderen Seite der Besuchergalerie bestätigt: Draußen gehen die Straßenlaternen an.

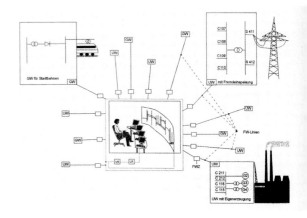

Bei wieviel Lux schalten Wurst und Kraus das Licht ein?, 1998

Schon in dieser frühen Arbeit, die Helgard Haug und Daniel Wetzel noch gemeinsam mit Marcus Droß realisierten, verwischen sich auf fast unmerkliche Weise die Grenzen zwischen Realität und Fiktion. »Die Aufführung beginnt jetzt« wird dreimal verkündet, und nie ist man sicher, ob es diesmal das »richtige« Jetzt ist. Wann hört die Realität auf und fängt die Aufführung an? Wann hört die Aufführung auf und fängt die Realität wieder an? Wenn die Straßenbeleuchtung angeht? Aber ist nicht gerade das ein ausgesprochen theatraler Augenblick? Nie ist man sich sicher: Wird Herr Wetzel tatsächlich heute pensioniert? Müssen sie jetzt wirklich hektisch agieren, oder ist das nur für uns inszeniert? Blinken die Kontrollleuchten »in echt« oder nur für uns Zuschauer?

Die Inszenierung besteht hier in erster Linie in der Rahmung der Realität bzw. der Wahrnehmung. Die Arbeit des Regieteams ist eine der Recherche, des Suchens und Findens, der Vernetzung und Strukturierung, nicht so sehr ein schöpferischer Akt des Erfindens. Die beteiligten Menschen sind Protagonisten, sie werden nicht als Laien in Szene gesetzt, sondern als Professionelle, als Profis auf ihrem Gebiet. Die Theatralität von Arbeit und Alltag wird ausgestellt und beständig Zweifel an der Echtheit der Vorgänge und der Verlässlichkeit der eigenen Wahrnehmung geschürt. Letztlich kann man Realität und Inszenierung nicht klar voneinander trennen – und so ist das verabredete Zeichen für den Aufbruch zur Rückfahrt ins Theater – oder in die Realität? – wieder ein »Die Aufführung beginnt jetzt«.

Wie spielt man Altsein?

In *Uraufführung: Der Besuch der alten Dame* verweben Rimini Protokoll den Dramentext Dürrenmatts mit der Frage der Erinnerung, die fiktionale Erzählung mit dem realen Versuch der beteiligten Experten, sich an die Uraufführung von 1956 zu erinnern. »Wie spielt man Altsein?«, fragt ein Darsteller im Verlauf der Aufführung ins Publikum. Die Frage bezieht sich auf die Darstellung der Dramenfiguren, aber auch auf diejenige des eigenen Alters der Experten, auf die szenische Erfahrbarmachung der Zeitspanne von 51 Jahren, die zwischen der Uraufführung und der Inszenierung durch Rimini liegt, und die für die beteiligten Experten fast ein ganzes Leben bedeutet. Sie lässt sich auch darauf beziehen, dass Theater als eine gemeinsam verbrachte Zeit immer eine gemeinsame Erfahrung der vergehenden Zeit, der Flüchtigkeit und Vergänglichkeit ist. Wie spielt man dann Altsein? In *Uraufführung* entscheiden sich Rimini Protokoll dafür, nicht das Altsein im Sinne einer Verkörperung zu spielen, sondern die gesamte Aufführung um das Thema der vergehenden Zeit und der Erinnerung kreisen zu lassen. Die Uraufführung wird nicht nachgespielt, sondern mit lebensgroßen Fotografien der damaligen Schauspieler nachgestellt; die unüberbrückbare Distanz zum Vergangenen so aufrechterhalten. Die Experten auf der Bühne vermögen nicht, ein einheitliches Bild der Vergangenheit zu rekonstruieren, zu unterschiedlich sind die Erinnerungen der Einzelnen, zu unzuverlässig scheinbar objektive Medien der Erinnerung wie Fotografie und Schrift. Altwerden ist auch ein Erinnerungsprozess – immer wieder aufs Neue finde und erfinde ich meine eigene Vergangenheit. Die Experten erinnern sich also, und sie fragen ins Publikum: »Wie werden Sie sich in 51 Jahren an diesen Abend erinnern?« Und schon bricht die vergehende Zeit, die eigene Vergänglichkeit über die Zuschauer herein.

»Wie spielt man Altsein?«, diese Frage erinnert auch an *Kreuzworträtsel Boxenstopp*, die erste gemeinsame Arbeit von Haug, Kaegi und Wetzel im Jahr 2000 im Künstlerhaus Mousonturm Frankfurt. Auch hier wird das Altsein nicht gespielt, sondern findet als Realität Eingang in das Theater: Die Protagonistinnen der Aufführung Wera Düring, Ulrike Falke, Martha Marbo und Christiane Zerda sind tatsächlich alt, ihr Altersdurchschnitt beträgt zur Zeit der Premiere etwa 80 Jahre. Frau Düring und Frau Falke sind Bewohnerinnen des dem Mousonturm benachbarten Altenstifts, Frau Marbo und Frau Zerda, die seit kurz vor der Premiere die Stiftbewohnerin Frau Nicolai ersetzt, sind Schauspielerinnen. Thematisch handelt die Aufführung von der Formel 1 einerseits und dem Altwerden andererseits: »Was erzählt eine alte Hand, was eine junge nicht erzählt? Wie schnell wird ein Reifen gewechselt? Wie schnell eine Hüfte?« Während das Thema Rennsport über Texte sowie einzelne Ausstattungs- oder szenische Elemente repräsentiert wird, findet das Thema Alter auch in Form der konkreten Gegenwart der alten Körper Eingang in das Theater – die Verwebung von Wirklichkeit und Fiktion ist bereits in der Themen- und Darstellerwahl angelegt. Durch die Verschränkung wird nicht nur mit den Gegensätzen gespielt – also etwa Jugend, Männlichkeit, Geschwindigkeit, Technik, Virilität versus Alter, Weiblichkeit, Langsamkeit, menschlicher Körper und körperlicher Verfall –, sondern werden auch Gemeinsamkeiten herausgearbeitet, wie die Bedrohung der körperlichen Unversehrtheit, die ständige Präsenz des Todes oder die Zeiterfahrung der nicht enden wollenden Wiederholung immer derselben Wege, ob auf der Rennbahn oder in den Gängen des Altenheims. Die Verflechtung der auf den ersten Blick so gegensätzlichen Themen setzt Fiktionalisierungsprozesse in Gang, irrealisiert bestimmte Aspekte, konkretisiert andere, verwandelt Möglichkeiten in Wirklichkeiten und umgekehrt. Auf diese Weise werden überraschend neue Perspektiven sowohl auf den Rennsport wie auf den Prozess des Altwerdens eröffnet.

Die Darstellerinnen sind nicht nur Expertinnen auf dem Gebiet des Alltags des Altseins, sondern bestimmen durch ihr reales Alter das Bühnengeschehen in weiten Teilen auf ganz reale Weise. Zugleich werden diese realen Bedingungen in eine künstlerische Form übersetzt: Frau Falke kann sich keinen Text merken, deshalb sitzt sie während der gesamten Aufführung an einem Lesepult an der Rampe und liest den die Aufführung strukturierenden Protokoll-Text vor. Die konzentrierte Haltung des Vorlesens verleiht ihr und ihrem Sprechen eine klare Form, die Frau Falke stützt und schützt und zugleich die Theateraufführung als Konstruktion offenlegt. Die klare Form und die sachliche Sprache des Texts wiederum heben ein Zittern ihrer Stimme hervor, das nicht nur Zeichen für ihr Alter ist, sondern das Reale des alten Körpers in ihr Sprechen einschreibt. Auch auf der stimmlichen Ebene verweben sich so Inszenierung und Realität, der bewusst konstruierte Text, der von Alter, Geschwindigkeit und Tod spricht, und die Fragilität des Körpers der Darstellenden.

Auch im Falle von Frau Düring wird die Realität ihres Alters, die Gebrechlichkeit ihres Gedächtnisses und ihres Körpers, durch eine künstlerische Form hervorgehoben und zugleich eine Distanz zur Realität erzeugt, die der Darstellerin Respekt erweist und Fiktionalisierungsprozesse ermöglicht. Für sie wurde der sprachliche Modus der Frage gefunden, ihre Einsätze werden durch das Signal einer Formel-1-Flagge angekündigt, denen sie in geraden Gängen an die Rampe folgt. Hier bleibt sie stehen, und jedes Mal gibt Frau Falke ihr das Stichwort: »Frau Düring fragt« – und Frau Düring fragt: »Wird es ab heute nie wieder so werden wie es früher war?« oder: »Wie schnell können Sie denken?« Auf diese Weise wird die alltägliche Form der Frage verfremdet und irrealisiert, so dass auch hier reale und fiktive Momente eng ineinander greifen.

Ein Spot begleitet Frau Marbo, sie geht langsam über die Bühne, Kopf und Schultern sind leicht nach vorne gebeugt, ihr Blick ist konzentriert auf den Boden vor ihr gerichtet. In der linken Hand führt sie einen Gehstock, auf den sie sich leicht stützt. Langsam setzt sie Fuß vor Fuß. In der Bühnenmitte bleibt sie, den Zuschauern aufrecht zugewendet, stehen und beginnt ihre Erzählung. Die Langsamkeit, die Körperhaltung, die sichtbare Konzentration auf den Akt des Gehens – all dies sind wohlbekannte Zeichen für Alter, aber Frau Marbo, die Frau Marbo spielt, ist tatsächlich alt, sie tut nicht nur, als ob. Die Wirklichkeit ihres Körpers wird

Wera Düring, Ulrike Falke und Martha Marbo

durch die klare Rahmung und die szenische Isolation des Gehens ins Zentrum der Aufmerksamkeit gesetzt, zugleich kann man davon ausgehen, dass sie selbst, im Bewusstsein der öffentlichen Situation, bestimmte körperliche Aspekte betont. Es sind also theatrale Mittel, die die Realität hervorheben und damit auch immer in die Schwebe bringen, in die Schwebe zwischen Fiktion und Wirklichkeit.

Die Erzählung der Marbo handelt davon, dass sie und drei weitere Frauen, die die Namen der anderen Darstellerinnen tragen, obwohl schon alt geworden, noch einmal »ins Rennen« sollen, um die »Einwirkung von Höchstgeschwindigkeit auf den menschlichen Körper« zu untersuchen, denn dies sei nicht simulierbar. Diese Geschichte der ehemaligen Rennfahrerinnen, die im hohen Alter noch einmal gemeinsam ein Rennen fahren, zieht sich durch die Aufführung, immer wieder tritt Frau Marbo vor das Publikum und setzt die Geschichte fort:

> Am Abend vor der Abreise ins Klumi suchte ich im Schrank nach dem Anzug von früher. Dabei fiel ein Zettel zu Boden. Ich musste lachen: Typisch Düring. Vor den Rennen hatte sie mir immer kleine Botschaften in die Taschen gesteckt: »Fahr vorsichtig« oder »Wir sehen uns im Himmel wieder«.

Die verschiedenen Text- bzw. Sprecharten verhandeln das Verhältnis von Realität und Theatralität immer wieder neu: Frau Falke liest vor, Frau Zerda berichtet von dem Leben im Altenstift, Frau Düring stellt Fragen, Frau Marbo erzählt in charakteristischer Schauspieldiktion ihre Geschichte. Die Grenze zwischen Realität und Fiktion wird durchlässig: Ist

Kreuzworträtsel Boxenstopp

an der Geschichte des Teams vielleicht doch etwas dran? Gibt es den Alterssimulator, mit dem Manager durch Supermärkte gehen, um ihre Produkte besser auf die Zielgruppe der Alten abzustimmen, tatsächlich? Stimmt es, dass sich Wissenschaftler darauf geeinigt haben, dass die Zeitspanne zwischen Vergangenheit und Zukunft, das Jetzt, drei Sekunden beträgt? Viele der Anekdoten aus Rennsport und Wissenschaft hören sich derart absurd an, dass man an den Unterscheidungskriterien für real und fiktiv, wahr und falsch zu zweifeln beginnt. Der Tod bricht dabei oft in erschreckender Beiläufigkeit herein:

    13. August: Häkkinen gewinnt Großen Preis von Ungarn.
    14. August: Frau Simon wird GDA-Korrespondentin.
    16. August: Gedächtnistraining.
    19. August: Regenmaschine gebohrt.
    22. August: Werkbesichtigung Dunlop.
    23. August: Wird das Hörgerät zum Sterben ausgeschaltet?
    24. August: Fotografieren sämtlicher Gemälde im Stift.
    25. August: Noch 70 Tage bis zum Rennen.

Die Verflechtung der realen, alten Körper mit der künstlerischen Form und der sprachlichen Reflexion stellt immer wieder die Frage nach der Darstellbarkeit des Alterungsprozesses:

> 9. August: Treffen mit Düring, Simon, Falke. Frau Düring sagt: Früher dachte ich, älter wird man erst viel später. Frau Simon sagt: Die höchste Geschwindigkeit ist, wenn Sie hinfallen und einen Oberschenkelhalsbruch haben. Das können Sie nicht darstellen. Frau Falke – das bin ich – sagt: Bernd Rosemeyer fuhr schon 1937 durchschnittlich 276 Stundenkilometer. Dann verunglückte er tödlich. Und der Lehrer fragte die Klasse: War Bernd Rosemeyer ein Held?

Wie spielt man Altsein, ohne Klischees von alten Menschen zu bebildern? Wie spielt man Altsein, ohne den Verfallsprozess des Körpers und seine Nichtdarstellbarkeit zu überspielen? Wie schafft man Raum für subjektive Erinnerungen und für die subjektive Erfahrung des Altwerdens? Und nicht zuletzt: Wie spielt man Altsein und ermöglicht dabei auch eine Lust am Spiel? Das Alter wird in *Kreuzworträtsel Boxenstopp* nicht einfach in Form der alten Frauen auf die Bühne gebracht oder gar ausgestellt, sondern sowohl sprachlich als auch szenisch reflektiert und seine Darstellung problematisiert. Und diese Reflexion findet im Verlauf der Proben, der Recherche, der Texterarbeitung gemeinsam mit den Darstellerinnen statt, so dass sie hier tatsächlich als Protagonistinnen in eigener Sache auf der Bühne stehen und Lust am Spiel mit sich selbst und mit den Zuschauern haben. Der Abstand, der durch die künstlerische Form geschaffen wird, ermöglicht es ihnen, eine Distanz zu sich selbst als Person zu wahren und selbstbewusst den Zuschauerinnen und Zuschauern gegenüberzutreten.

Illusion und Fiktion
Rimini Protokoll versuchen mithin nicht, Realität in Form der Experten einfach auf die Bühne zu stellen. Zwar wird keine geschlossene Illusion erzeugt, sondern tatsächlich außertheatrale Wirklichkeit in Form der Experten, ihrer Biografien und in Form von dokumentarischem Material in das Theater gebracht, allerdings bedeutet diese Übersetzung in den Kontext des Theaters auch immer eine Bearbeitung, eine Veränderung der Realität. Die Aufführungen zeichnen sich durch eine sensible und engmaschige Verwebung von Wirklichkeit und Fiktion aus.

Der Begriff der Illusion kommt von dem lateinischen Verb *illudere*, täuschen, spielen, sein Spiel treiben. Bezogen auf das Modell des bürgerlichen Illusionstheaters bedeutet die Illusion eine täuschend echt wirkende Nach- bzw. Abbildung der außertheatralen Wirklichkeit, die die Objektivität und objektive Abbildbarkeit dieser Wirklichkeit zur Voraussetzung hat. Grundlagen dieses Verständnisses der theatralen Illusion bildeten sich im 18. Jahrhundert im Zuge der Aufklärung, beispielsweise in den schauspieltheoretischen Schriften von Lessing und Diderot heraus. Wesentlich für die theatrale Illusion in diesem Sinne ist die Verschleierung ihrer Hervorbringung, ihres Als-ob-Charakters – jedwede Distanz zur Realität soll zum Verschwinden gebracht, die Darstellung mit dem Dargestellten verschmolzen werden. Wie der Begriff der Täuschung impliziert, geht es bei der Illusion um die Wahrnehmung des Zuschauenden, wesentlich ist die Wirkung, das theatrale Spiel soll von den Zuschauenden für die Realität gehalten werden.

Im Vergleich zu einem solchen Verständnis von Illusion ist das Theater von Rimini Protokoll dezidiert antiillusionistisch. Das Verhältnis zur außertheatralen Wirklichkeit ist kein abbildendes, sondern Realität wird als solche in das Theater geholt. Zugleich wird der Abstand zur Realität, der durch diesen Akt der Überführung in das Theater erzeugt wird, kenntlich gemacht. Auf fast Brecht'sche Weise arbeiten Rimini Protokoll mit dem Modus der Unterbrechung, der Trennung und Sichtbarmachung der Mittel. Die Montage der einzelnen Elemente erfolgt weitgehend unvermittelt, sodass ein illusionistisches Ganzes verhindert und Raum für subjektive Zugänge geschaffen wird. Inhaltliche Verknüpfungen werden angeboten, die Erschließung von Zusammenhängen erfolgt jedoch letztlich durch die einzelne Zuschauerin, den einzelnen Zuschauer. Das Geprobte, wie Brecht sagen würde, tritt dabei voll in Erscheinung, denn das demonstrative und distanzierte Moment des Theaterspielens, der Akt des Auftretens und öffentlichen Sprechens vor einem Publikum wird deutlich vor Augen geführt. Die Experten treten fast immer direkt dem Publikum gegenüber und sprechen ihre Texte aus dieser Position heraus in den Zuschauerraum. Oft werden die Auftritte zusätzlich durch szenische Mittel wie Beleuchtung oder bauliche Elemente exponiert. Einen geschlossenen Bühnendialog gibt es fast nie, meist sprechen die Experten in längeren Sequenzen, ohne unterbrochen zu werden. Der Zuschauerraum wird in den Sprechraum einbezogen, die Öffentlichkeit der Situation und damit auch die Position des Zuschauers bleiben bewusst. Die Distanz, die auf diese Weise erzeugt wird, ist auch eine Distanz der Experten zu sich selbst, zu ihren eigenen Geschichten. Sie werden nicht als Betroffene vorgeführt, sondern als

Subjekte ihrer Biografie bzw. einer selbstgewählten Version ihrer Biografie vorgestellt – vorgestellt sowohl im Sinne eines Kennenlernens als auch im Sinne der subjektiven Vorstellung, die sich jeder Zuschauer von ihnen macht. Denn gerade die Distanz hat zur Folge, dass die Faktizität des Gesagten verunsichert und Möglichkeiten der Fiktionalisierung eröffnet werden.

Der Begriff der Fiktion oder Fiktionalität kommt von lateinisch *fingere*, das ursprünglich bilden, formen, gestalten meint, sich also auf einen intentionalen Akt des Formgebens bezieht. Die weitere Bedeutung des lateinischen Verbs ist erdichten, vortäuschen, weshalb unter Fiktion allgemein eine erfundene, vornehmlich sprachlich erzeugte Welt verstanden wird. In einer solch fiktional erzeugten Welt sind Kategorien wie wahr und falsch außer Kraft gesetzt. Für das Theater wurde der Begriff der Fiktion lange nur auf die im Dramentext erzeugte Fiktion bezogen, die im Fall des Illusionstheaters als geschlossene Illusion auf der Bühne umgesetzt wird. Erst in jüngerer Zeit wird das Augenmerk auf theatrale Formen gerichtet, die unabhängig von einem Dramentext fiktionale Räume eröffnen und mit ihnen spielen. Fiktionalisierungsprozesse werden dabei im Wechselspiel von theatralen Mitteln und der Wahrnehmung der Zuschauenden in Gang gesetzt. Begreift man mit Wolfgang Iser das Fiktive nicht in Opposition zur Realität, sondern als intentionale Akte des Fingierens, die zwischen Realität und Imaginärem übersetzen, so lässt sich auch für das Theater eine klare Trennung von Wirklichkeit und Fiktion nicht aufrechterhalten. Wesentliche fiktionale Akte sind Iser zufolge die Selektion und Kombination, wobei die Elemente, die ausgewählt und kombiniert werden, selbst nicht fiktiv sind, sondern nur die Akte des Auswählens und Kombinierens. Die Auswahl der Experten und ihrer Berichte und die damit einhergehende Dekontextualisierung ebenso wie ihr dramaturgisches und szenisches Arrangement sind mithin Akte des Fingierens. Das Fiktive ermöglicht, das Imaginäre in eine konkrete Gestalt zu überführen sowie Realität umzuformulieren und neue Perspektiven auf sie zu eröffnen. In *Das Fiktive und das Imaginäre* erläutert Iser, dass es seine Fiktionalität entblößen und sich als Inszenierung zu erkennen geben muss, um alle »›natürlichen‹ Einstellungen zur Welt« zu suspendieren und die Realität zum »Gegenstand einer Betrachtung« zu machen. Ein solches Verständnis von Fiktion setzt sich deutlich von demjenigen der Illusion, die auf eine Identität mit der Realität zielt und die »natürlichen Einstellungen« ihr gegenüber affirmiert, ab.

In den Bühnenarbeiten von Rimini Protokoll wird die Realität bewusst gestaltet, sodass einerseits ihr Realitätsstatus herausgestrichen und zugleich Fiktionalisierungsprozesse initialisiert und neue Perspektiven auf scheinbar Altbekanntes eröffnet werden. Sowohl auf inhaltlicher wie auf szenischer Ebene wird dabei die Grenze zwischen Realität und Fiktion verunsichert. So werden etwa die biografischen Erzählungen und Berichte, indem sie von den Experten vorgetragen werden, als »echt« behauptet, zugleich aber haben sie fiktionalen Charakter, da sie für die Zuschauer keine ontologische Konsistenz besitzen, sondern im Moment der Aufführung sprachlich erzeugt werden. Zeichen für Authentizität wie beispielsweise Unsicherheiten, Sprechfehler u. ä., die den Eindruck der Unprofessionalität erzeugen, sind eng verquickt mit verfremdenden Mitteln, die das Geschehen als Inszenierung kenntlich machen. Diese werden wiederum teilweise mit illusionistischen Theatermitteln verbunden, etwa mit farbigem Licht oder Drehbühneneffekten, die allerdings so reduziert und isoliert eingesetzt werden, dass sie ohne weiteres als theatrale Mittel zu erkennen sind. Die biografischen Berichte schwanken auf diese Weise beständig zwischen dem Eindruck der Authentizität, demjenigen einer bewusst erzeugten Version der eigenen Geschichte, des eigenen Lebens, und der Möglichkeit, dass vielleicht doch alles frei erfunden sein könnte.

Das Sprechen selbst ist von umgangssprachlichen, alltäglichen Formulierungen und nicht ausgebildeten Stimmen geprägt, zugleich jedoch ebenfalls als ein für die öffentliche Situation »Geprobtes« erkennbar, beispielsweise durch vollständige, mit Bedacht gewählte Sätze oder ein betontes Bemühen um eine deutliche Artikulation. Rimini Protokoll bestehen ganz offensichtlich auf der Unausgebildetheit der Stimmen der Experten. Es werden keine Versuche unternommen, die Artikulation zu verbessern, Sprechfehler auszubügeln oder Dialekte in Hochdeutsch umzuwandeln. Die Unausgebildetheit der Stimmen als Zeichen für die Authentizität der Experten wird auch szenisch hervorgehoben, beispielsweise durch die Konzentration auf den Akt des Sprechens. Der Eindruck der Authentizität entsteht dabei aber erst durch den theatralen Rahmen, an dem die Eigenarten, Rauheiten und Fehler der unausgebildeten Stimme sich reiben und so als Einbruch des Realen hörbar werden. Die Spuren des realen, subjektiven Körpers in der Stimme werden durch die klare Form und durch die weitgehend sachliche Grundsprechhaltung des dokumentarischen Berichts hervorgehoben. Letztlich ist der Eindruck der Realität auch auf der Ebene der Stimmen also ein Effekt der Inszenierung.

Die Sprechhaltungen der einzelnen Experten sind, auch wenn die Grundform meist eine weitgehend statuarische Haltung frontal zum Zuschauer ist, unterschiedlich, das Verhältnis von Alltäglichkeit und Theatralität, von Unprofessionalität und souveräner Selbstdarstellung gestaltet sich immer wieder anders. In *Wallenstein. Eine dokumentarische Inszenierung* beispielsweise steht die Professionalität und politisch geschulte Rhetorik des ehemaligen Oberbürgermeisterkandidaten Sven-Joachim Otto neben dem konzentrierten Bemühen um eine deutliche Aussprache des Elektromeisters und Schillerfans Friedemann Gassner, dessen Sprechweise wiederum zwischen leicht leierndem Aufsagen von Schiller'schen Texten und einem Sprechen in umgangssprachlichen Formulierungen wechselt. Die Inhaberin einer Partnerschaftsagentur, Rita Mischereit, ist äußerst souverän, wenn sie am Telefon spricht, wirkt hingegen unsicher, spricht zögernd und leise, wenn sie frei vor das Publikum tritt. Der ehemalige Flakhelfer Robert Helfert singt Soldatenlieder aus dem Zweiten Weltkrieg, Hagen Reich führt militärische Befehle vor, der Vietnamveteran Stephen Summers rappt gegen den Krieg. Die unterschiedlichen Sprechweisen legen den theatralen Charakter vieler nichttheatraler Diskurse wie z. B. dem politischen, militärischen oder wissenschaftlichen offen und haben das Potenzial, fiktionale Räume zu eröffnen und auch wieder zu erschüttern. Dies geschieht beispielsweise, wenn Robert Helfert unvermittelt von dem Erzählduktus der persönlichen Erinnerung an die letzten Tage des Zweiten Weltkriegs in das Referieren aktueller Forschungsergebnisse zur Verbindung von Heldentod und Selbstmord umbricht. Sein Erinnern vermag, Bilder aus dem subjektiven, familiären und kulturellen Gedächtnis des einzelnen Zuschauers hervorzurufen. Der Umbruch in den wissenschaftlichen Sprachgestus erweitert das Thema nicht nur inhaltlich, sondern irritiert auch die Rezeptionshaltung und die zuvor evozierten Assoziationen. Auch im Fall der persönlichen Erinnerung wird allerdings eine Distanz aufrechterhalten, Auftritt und Sprechen sind deutlich inszeniert: Helfert steht in der Bühnenmitte vor einer mit Aluminium beschlagenen Wand, sein Auftritt wird durch einen Pfiff eingeleitet und beendet, er spricht langsam und deutlich, in vollständigen Sätzen mit überlegt gesetzten Pausen. Auch seine subjektive Erinnerung erscheint als eine bewusste Gestaltung der eigenen Geschichte, das Berichten biografischer Begebenheiten enthält immer, so wird deutlich, fiktive Anteile.

Die Montage-Struktur der Texte arbeitet ebenso wie die szenischen Mittel einer geschlossenen Illusion entgegen. Die erzeugte Distanz zum Gegenstand, zur eigenen Biografie, ermöglicht es den Zuschauern, natürliche Einstellungen, wie Iser sagen würde, zu suspendieren und subjektive Zugänge und Perspektiven zu entwickeln. Die Aufmerksamkeit wird dabei gerade auf das scheinbar Unspektakuläre des Lebens der Einzelnen gelenkt, das in neuem Licht erscheint: die Alltäglichkeit des Altwerdens oder die Zerrissenheit der Pubertät, eine Lebenskrise, bei der die Einverleibung eines fiktionalen Textes Halt bot, eine Biografie ohne Heldentod und Selbstmord, aber mit der Angst vor beidem.

With Sabena, you are already there

Im Fernsehen spielt die Realität in Form der Bekenntnisse und Geständnisse der Talkshows oder der nachgespielten Realität der Doku-Soaps eine seit den 90er Jahren zunehmend zentrale Rolle. Die »Echtheit« der Kandidaten oder Laiendarsteller soll dabei die Echtheit der Geschichten, Affekte und Gefühle garantieren. Wesentlich für das Funktionieren dieser Echtheitsgarantie ist die Geschlossenheit der Illusion: Die Talk-, Affekt- und unterschiedlichen Doku-Shows verschleiern ihre Inszeniertheit und behaupten, mit der Wirklichkeit identisch zu sein. Diese allgegenwärtige Praxis ist Hintergrund aller Arbeiten von Rimini Protokoll, in manchen setzen sie sich aber auch explizit mit Darstellungsmodi der Mediengesellschaft auseinander. So beschreibt die Expertin Myriam Reitanos in *Sabenation. Go home & follow the news*, wie sie und ihre Tochter in Fernsehen und Presse zum Symbol für den Bankrott der Fluglinie Sabena wurden. Myriam Reitanos war 27 Jahre Flugbegleiterin bei Sabena, als sie aufgrund des Konkurses der belgischen Staats-Airline in den Frühruhestand geschickt wurde. Dies konnten die Zuschauer zu Beginn der Aufführung auf einer laufbandähnlichen Schriftrolle lesen. Zu einem späteren Zeitpunkt der Aufführung wird dann zunächst ein Zeitungsartikel auf die Leinwand, die in der Mitte der Bühnenrückwand hängt, projiziert, der mit dem Bankrott von Sabena titelt und ein Foto von Frau Reitanos in einer Menschenmenge zeigt. Sie trägt ein Tuch um den Kopf und blickt mit großen Augen aus dem Bild heraus, so dass sie wie eine Klagende aussieht. Myriam Reitanos stellt sich in einen Ausschnitt der Leinwand, sodass man die heutige Myriam, aufrecht auf einer Leiter stehend, neben ihrem übergroßen Zeitungsporträt zum Zeitpunkt des Konkurses sieht. Dann wird ein Bericht des belgischen Fernsehens über den Konkurs der Fluglinie gezeigt, bei dem zunächst Protestaktionen der Belegschaft zu sehen sind und dann ein Interview mit Frau Reitanos. Sie erzählt kurz, wie ihr gesagt wurde, sie könne ihre Koffer packen und nach Hause gehen, und sagt dann weinend in die Kamera, sie sei verzweifelt, wisse nicht, was sie nun mache solle, sie habe eine kleine Tochter von fünf Jahren, was denn nun werden solle. Der Fernsehbericht wird angehalten und die real anwesende Myriam Reitanos erzählt den Zuschauern mit Verweis auf das Fernsehbild, dass diese zwei Sätze der Grund waren, warum die Medien sich auf sie und ihre Tochter gestürzt hätten. Bald sei das Fernsehen ihr überall hingefolgt, es werden weitere TV-Berichte eingespielt, Interviews mit Reitanos und Bilder von ihr und ihrer Tochter im Alltag. Die Filmausschnitte machen deutlich, wie mediale Vermarktungs- und Informationspolitik funktioniert, Information wird mit emotionalisierenden Bildern von Mutter und Tochter aufgeladen, sodass beides, die Information und die Menschen, auf den kleinsten gemeinsamen Nenner, auf das rührende Bild, reduziert werden. Im Gegensatz dazu lässt die Aufführung die Geschichte durch die Beteiligten erzählen und macht dabei sowohl politische und ökonomische Strukturen deutlich als auch ihre Bedeutung für den Einzelnen erfahrbar. Während Frau Reitanos in den Medien zum reinen Opfer stilisiert wurde, vermag sie während der Aufführung, diese medial erzeugte Rolle zu reflektieren, kommentieren und kritisieren. Sie erzählt hier nicht einfach ihre eigene

Myriam Reitanos in *Sabenation*

Geschichte, sondern bezieht Position der eigenen Biografie gegenüber und erobert sich so die Rolle des Subjekts dieser Biografie zurück. Eine solch bewusste Auseinandersetzung mit der eigenen Geschichte wird durch den Probenprozess, durch die maßgebliche Mitgestaltung der Aufführung durch die Beteiligten, gefördert und gefordert, es ist auch diese aktive Mitgestaltung und Mitverantwortung, die auf der Bühne in Form der selbstbewussten Experten sichtbar wird. Diese Arbeitsweise ist auch, neben der Auseinandersetzung mit gesellschaftlicher Wirklichkeit, eine politische Dimension des Theaters von Rimini Protokoll.

Auf ähnliche Weise wie Myriam Reitanos werden in der Aufführung auch andere Darsteller von »Betroffenen« zu Subjekten ihrer Biografie. Kris Depoorter wird durch eine Auflistung seiner biografischen Daten auf der bereits erwähnten Schriftrolle vorgestellt: Name, Geburtsdatum, Sabena-Personalnummer, elf Jahre Angestellter bei Sabena, seit dem Konkurs arbeitslos. Er tritt auf und beginnt, weiße Klebestreifen auf den Bühnenboden zu kleben. Dabei erklärt er, dass das seine Wohnung sei, hier das Wohnzimmer, hier die Küche, hier das Esszimmer, der Flur. »At home I walk up and down the rooms. I can't stand still« ist auf der Schriftrolle jetzt zu lesen. Kris erzählt, dass er seit dem Bankrott arbeitslos ist, wie er durch die Wohnung tigert, Esszimmer, Wohnzimmer, Küche, wieder Esszimmer, er dreht eine Runde um den Tisch, wieder Küche, seine Frau ist nicht da. Er beschreibt den Blick aus dem Fenster, beschreibt seinen Garten und seine Hunde. Er spricht in der Form eines Berichts, geht dabei die durch die Klebestreifen konturierten Räume ab, und wendet sich immer wieder direkt an das Publikum. Er wiederholt seinen Text und seine Gänge auch dann noch, wenn auf der rechten Bühnenhälfte bereits eine andere Szene gezeigt wird. Mit reduzierten szenischen und körperlichen Mitteln fiktionalisiert er, trotz des alltäglichen Sprechgestus, seine eigene Geschichte, entwirft nicht nur die Fiktion der Räume und Ausblicke seines Hauses, sondern durch die Wiederholungsstruktur auch eine sinnliche Vorstellung seiner Situation, der Leere seines von der Arbeitslosigkeit geprägten Alltags. Die theatralen Mittel sind dabei so reduziert, dass sie zwar auf die Praxis der Illusionserzeugung auf dem Theater verweisen, diese aber nicht nachvollziehen, im Gegenteil, sosehr beispielsweise die Wiederholung und die funktionalen Klebestreifen einen Eindruck seines Alltags erzeugen, sosehr geben sie seiner Ruhelosigkeit eine Form und schaffen eine Distanz zu Depoorter als Person. Durch solch offene Fiktionalisierungsprozesse bekommen wir in *Sabenation* nicht nur Informationen über den Konkurs von Sabena, sondern auch Erfahrungen einzelner Menschen mit ihm vermittelt. Die

Kris Depoorter in *Sabenation*

Information über gesellschaftlich, politisch relevante Themen wird mit der subjektiven Erfahrung der Einzelnen verknüpft, mit der wir uns als Zuschauer zwar nicht lückenlos identifizieren, die uns aber gleichwohl – und zwar gerade durch die »Lücke«, den Abstand zur Realität – Erfahrungsmöglichkeiten von Wirklichkeit eröffnen, die über die Kenntnisnahme der puren Information hinausgehen.

Willkommen in Bulgarien
Vor dem Mousonturm mitten in Frankfurt sind 45 Zuschauer in die Ladezone eines LKWs eingestiegen und haben sich auf seitlich ausgerichtete Stühle gesetzt. Sie werden von zwei Herren begrüßt:

> Willkommen in Bulgarien. Mein Name ist Vento. Mit einem gleichen LKW habe ich schon Toilettenpapier aus der Ukraine nach Serbien gefahren. Damals war Embargo in Serbien. Also, keine Angst, ich bin seit 15 Jahren LKW-Fahrer.

Und:

> Willkommen in Bulgarien. Mein Name ist Nedjalko. Ich habe 25 Jahre für die bulgarische Spedition Somat gearbeitet, drei Jahre davon in Kuwait. Es ist jetzt 7 Uhr. Wir werden Sofia in einer Stunde verlassen. Heute Nacht kommen wir hoffentlich noch in Serbien an. Morgen geht es durch Kroatien, übermorgen Italien ... wir sind frühestens in fünf Tagen in Frankfurt.

Bereits in diesem Prolog wird deutlich, dass sich in *Cargo Sofia* von Stefan Kaegi reale und fiktionale Anteile verbinden. Die Zuschauerinnen und Zuschauer werden während der folgenden zwei Stunden in dem Lastwagen durch die jeweilige Stadt – Basel, Frankfurt, Berlin, Straßburg u. a. – gefahren. Die beiden Fahrer Vento und Nedjalko berichten dabei aus der Fahrerkabine über ihren Alltag als Lastwagenfahrer, über die verschiedenen Länder, durch die sie schon gefahren sind, über sich selbst und ihre Familie und über die Strecke, die man gerade gemeinsam zurücklegt. Ausgangspunkt ist Sofia, Bulgarien, Ziel die jeweilige Stadt der Aufführung. Während man also durch Frankfurt fährt und durch die vollständig verglaste Seite des LKWs nach draußen in den nächtlichen Stadtraum blickt, erfährt man Details über die Strecke Sofia – Frankfurt: Wie schlecht die Straßen in Serbien sind und wie korrupt die Polizei, wie es während des Krieges aussah, wo Rast gemacht wird, wie lange man an der bulgarisch-

serbischen Grenze warten muss und wie viele Zigaretten man mitnehmen darf. Der Blick in den Stadtraum wechselt mit dem per Videokamera übertragenen Blick in die Kabine der Fahrer sowie mit Videos des Fahrens durch Sofia, Belgrad, Kroatien und Slowenien. Außerdem werden kurze dokumentarische Filme über Organisations- und Funktionsweise verschiedener international operierender Transport- und Logistikunternehmen gezeigt sowie immer wieder ein Lauftext über den Aufstieg des deutschen Transportunternehmers Betz und seine Praxis der illegalen Beschäftigung und Ausbeutung von Fahrern und der Bestechung von Politikern in verschiedenen Ländern. Den sachlichen Berichten über politische, soziale und ökonomische Strukturen der Globalisierung werden die subjektiven Perspektiven der beiden Fahrer Vento und Nedjalko auf ihren Beruf, auf ihre Arbeitsverhältnisse und ihre Lebenssituation gegenübergestellt. Die Montage beider Ebenen öffnet den Blick auf die Wirkung ökonomischer Tatsachen auf den Einzelnen und seine Erfahrungen in einer kapitalistisch organisierten Welt. Aber auch hier wird nicht die Illusion einer geschlossenen Persönlichkeit angeboten, mit der man sich bruchlos identifizieren könnte. Denn die Darstellung der eigenen Erfahrungen, der eigenen Biografie und des eigenen Arbeitsalltags durch die beiden Fahrer erfolgt über Mittel der Distanzierung. Sie sind, sieht man einmal von der Begrüßung zu Beginn ab, räumlich von den Zuschauenden getrennt, ihre Stimmen und ihr Bild werden medial und immer nur während bestimmter Zeitabschnitte übertragen, und ihre Sprechhaltung ist eine des weitgehend sachlichen Berichts. Wir erfahren nur lückenhaft etwas über sie und ihr Privatleben, so wie wir sie fast immer nur im Profil

Cargo Sofia. Eine europäische Last-KraftWagen-Fahrt

und ihre Familie nur auf undeutlichen Fotos, die sie wackelnd vor die Kamera halten, sehen können. Gleichzeitig wird mit der Intimität der Situation gespielt: Man sitzt dicht gedrängt in einem Raum, der, so wird durch die Erzählungen der Fahrer deutlich, fast wie ein Privatraum für sie ist – in den noch intimeren Raum der Fahrerkabine hat man aber wiederum nur vermittelt und fragmentarisch Einblick. Dennoch ist der Lastwagen ein Raum, in dem sie über Wochen ihr Leben verbringen, man nimmt für zwei Stunden an diesem Leben teil, wird in ihren Alltag eingeführt, die wackligen Familienfotos können auch als Zeichen für diese Form der Vertrautheit gelesen werden. Der Abstand, der gleichzeitig gewahrt wird, ist einer des Respekts vor dem anderen Menschen, er ist auch ein realistischer Abstand, die Fremdheit zwischen den Darstellern und den Zuschauern, die einander nie zuvor begegnet sind, wird nicht übertüncht. Und so bleibt auch immer ein Rest an Unsicherheit, und beim Verabschieden fragt man sich, ob man tatsächlich etwas über diesen Menschen, dem man jetzt das erste Mal in die Augen blickt, erfahren hat.

Die Straßenzüge der Stadt, die vor der Glasscheibe an einem vorbeiziehen, wirken wie die Kulissen eines Films, irrealisiert durch die Bewegung, die Erwartungshaltung des Theaterzuschauers und durch die Montage mit Texten und anderen filmischen Bildern. Das Fahren und die vorbeiziehenden Bilder eröffnen vielzählige Erinnerungs-, Assoziations- und Fiktionsräume, gerade auch in den Phasen, in denen nicht gesprochen und keine Projektionen gezeigt werden. Durch die Dauer und Inszenierung des Fahrens rückt dieses selbst als Bewegungs-, Wahrnehmungs- und Zeiterfahrungsform in den Vordergrund, die Nähe zur filmischen

Wahrnehmung wird deutlich. Das »Draußen« verändert seinen Realitätsstatus durch diese modifizierte Wahrnehmungsdisposition grundlegend. Fern von allen für Bewohner oder Touristen üblichen Orten der Stadt führt die Fahrt zu Parkplätzen und Autobahnbrücken, in den Osthafen Frankfurts, zu einem Containerterminal, einem Fuhrunternehmen, Lagerhallen und einer Müllsortieranlage. An den verschiedenen Stationen wird angehalten und dortige Angestellte erläutern Arbeitsabläufe und globale Wirtschaftsverflechtungen. Durch die Glasscheibe blicken wir auf irreal wirkende Räume, Containerburgen in diffusem, farbigem Licht, davor ein Mann im gelben Schutzanzug. Er spricht von internationalen Warenbewegungen, von fernen Ländern und Schichtarbeitszeiten. So sachlich seine Erläuterungen sind, so sehr werden sie durch die inszenierte Situation auch irrealisiert. Er steht draußen vor dem Lastwagen, für die Zuschauer durch die Glasscheibe wie von einem Bühnenportal gerahmt, seine alltägliche Arbeitsumgebung wird zum Bühnenraum für seinen Auftritt. Die Situation ist ähnlich wie bei einer touristischen Stadtrundfahrt, die ja auch Unbekanntes ins Bild rückt und erläutert. Der Unterschied zur Sightseeingtour liegt zum einen in dem, was gezeigt wird, also diejenigen urbanen Orte und Räume, die zwar zur Aufrechterhaltung städtischen Lebens notwendig sind, die aber normalerweise weitgehend unsichtbar bleiben und überall gleich aussehen – also keine »Sehenswürdigkeiten« sind. Vor allem aber liegt der Unterschied in der Art, wie gezeigt wird. Die Theatralität der Situation, also der Aspekt der Rahmung durch die Wahrnehmung, wird sichtbar gemacht und auf diese Weise der Blick auf das Fremde reflektiert. Dabei wird die Information über das Unbekannte um eine Erfahrung erweitert – und zwar um eine Erfahrung eben des Fremden, das trotz Informationen nicht assimilierbar ist, sondern distanziert von uns bleibt.

Die Räume, durch die man sich während *Cargo* bewegt, sind transitorische Räume – Straßen und Autobahnen, Tankstellen, Parkplätze und alle möglichen Umschlagsorte von Waren. Stadterfahrung ist hier eine flüchtige, sie scheint der Vorstellung des Urbanen in einer von postfordistischer Produktion geprägten Dienstleistungsgesellschaft zu entsprechen. Zugleich jedoch werden konkrete Orte des weltweiten Handels mit konkreten Waren gezeigt. Auch diesen Orten ist das Flüchtige eingeschrieben, sie wirken aber auch in gewisser Weise anachronistisch. Die Realität des Fahrens, der Nachvollzug dieser Bewegung, die zum Leben der Fahrer gehört, vermischt sich mit der gespenstischen Irrealität dieser Umschlagplätze globaler Wirtschaft. Und es vermischt sich mit der Fiktion der anderen Orte, an denen man nicht ist, die aber sprachlich und teilweise filmisch aufgerufen werden – Sofia, Kroatien, Italien, Österreich. Man befindet sich immer in einem Zwischenraum – zwischen der Realität im Lastwagen und derjenigen vor dem Fenster, zwischen der weitgehend statischen Situation des Theaterzuschauers und dem dauernden Fahren, zwischen alltäglichen, theatralen und filmischen Wahrnehmungsformen, zwischen Frankfurt und jenen Orten, die Vento und Nedjalko beschreiben, und die manchmal viel realer wirken als dieses Frankfurt der Industrie- und Hafengebiete, das man noch nie gesehen hat.

Kaegi zeigt in *Cargo* die Stadt als ökonomischen und gesellschaftlichen Macht- und zugleich subjektiven Erfahrungsraum. So blicken wir aus dem warmen Lastwagen auf einen zugigen Parkplatz und Vento erzählt, dass er vor einigen Jahren als ausländischer Arbeiter in Deutschland in solchen Containern gelebt habe: »Immer zwei Personen in einem Container, ein anderer Container für Dusche und WC.« Es wird ein Infragestellen der eigenen Haltung, des weitgehend passiven Betrachtens der Realität »da draußen« nahegelegt, eine Hinterfragung nicht nur der Position als Zuschauer in diesem konkreten Moment, sondern auch des eigenen Verhältnisses zur Realität anderer Menschen im Alltag, des eigenen Bezuges zur Wirklichkeit. Kurze Zeit später sagt Vento, dass man nachts beim Fahren nur Lichter sehe, die Leute in den Autos hätten keine Gesichter – »aber das interessiert mich auch nicht, ich denke nur an meine Familie«. Kurz darauf heißt es »Willkommen in Deutschland«. So schieben sich beständig verschiedene Räume ineinander: Reale Räume vor dem Fenster wie etwa der Container auf dem Parkplatz und die Vorstellung eines Lebens in diesem Container, die eigene Erfahrung des Fahrens und das, was die Fahrer über das Fahren erzählen, sowie all jene Räume, die sprachlich und assoziativ eröffnet werden – der geografische und fiktionale Raum »Deutschland«, die Innenräume anderer Fahrzeuge, die Familie von Vento, seine Erinnerung an zu Hause, meine eigenen Erinnerungen an zu Hause. Es wird keine geschlossene Illusion eines anderen Orts erzeugt, sondern durch die Verwebung von realen und fiktionalen Elementen mit der Verunsicherung der Wahrnehmung gespielt. Und wenn es dann heißt »Willkommen in Deutschland« weiß man nicht genau, wo man die ganze Zeit war, ob man jetzt »wirklich« in Deutschland ist – und ob man dieses »Deutschland« überhaupt kennt.

Simulierte Realität

Hagen Reich, ein ehemaliger Zeitsoldat der Bundeswehr auf der Offizierslaufbahn, erzählt in *Wallenstein* Geschehnisse aus dem NATO-Einsatz im Kosovo lebhaft nach. Reich berichtet davon, wie er mit seiner Truppe auf Patrouille ist und von Freischärlern provoziert wird, wie eine alte Frau von den Freischärlern drangsaliert, bestohlen und getreten wird. »Das ist nur zehn Meter von uns entfernt. Wir stehen da und tun nichts.« Er beginnt seinen Bericht mit den Worten »1. Szene, 1. Tag«. Dann erzählt er die Geschehnisse mit illustrativer Gestik, Mimik und Paralinguistik nach. Seine eindringliche, teils emotionale Sprechhaltung verwahrscheinlicht das Erzählte, als Zuschauer ist man sicher, dass der alten Frau tatsächlich in den Unterleib getreten wurde und dass Reich darunter gelitten hat, untätig zuschauen zu müssen. Im Verlauf der Aufführung erfahren wir weitere Begebenheiten aus seiner Zeit als NATO-Soldat, von militärischen Ritualen, von inszenierten Überfällen auf die Truppe, die den Soldaten die Notwendigkeit permanenter Abwehrbereitschaft vor Augen führen sollen, von Situationen, in denen eine sichere Unterscheidung zwischen Sein und Schein lebensnotwendig ist. Gegen Ende der Aufführung erzählt Hagen Reich unter dem Titel »Letzte Szene, letzter Tag«, dass er nie im Kosovo war, dass alle die Erlebnisse im Trainingslager stattgefunden haben: Es waren Simulationen. Und an einer solchen Simulation, der Simulation einer Vergewaltigung, ist er schließlich auch gescheitert. Weil er seine passive Rolle nicht länger ertragen konnte, ist er über ein – simuliertes – Minenfeld gerannt. Damit waren seine militärischen Führungsqualitäten in Zweifel gezogen, heute ist er arbeitslos. Das Scheitern

Hagen Reich in *Wallenstein*

von Hagen Reich ebenso wie seine emotionale Involviertheit in den anderen von ihm erzählten Szenen machen deutlich, wie sehr die Kategorie der Realität von der Wahrnehmung des Einzelnen abhängt und wie eng Realität und Fiktion miteinander verbunden sind – das Leiden an seiner zur Passivität verdammten Rolle ist real, auch wenn der Auslöser eine zur Darstellung gebrachte Fiktion ist. Die Realität seiner Emotionen wiederum verweist auf bestimmte symbolische Fiktionen, die gesellschaftliche Realität strukturieren, wie beispielsweise die Vorstellung von Frieden und Gerechtigkeit; auch in der gesellschaftlichen Wirklichkeit, so wird deutlich, hängen Realität und Fiktion eng zusammen. Auf diese Weise wird, wie in anderen biografischen Berichten in *Wallenstein*, auch die Frage nach der Verantwortung des Einzelnen in dieser gesellschaftlichen Wirklichkeit, nach seiner Verortung in ihr, verhandelt.

Die Figur des Hagen Reich führt auf inhaltlicher Ebene die Verflechtung von Realität und Fiktion im Außertheatralischen vor Augen und irritiert gleichzeitig die Rezeptionshaltung. Denn auch wenn Rimini Protokoll versuchen, die Mechanismen von Realität, Simulation und des Theaters offenzulegen, so werden die Zuschauer doch auch immer wieder verunsichert. Die emotionale Sprechhaltung Reichs verleiht seinen Erzählungen Authentizität und Glaubwürdigkeit, umso verstörender ist es zu erfahren, dass alles nur Simulationen waren. Wie echt ist das, was wir heute hier gehört haben? Die Sprechhaltung scheint keinen Hinweis auf den Wahrheitsgehalt des Erzählten zu geben, letztlich wird einem klar, dass die eigenen Unterscheidungskriterien äußerst unzuverlässig sind. Hier wird nicht »Echtes« als Alternative zum Theatralen präsentiert, sondern verschiedene Facetten von Fiktionalität, Realität, Theatralität. Die Entblößung der Fiktionalität eröffnet dabei neue Sichtweisen auf die Wirklichkeit und hinterfragt Gewissheiten und Wahrnehmungskonventionen. Im Zentrum stehen die Experten, denen viel Raum und Zeit gegeben wird, ihre Geschichte zu erzählen, denn das »Expertentheater« von Rimini Protokoll ist eine Form der Annäherung an andere Menschen, an ihre Erfahrungen und Erinnerungen. Es hält einen im Grunde ethischen Abstand zu den Einzelnen, die gerade nicht als Privatpersonen vor den Zuschauern ausgestellt, sondern als Subjekte ihrer eigenen Biografie vorgestellt werden. Durch diesen Abstand wird auch, gerade bei existenziellen Themen wie Krieg, Alter, Tod, die Frage nach der Darstellbarkeit der Realität gestellt. Kann man Krieg simulieren? Kann man Schmerz und Tod theatral darstellen? Das Theater von Rimini Protokoll ist nicht zuletzt ein Versuch, nicht darstellbare subjektive Erfahrungen zu artikulieren und ihre Darstellung gleichzeitig zu problematisieren. Die Akte des Fingierens haben dabei vielleicht auch die Funktion, die Slavoj Žižek ihnen in *Grimassen des Realen* zuschreibt, nämlich den »harten Kern des Realen« erträglich zu machen.

Rahel Hubacher: Achtung Max, da kommen Blätter! Pass auf!

(Hermann beginnt Tarnblätter zu werfen, Max strauchelt ...
Handkamera dreht sich um eigene Achse / Max rudert mit Rücken zu Kamera.
Kamera fällt auf den Barfüsserplatz im weißen Modell. Max fällt aus Bild.
Alle rennen zu René. Max steht auf.)

Rahel Hubacher: Max? Maaax! Maaax! Hörst du mich?
Die Verbindung ist abgebrochen, er ist ins weiße Modell gefallen, warum habt ihr das nicht angemalt? Sieht aus, als wär das die Zukunft! Wie holen wir ihn da raus? Gibt es im Modelleisenbahn-Katolog etwas zu Zukunft?

Hermann Löhle: Wie sollen wir ein Zukunfts-Modell haben, wenn die Welt dazu noch nicht existiert? Wir bauen immer *nach* der Realität! Modelle sind immer in der Vergangenheit.

Rahel Hubacher: Dann müssen wir uns ausdenken, was Zukunft sein könnte ...

Mnemopark

in originalgröße
die landschaft von *mnemopark*

von kathrin röggla

zeigte man ein bild von dieser landschaft, was sähen wir? wir sähen eine fiktive landschaft, eine, die mehr mit projektionen und wunschbildern zu tun hat, die sich für die einen mehr aus den heimatfilmen der bavaria- oder gar ufa-studios speist, für die anderen mehr aus den hollywood- oder gar bollywood-produktionen. ja, diese eu-landschaft produziert heute ebenso bilder wie die großen filmstudios, bilder, die nichts über ihr funktionieren verraten, denn die reale landschaft ist, wie einst brechts fabrik, in die funktionale gerutscht. sie ist verschwunden aus einer sichtbarkeit, sie zeigt sich nicht mehr, kann sie auch gar nicht, denn sie besteht aus produktionsverhältnissen, strukturplänen, juristischen vereinbarungen, eu-programmen und subventionspolitik – diese produktionsverhältnisse sind aber in die krise geraten: übersubventionierung, zuckerpreis, butter- und fleischberge bedrängen uns, unbezahlbarkeiten, die an allen ecken und enden das milliardenloch reißen, das man ebenfalls nicht

fotografieren kann. so ist es ganz folgerichtig, wie das eu-agrarkommissariat sagt, jetzt in die landschaftspflege zu gehen, also weg von der nahrungsmittelproduktion und hin zur bildproduktion. in wirklichkeit fungieren nämlich die meisten europäischen landschaften seit jahren schon als ein einziger riesiger hochsubventionierter kulturbetrieb, und es herrscht ein stillschweigendes übereinkommen, dass man hauptsächlich diese art der bildproduktion wünscht.

wir sollten also ein wenig aus der genmaisdiskussion aussteigen und in die bilderdiskussion einsteigen, womit auch die diskussion der bildproduktionsverhältnisse gemeint ist – zeigte man ein bild von dieser landschaft, doch das tut niemand. nein, sie zieht ständig an uns vorbei, denn wir bewegen uns permanent durch sie durch. mal mit 30, mal mit 50, meist aber mit 100 km/h. wir legen an tempo zu, wie es heißt, ob bundesstraße oder bundesbahn. und nur eines scheint festzustehen: diese landschaft da draußen ist »1 zu 1«. doch was ist das? die berühmte originalgröße? woher wissen wir, dass sie nicht in einem verhältnis zu was anderem steht? und noch schlimmer: dass wir nicht in diesem verhältnis stehen? zu irgendeiner außenwelt, die uns noch blüht. woher wissen wir,

Mnemopark

in originalgröße

dass wir nicht ein »3 zu 1«-verhältnis darstellen oder gar ein »30 zu 1«- oder »300 zu 1«-verhältnis. dass wir nicht ein modell einer viel größeren realen welt sind, die uns nicht zur verfügung steht als referenz? ein gedanke, den walter benjamin schon in bezug auf das wesen der sprache formuliert hat, nämlich, dass alle sprache übersetzung sei, also alle höhere sprache übersetzung der niederen, denn »die ganze natur ist von einer namenlosen stummen sprache durchzogen«, deren höchste übersetzung das wort gottes wäre.

es ist zumindest anzunehmen, dass wir in übersetzungsverhältnissen leben. oder waten wir etwa nicht durch diese in unserer welt der rahmen und medialen inszenierungen? bis in die kleinsten verästelungen und fal-

tungen haben sich mediale gesten gelegt, wir bigbrothern uns durch unseren alltagssumpf oder werden durch die strudel der soaps und sitcoms gerissen, die erkenntnis befördernd, dass jede menschliche äußerung einen performativen aspekt hat, es keinen inszenierungsfreien raum, keinen inszenierungsurlaub gibt. und rahmte man uns, ja, setzte man uns in jenes bewegte bild, wäre möglicherweise zu sehen, wie da immer wieder mit naturalismen gearbeitet wird, authentische effekte erzeugt werden, schauspielergesten jene wirklichkeit erst herstellen, die wir so sehr suchen.

in originalgröße

Mnemopark

Riminis Räume
Eine virtuelle Führung

von Annemarie Matzke

Berlin, Alexanderplatz, Bahnsteig der U2, 08.06.2000

Ein Automat verkauft den Geruch des U-Bahnhofs Alexanderplatz. Für 2 Mark kann der Passant einen Flakon, gefüllt mit dem Duft der U-Bahn-Station, erwerben und ihn mitnehmen, wohin er will. Ein Stück Alex in der Tasche oder auf der Haut des Käufers, ganz wie er möchte.

»Wie bekomme ich einen Ort, der normalerweise Mobilität stiftet, selbst mobil?« Diese Frage machte Helgard Haug zum Ausgangspunkt ihrer Arbeit *U-deur* und ließ sich von einem Parfumeur den Geruch der U-Bahn-Station komponieren. Der Duft ist einerseits direkt an den Ort gebunden, wie die Kartografie unserer Erinnerungen an Orte oft weniger durch visuelle Eindrücke als vielmehr durch bestimmte Gerüche geprägt ist; andererseits löst sich der Geruch vom lokalen Raum ab. Der Träger des Dufts nimmt ihn überallhin mit. Der Geruch verbindet sich mit einem konkreten Körper, der wiederum in Bewegung ist. In Frage gestellt wird dabei der Ort der Kunst selbst.

Im traditionellen Theater ist das Konzept von Raum eng mit dem Modell des Containers verbunden. Die Blackbox als Gefäß, das durch Wände begrenzt ist und jeweils neu beladen werden kann. Die Bühne, der Guckkasten als geschlossener Raum, abgeschirmt von der Außenwelt des städtischen Raums. Das Außen steht für die Realität und das Innen wird der Realität entgegengesetzt: das Unwirkliche, Fiktive, Imaginäre.

Doch der Raum des Theaters ist weiter zu denken. Er umfasst Publikum wie Akteure. Durch die Raumanordnungen werden Blicke organisiert und Handlungsoptionen vorgegeben: Wer schaut und wer stellt dar? Im theatralen Raum überlagern sich körperlicher und architektonischer Raum, er ist Wahrnehmungsraum wie auch Raum der Repräsentation. Michel de Certeau grenzt in *Die Kunst des Handelns* den Ort »als eine momentane Konstellation von festen Punkten«, die für Stabilität steht, vom Raum ab. Ein Raum entsteht dagegen erst durch die sich in ihm vollziehenden Praktiken und ist nach de Certeau nicht losgelöst von zeitlichen Faktoren, Bewegungselementen und Interaktionen zu betrachten, die seine Konsistenz und Dichte beeinflussen und permanent verändern. Ein Raum ist ein »Ort, mit dem man etwas macht«. In diesem Sinne lässt sich de Certeaus Definition auf jeden Theaterraum anwenden.

Bei jeder Aufführung verwandelt sich der Ort (der Bühne oder Blackbox) im Moment des szenischen Geschehens in einen Raum.

Die Pluralität des theatralen Raumes nutzen Rimini Protokoll vor allem für diejenigen Inszenierungen, die den Theaterraum verlassen. Ausgangspunkt ihrer Inszenierungen ist fast immer ein spezifischer Ort. Sie sondieren die Nachbarschaft nach Auffälligkeiten: die alten Damen, die mit ihren Gehhilfen ins Café der Spielstätte Mousonturm kommen, der VW-Turm in Hannover, mit dem der größte Arbeitgeber der Region seine wirtschaftliche Macht architektonisch markiert, oder der stillgelegte Plenarsaal in Bonn als Zeichen für die Transformation der Stadt. Ausgangspunkte sind aber auch die Erzählungen eines Ortes, über die seine Identität immer wieder neu konstruiert wird: die Pleite der belgischen Fluglinie Sabena in Brüssel beispielsweise, bis dahin Symbol eines gut gehenden belgischen Staatsunternehmens, deren Zusammenbruch Thema des Stücks *Sabenation. Go home & follow the news* wird. Genauso kann der Theaterbau selbst ein Thema vorgeben. Sei es der ehemalige Schießstand, in dem die Nebenstätte des Luzerner Theaters untergebracht ist, der Inspirationsquelle für *Shooting Bourbaki* ist: ein Stück über das Verhältnis von Waffen und Jugendlichen in der Schweiz. Oder die anstehende Schließung der Spielstätte Neues Cinema des Schauspielhauses in Hamburg, die den Anstoß für *Deadline*, eine Inszenierung über Sterbekultur in unserer Gesellschaft, gab.

U-deur

Der Theaterbau ist immer Teil eines Kontextes. Er gehört zum urbanen Raum und ist nicht abgeschlossen von seiner Umgebung, auch wenn die Nachbarschaft nicht unbedingt zu den Zuschauern des Theaters gehört. Egal ob Theater oder städtischer Raum, Rimini Protokoll machen die Besonderheiten des Raums selbst zum Thema ihrer Aufführungen. Sie untersuchen damit im Sinne eines *site specific theatre* einen Ort auf seine architektonischen Strukturen, seinen historischen oder sozialen Kontext. Der Ort, an dem die Inszenierung entsteht, wird zum konstituierenden Faktor. Er ist Ausgangspunkt und strukturierendes Merkmal ihrer Inszenierungen.

Dies wird besonders dort augenfällig, wo die Inszenierungen den Theaterraum verlassen. Damit verbunden ist, dass die traditionelle Perspektive und Position des Theaterzuschauers wegfällt, die klassische Hierarchie von Akteur und Zuschauer ist nicht mehr durch die räumliche Struktur vorgegeben. Das Verhältnis von Schauen und Zeigen muss in der Auseinandersetzung mit dem gefundenen Ort jeweils neu definiert werden.

Braunschweig, Flughafen Waggum, 04. 06. 2004
Brunswick Airport. Weil der Himmel uns braucht ist der Titel einer ortsspezifischen Installation. Fliegen als Sinnbild für Mobilität wird von Rimini Protokoll anhand einer Immobilie thematisiert: dem Flughafen in Braunschweig Waggum, in den dreißiger Jahren von Hitler erbaut, heute fast ohne Flugbetrieb. Angesiedelt haben sich Institute und Firmen, die den Flugbetrieb erforschen. Nicht das Fliegen selbst, sondern seine Simulation zu Forschungszwecken findet auf dem Flughafengelände statt. Die Zuschauer erwandern sich das Gebäude zu zweit auf einem Parcours durch das Gebäude. An den einzelnen Stationen verfolgen sie über Kopfhörer Bruchstücke von Geschichten von Personen, die mit dem Flughafen verbunden sind. Sie blicken aus dem Fenster über ein fast flugzeugfreies Rollfeld und hören, wie nach einem Flugzeugabsturz die Blackbox ausgewertet und auf diese Weise Wirklichkeit rekonstruiert wird. Es kommt zur Begegnung mit einem alten, fast tauben Piloten, der seit siebzig Jahren direkt am Flugfeld lebt und von seiner Zeit als Flieger in den vierziger Jahren erzählt. Ein Biologe erklärt das Flugverhalten von Vögeln. Alles wird unkommentiert nebeneinander gestellt.

Brunswick Airport. Weil der Himmel uns braucht

Bei der Beschreibung der Arbeiten von Rimini Protokoll und vor allem ihres Umgangs mit nichtprofessionellen Darstellern wird oft der Begriff eines theatralen Readymade benutzt. Auf den ersten Blick scheint der Vergleich einleuchtend, werden doch hier wie da Dinge aus der Alltagswelt durch einen Kunstvorgang gerahmt. Vor allem die Frage nach dem Verhältnis von Kunstkontext und Realität, nach dem Status des Gezeigten, wie auch nach der Betrachter- und Produzenten-Position zeigt Parallelen zu dem Begriff des Readymade. Der Unterschied liegt darin, dass die Darsteller nicht einfach ausgestellt werden, sondern aktiv am Probenprozess beteiligt sind. Sie werden nicht einfach nur auf die Bühne gestellt, sie sind ebenso Subjekt wie Objekt der Inszenierung.

Was für die Arbeit mit den Darstellern gilt, lässt sich auch anhand der ortsspezifischen Arbeiten zeigen. In seinem Text *Auf der Suche nach dem theatralen Pissoir* von 1998 stellt Stefan Kaegi verschiedene ortsspezifische Arbeiten im Theater in den Kontext eines Duchampschen Kunstbegriffs und bringt sie auf die einfache Formel: »Der Betrachter geht zum Pissoir statt das Pissoir zum Betrachter.« Wenn bei Duchamp ein Alltagsgegenstand in den Kontext einer Ausstellung oder eines Museums gestellt und so als Kunstwerk gerahmt wird, dann wird in ortsspezifischen Theaterarbeiten ein Ort durch den theatralen Kontext gerahmt. Diese Rahmung geht aber nicht im Akt des Ausstellens auf. In *Brunswick Airport* wird beispielsweise die visuelle Ebene von der akustischen abgetrennt. Der Zuschauer sieht etwas anderes, als er hört. Die Interviews und Berichte eröffnen einen neuen Raum, der den Kontext Flughafen in einen anderen Rahmen stellt. Das Gehörte schafft eine Distanz zum Gesehenen: Der virtuelle akustische Raum überlagert den sichtbaren Raum. Sie zu verbinden wird Aufgabe des Betrachters. Die Konstruktion des theatralen Vorgangs und die Pluralität theatraler Raumerfahrung wird Thema der Inszenierung.

Hannover, Kröpcke, 08.06.2002

Die Zuschauer sitzen im zehnten Stock eines Hochhauses, hoch über dem Hannoveraner Kröpckeplatz. Ausgerüstet mit Feldstecher und Kopfhörer wird ihr Blick von der Stimme einer Moderatorin über die Dächer der Stadt gelenkt, um schließlich unten auf dem Platz zu verweilen, auf dem Gewusel der Passanten. Vier Akteure initiieren hier Aktionen, pirschen sich mit Mikrofonen an Passanten heran und übertragen O-Töne, tanzen über den Platz, halten Schilder hoch, platzieren einen Fußball mitten auf dem Gehweg, sprechen Passanten an und schlagen ihnen Tauschgeschäfte vor. *Sonde Hannover* macht einen zentralen Platz zum Gegenstand der Inszenierung.

Eine Strategie des Theaters zielt auf Sichtbarmachung. Durch die Rahmung wird etwas hervorgehoben und ausgestellt. Rimini Protokoll spielen mit einem theatralen Blick auf die reale Außenwelt. In *Sonde Hannover* wird dieser Blick durch einen roten Vorhang zitiert, der zu Beginn der Inszenierung durch einen Fensterputzer aufgezogen wird. Der reale Außenraum wird als Theater gerahmt. Dabei arbeitet die Inszenierung mit den Überschneidungen und Parallelen von urbanem und theatralem Raum. Als öffentlicher Raum ist der Stadtraum – wie auch das Theater – als Beobachtungsraum definiert: den öffentlichen Blicken zugänglich. In diesem Fall hat sich die Perspektive der Zuschauer im Verhältnis zur alltäglichen Erfahrung des städtischen Raums wie auch zur traditionellen

Theatererfahrung radikal verändert: Von oben observieren sie das Geschehen auf dem Platz. Ein panoptischer Blick: Sie sehen, ohne selbst gesehen zu werden. Die Aufsicht suggeriert, mehr zu sehen als derjenige, der sich unten auf der Straße bewegt. Doch der Blick des Zuschauers ist hier nicht als machtvoller inszeniert. Durch die Ferngläser wie auch die Kopfhörer ist der Zuschauer in einer isolierten Position. Diese Beschränkung entspricht fast einer filmischen Rezeptionssituation, in der es der Blick der Kamera ist, der die Zuschauerperspektive vorgibt. In der Inszenierung übernimmt die Moderation diese Lenkung des Zuschauerblicks, ohne ihn allerdings wie die Kamera vollständig kontrollieren zu können.

Die auditive Führung ist aber nur eine Ebene der Tonspur. Die Texte der Moderation sind mit Interviews mit einem Ökonom, einem Politologen, einem Mitarbeiter des Katasteramts, einem Kaufhausdetektiv, einem Flugbeobachter und anderen verschnitten. In diese Erzählungen zum städtischen Raum sind Gesprächsfetzen von Passanten montiert, O-Töne vom Platz, die live von den Akteuren eingefangen und übertragen werden. Die Aufsicht wird mit einer anderen Stadterfahrung konfrontiert. Die verschiedenen akustischen Ebenen werden nebeneinander gestellt: der distanzierte Blick des Wissenschaftlers neben die fiktiven Erzählungen der Moderatorin und die belauschten Gespräche der Passanten.

Sonde Hannover

Der Blick von oben als Kontrollblick ist ein eigener Topos, der eng mit der Entwicklung der europäischen Stadt verbunden ist: die Fiktion einer lesbaren Stadt. Im distanzierten Blick auf die Stadt, im Abstand zum Geschehen entsteht die Illusion von Überschaubarkeit. De Certeau setzt dem voyeuristischen Blick von oben – er beschreibt den Blick vom World Trade Center – eine räumliche Praxis des Unten entgegen: das Gehen in der Stadt. Im Alltagsleben bewegen sich Menschen in der Stadt, der Raum ist hier immer Zwischen-Raum, als Raum kleiner Bewegungen und Bewegtheiten. Während der Blick von oben den Einzelnen aus dem alltäglichen Leben herauslöst und ihn in Distanz setzt, liefert der urbane Raum als Raum der Bewegung Unmittelbarkeit und Nähe.

Nicht nur auf der auditiven Ebene konfrontiert die Inszenierung beide Perspektiven miteinander, sondern die Fiktion des totalen Kontrollblicks wird permanent in Frage gestellt. Auch von oben gibt es keine

Übersicht, sondern der urbane Raum ist immer durch die Überlagerung verschiedenster Perspektiven geprägt. Er kann weder als Ganzes erschlossen noch als abgeschlossen gedacht werden. Er ist immer abhängig vom Beobachter, der immer nur Ausschnitte wahrnehmen kann. Eingeschrieben ist ein Moment der Überforderung. Indem Rimini Protokoll hier einem Ausschnitt des urbanen Raums eine theatrale Rahmung geben, spielen sie mit der Utopie einer idealen Beobachtungsperspektive, die sie aber durch Überlagerung der verschiedenen Räume reflektieren und in Frage stellen. In diesem Sinne wird die Stadt hier nicht zur Kulisse. Sie dient nicht als Hintergrund für eine Inszenierung, sondern der urbane Raum wird in seiner Komplexität und Diversität erfahrbar.

Bonn, Marktplatz, 24.09.2003

Mit einer ähnlichen Zuschauerposition spielt auch die Inszenierung *Markt der Märkte*, die unter der Regie von Helgard Haug und Daniel Wetzel 2003 in Bonn Premiere hatte. Vom Balkon des Metropol-Kinos aus beobachten die Zuschauer den Marktbetrieb unten auf dem Platz, wobei ihnen der Ton wiederum per Kopfhörer zugeschaltet wird. Sie hören Interviews mit den Besitzern der 44 Marktstände wie auch O-Töne, eingefangen über Mikrofon im Moment der Aufführung von Statisten des Theaters. Eine zweite akustische Ebene bilden Interviews über die Börse und andere Märkte des Wertpapierhandels, auf

Markt der Märkte

einer dritten berichtet einer der Protagonisten über das Geschäft mit begehrten Theaterkarten in Bayreuth. Thema ist der Zusammenbruch des Marktes, der auf dem Wochenmarkt jeden Tag aufs Neue zelebriert wird. Gezeigt werden das Verkaufsfinale, der Abbau und die Abfallentsorgung. Der lokale Markt in Bonn und der globale Markt des Aktienhandels werden nebeneinander gestellt und auf ähnliche Mechanismen hin untersucht.

In Frage gestellt wird dabei, wo genau der ökonomische Raum zu verorten ist. Ist es die Börse, sind es die Banken oder die Telefonleitungen, über die gehandelt wird? In Zeiten der Globalisierung sind die Geldströme vom konkreten Ort abgetrennt. Beispielsweise Börsencrashs sind kein lokales Problem, sondern ziehen die Wirtschaft weltweit in Mitleidenschaft. Wie können diese so genannten Ströme des Marktes visualisiert werden? Der kleine Bonner Marktplatz wird zum Modell für einen ökonomischen Raum, der sich unserer Vorstellungskraft entzieht. Hier direkt vor Ort in den Gesprächen mit den Standbesitzern zeigen sich ähnliche Mechanismen wie in der globalisierten Geschäftswelt. Gerade in der Überlagerung von konkretem städtischem Raum, der begehbar und beobachtbar ist, und in der Befragung des Verhältnisses von Marktmechanismen und Globalisierung wird die Vorstellung vom ökonomischen Raum, der sich jeder Ortsanbindung entzieht, thematisiert.

Berlin/Bonn, Reichstag/Schauspielhalle, 27.06.2002

Auch die Inszenierung *Deutschland 2* dreht sich um einen konkreten Ort. Als das Regie-Kollektiv von Theater der Welt zu einer Inszenierung eingeladen wurde, suchten sie sich den alten Bonner Plenarsaal als Raum aus. Durch den Umzug nach Berlin stand er leer. Seine Funktion war ihm abhanden gekommen, genauso wie Bonn die Funktion als Bundeshauptstadt. Allerdings hatten die Fraktionen ihre Sitzverteilung in Bonn hinterlassen und damit die Situation geschaffen, dass es für dasselbe Plenum einen Raum in zwei Städten gab: eine temporäre Rauminstallation, die mit der Bundestagswahl im Herbst 2002 beendet wurde.

Diese Doppelung des Raums war Grundlage für das Konzept der Inszenierung *Deutschland 2*. Eine Bundestagsdebatte aus dem Berliner Reichstag sollte in den ehemaligen Bundestag in Bonn übertragen werden. Bonner Bürger wurden eingeladen, in dieser Bundestagsdebatte ihre selbst gewählten Vertreter zu vertreten. Ihre Aufgabe war es nicht, den jeweiligen Abgeordneten nachzuspielen, sondern die Rede, die sie per Kopfhörer mithörten, wiederzugeben. Hören und direktes Abnehmen als mimetischer Vorgang. Weniger die Re-Inszenierung der Bundestagsdebatte als vielmehr der Versuch einer Kopie der Inszenierung Politik, als Re-Präsentation der Repräsentation. Theater wie die Politik arbeiten mit räumlichen Anordnungen, in die bestimmte Machtstrukturen eingeschrieben sind. Die Aufteilung zwischen Ministerriege, dem Vorsitz, den Abgeordnetenbänken und der weiter entfernten Zuschauertribüne bildet eine Hierarchie ab. Auch im Theater gibt die Zweiteilung von Bühne und Zuschauerraum Handlungsanweisungen vor: Definiert wird, wer Zuschauer ist und wer Akteur. Allerdings bereits vor der konkreten Aufführung entspann sich anhand der Raumnutzung eine Debatte um das Verhältnis von Kunst und Politik. Dass Wolfgang Thierse die Nutzung des Bonner Plenarsaals mit der Begründung untersagte, durch das »unmittelbare Nachstellen parlamentarischen Handelns an historischem Ort« könne die Würde des Bundestags verletzt werden, verweist auf die Symbolik von Räumen politischer Repräsentation.

Räume der politischen Repräsentation sind Bestandteile des politischen Selbstverständnisses einer Gesellschaft, die sich ihrerseits nicht nur in den architektonischen Codes ihrer Staatsbauten, sondern auch in den Regelungen über deren Verfügbarkeit wiedererkennen kann. Architektur ist ein wesentlicher Bestandteil der Staatsrepräsentation als Teil der Visualisierung staatlicher Macht. Während der Raum des Theaters sich durch Veränderbarkeit auszeichnet, sollen diese öffentlichen Räume zur Selbstdarstellung des Staates dienen und damit nationale Identität konstruieren. Gerade im Bereich der Politik wird deshalb am Bild eines überschaubaren öffentlichen Raums festgehalten.

Die Vorstellung, dass sich Politik stets auf einen begrenzten und überschaubaren Raum beziehen muss, unterläuft die Inszenierung, obwohl sie gerade mit einem konkreten Ort arbeitet. Dies zeigte sich daran, dass Bundestagspräsident Thierse zwar die Nutzung des Raumes untersagen konnte, nicht aber das Nachsprechen öffentlicher Politikerreden. Seine politische Macht beschränkte sich auf sein Hausrecht, nicht aber auf das Copyright der Parlamentsdebatte selbst. So fand die Inszenierung nach einer langen Diskussion in den Medien um die Frage der Zugänglichkeit öffentlicher Räume, der Inszenierung von Politik und der Freiheit von Kunst schließlich in der Schauspielhalle in Bonn-

Deutschland 2

Beuel statt. Die ursprünglich für einen ganz bestimmten symbolischen Ort konzipierte Inszenierung machte auch durch die unfreiwillige Ablösung der Debatte vom konkreten Ort deutlich, dass Politik längst nicht mehr an Gebäude wie Parlamente gebunden ist. Während beim Theater die Mechanismen der Inszenierung für alle Beteiligten offenliegen, arbeitet Politik mit der Symbolkraft von Bildern, Gebäuden oder Ereignissen. Dieses symbolische Handeln reflektiert *Deutschland 2*, gerade weil es in der Wiederholung die ihm zugrunde liegenden Strukturen offenbart, und stellt damit auch das Konzept eines geschlossenen politischen Raums in Frage.

Berlin/Kalkutta, Anhalter Bahnhof/Infinity Tower, 02.04.2005
Die Inszenierung *Call Cutta* ist ein Telefongespräch und gleichzeitige Stadtführung über tausende von Kilometern. Mit Mobiltelefon und Kopf-

hörer geht es auf Anweisung einer Stimme aus einem indischen Call-Center auf eine Entdeckungsreise durch ein unbekanntes Kreuzberg: eine theatrale Stadtführung. Der Begriff des Zuschauers stellt sich hier auf eine ganz neue Weise. An beiden Enden der Leitung wird gesprochen. Der Berliner Teilnehmer bewegt sich durch die Stadt, der indische beschreibt den Weg durch eine Stadt, die er nie gesehen hat. Es geht durch Hinterhöfe, Brachflächen, Parks und Straßen, über die zerbombten Bahnsteige des Anhalter Bahnhofs und die Trümmerreste der Alten Philharmonie.

Wo liegt der Ort des Telefonats: in Berlin, in Kalkutta oder irgendwo dazwischen? Beide Beteiligten sind miteinander verbunden, teilen einen gemeinsamen akustischen Raum, der ein variabler ist: Gerade seine Ortlosigkeit macht die Qualität des Handys aus. Für den Teilnehmer von *Call Cutta* ist der Ort des Handys dort, wo er angerufen wird: im südlichen Kreuzberg, vor dem Theater am Halleschen Ufer. Zugleich ist er sich aber permanent bewusst, dass der andere zwar nah klingt, aber tausende Kilometer entfernt ist. Das Telefon wird zum Medium zwischen zwei Bewusstseinsebenen, ein Gedanke, den auch der französische Philosoph Jacques Attali in seinem Buch *Wege durch das Labyrinth* aufgreift. Er beschreibt unsere Gesellschaft als Labyrinth und den modernen Menschen als Nomaden. Dabei kommt den modernen Kommunikationssystemen eine besondere Bedeutung zu: »Kommunizieren heißt jetzt, Kanäle für den Informationsfluss einzurichten, den Raum mit einem Netz von Kanälen zu überziehen, [...] der Nomade zieht Kanäle durch die Zeit.« Doch folgen diese Kanäle keiner Linearität mehr, sondern eher einem Labyrinth. So sieht Attali im Handy »den unsichtbaren Ariadnefaden des nomadischen Bürgers«. *Call Cutta* greift dieses Bild auf und macht es zum Gegenstand der Inszenierung.

Call Cutta

Nicht nur die räumliche Simultanität ist ein Charakteristikum des Handys, auch die Simultanität verschiedener Zeitwahrnehmungen. Wobei, wie im Theater, Zeit und Bewegung eng miteinander verbunden sind. Oft sind die Bewegungen des Telefonierenden zum Beispiel beim Gehen oder Fahren im Widerspruch zum Gespräch, das einen Ort behauptet und eine Zeit. So überlagern sich die Stadtführung, die den Blick des Zuschauers auf und durch die Stadt lenkt, mit dem Gespräch und der Interaktion mit dem Gesprächspartner in Kalkutta.

Der Handybenutzer wird sowohl Teil seiner Umgebung als auch Teil einer anderen behaupteten Realität. Diese Doppelung lässt seine Nähe zum Schauspieler erkennen, der sowohl Teil der Bühnenrealität als auch die reale Person Schauspieler ist. Anders als beim Schauspieler ist diese Doppelung nicht zielgerichtet auf einen Zuschauer hin. Das Handytelefonat ist »unsichtbares Theater«, doch anders als im Boal'schen Sinn theatralisiert hier das Medium eine reale Person. Wenn die Beteiligten sich durch Kreuzberg bewegen, dann werden sie für zufällige Passanten oder aber Anwohner, die das Spektakel Tag für Tag beobachten, selbst wieder zu Akteuren. Das Telefongespräch schafft eine Rahmung, die den Benutzer theatralisiert.

Im Gegensatz zu den Inszenierungen *Sonde Hannover* oder *Markt der Märkte* ist der Betrachter und Gesprächsteilnehmer hier unten in der Stadt. Er bewegt sich durch den städtischen Raum, sein Blick wird nur über die Beschreibung gelenkt. De Certeau beschreibt, wie das Gehen in der Stadt selbst zur Erzählung wird. Die Stadt kann immer nur in Ausschnitten erfasst werden. Ihre Wahrnehmung ist abhängig von der Bewegung des Beobachters: Er sieht das, wohin er sich wendet. Ein Zusammenhang dieser verschiedenen Eindrücke und Perspektiven des Fußgängers entsteht über die Wegfiguren, die er schafft. Im Gehen entwirft er seine subjektive Erzählung und gestaltet so seinen eigenen Raum, sein eigenes »Spiel der Schritte« (de Certeau). In *Call Cutta*

Cargo Sofia

markiert genau dieses Gehen in der Stadt eine Leerstelle in der Inszenierung. Zwar wird der Angerufene geführt, sein Blick auf bestimmte Orte gelenkt, was er aber im Einzelnen sieht, kann nicht kontrolliert werden. Damit ist jeder Weg durch die Stadt einzigartig. In der Überlagerung dieses individuellen Weges durch die Stadt mit der Führung, der Beschreibung des Raums, der Lenkung des Blicks entsteht so eine subjektive Erzählung, immer wieder neu und unwiederholbar.

Berlin, Avus-Raststätte, 23. 06. 2006

»Wir sind fertig mit dem Laden, der Lastwagen wird jetzt verplombt. Willkommen in Bulgarien!«, so beginnt die Inszenierung *Cargo Sofia* von Stefan Kaegi. In einen LKW sind Sitzplätze für 47 Menschen eingebaut. Anstelle der Seitenplane gibt es ein Panoramafenster, das auch zur Leinwand werden kann. Die Zuschauer werden mit dem Lastwagen an verschiedene Orte gefahren. Dabei spielt die Inszenierung mit der Überlagerung von zwei Fahrten: der realen Fahrt durch die Stadt der jeweiligen Aufführung, sichtbar durch das Panoramafenster, und einer fiktiven Fahrt von Sofia nach Deutschland, übertragen auf die Projektionsleinwand.

Der Lastwagen ist Sinnbild für Transport. In der Inszenierung transportiert der Lastwagen Erzählungen und die Zuschauer werden zu seiner Ware. Die beiden bulgarischen Lastwagenfahrer Svetoslav und Vento kommentieren teils aus der Fahrerkabine die Fahrt über Mikrofon, teils steigen sie aus dem Truck aus und erzählen von ihrem Alltag, fachsimpeln auf dem Autobahnrastplatz über verschiedene Fahrzeugtypen. Zu Wort kommen je nach Stadt ein Zöllner, ein Autobahnpolizist, ein Lagerarbeiter, die Chefin einer Spedition oder der Leiter des Großmarkts.

Der Lastwagen wird selbst zum Theater, zum Ort des Schauens, und die Zuschauer werden zu Reisenden in ihrer eigenen Stadt, wobei zwei verschiedene Reisen verschränkt werden. Eine viertägige Fahrt von Sofia nach Berlin, die über eine Videoeinspielung projiziert wird, und die zweistündige Fahrt des Transporters durch das Niemandsland der Zollämter, Autobahnrastplätze, Straßenstrichs und Warenlager. Der virtuelle und der tatsächlich zurückgelegte Raum überlagern sich. Hält beispielsweise der Laster an einer Ampel, so stoppt auch die Projektion, fährt er wieder, läuft auch der Film weiter. Die vorbeiziehenden Stadtbilder auf Video sind mit der tatsächlichen Fahrt durch die Stadt synchronisiert: vom Fahrtempo bis in die letzte Kurve stimmt das projizierte Bild auf der Leinwand mit der realen Bewegungserfahrung des Passagiers überein. Wenn die Leinwand hochgeht und den Blick auf die reale Außenwelt freigibt, dann hat man den Eindruck, dass der Ort, der sich vor den eigenen Augen darbietet, wirklich der im Film gezeigte sein könnte. Der einzelne Ort erscheint auswechselbar (wie auch der Titel des Stücks je nach Aufführungsort geändert wird). Egal ob in Sofia, Basel oder Berlin, die Industriezonen der Städte sehen überall gleich aus.

Kaegi macht Orte des Transits zum Thema seiner Inszenierung. In diesem Sinne ist die Inszenierung ortsspezifisch, sie sucht in der jeweiligen Stadt nach bestimmten Orten: dem Großmarkt, einem Autobahnrastplatz, Warenlagern oder einem Straßenstrich. Aber dass es diese Orte in jeder Stadt gibt, zeigt ihre Auswechselbarkeit. In diesem Sinne sind sie »Nicht-Orte« (Marc Augé), Transiträume, charakteristisch für die Städte der Gegenwart, wie Bahnhöfe, Metro-Stationen, Flughäfen oder Shopping Malls. Augé spricht diesen Räumen aufgrund fehlender Bezüge und Interaktionsmöglichkeiten ihre Eigenschaften als Ort im anthropologischen Sinne ab: »Sowie ein Ort durch Identität, Relation und Geschichte gekennzeichnet ist, so definiert ein Raum, der keine Identität besitzt und sich weder als relational noch als historisch bezeichnen lässt, einen Nicht-Ort.« Man ist nicht heimisch an den Nicht-Orten, man passiert sie nur für einen bestimmten Zeitraum. Im fahrenden Laster mit dem Zuschauercontainer wird die Auflösung des Raumes in der globalisierten Welt augenfällig. Raum, Zuschauer und Theater werden selbst mobil.

In den Kulturwissenschaften, der Soziologie und Philosophie ist in den letzten Jahren oft der Verlust des Raums beschrieben worden. Vom »Ende des Raums« (Jean Baudrillard) oder der »placeless society« (William Knoke) ist die Rede. Vor allem durch neue Technologien, Übertragungs- und Transportmöglichkeiten und damit die mühelose Überwindung von Entfernungen verschwände die Bedeutung des Raums. Wenn man glaubt, etwas verloren zu haben und auf der Suche danach ist, dann ist es oft wichtig, Abstand zu nehmen, sich einen Überblick zu verschaffen, die eigene Perspektive zu verändern. Vielleicht kann man die Strategien, durch die der Umgang mit den urbanen Räumen in den Inszenierungen von Rimini Protokoll geprägt ist, ganz ähnlich beschreiben. Deutlich wird in ihren Inszenierungen, dass im Umgang mit neuen Technologien nicht die Bedeutung des Raums weniger wird. Im Gegenteil: Sie arbeiten vor Ort und nehmen lokale Eigenheit zum Ausgangspunkt. Zugleich wird aber der konkrete physische mit anderen Räumen überlagert oder werden verschiedene Räume simultan miteinander montiert. Ihr Umgang mit Raum ist sowohl lokal verortet als auch virtuell über den konkreten Ort hinausweisend. Die Inszenierungen arbeiten sowohl mit dem Hier als auch mit dem Dort. Sie machen die Gleichzeitigkeit und Diversität verschiedener Raumkonzepte erfahrbar. Es sind Räume, die sich auf keiner Karte mehr festhalten lassen und die immer erst über verschiedene Praktiken hergestellt werden müssen (das Telefonat, die Fahrt durch die Stadt, der Spaziergang). Vorherrschende Strategie ist dabei eine Montage verschiedener Raumkonzepte: urbaner und theatraler Raum, visueller und akustischer Raum. Im räumlichen Prinzip des Nebeneinander ist Raum nur noch als Pluralität denkbar. Erforscht werden dabei unsere Vorstellung von Raum, Konzepte von Öffentlichkeit und Urbanität, von Virtualität und Lokalität.

Wir trainieren deine Augen: Dieser Park hier ist aus Resten vom letzten Weltkrieg gemacht. Siehst du sie? In der Mitte des Parks ist ein blauer Mülleimer, geh dort hin. *(Singt ein Marschlied, bis der Mülleimer erreicht ist.)* Bist du dort? – Geh auf die Knie und tu so, als ob du dir die Schuhe bindest. Schau unter den Deckel. Siehst du das Bild? Den links kennst du? Das ist Gandhi, wir nennen ihn Papuji, Vater der Nation. Aber wer ist der rechts? – Erkennst du ihn? ... Das ist der, der auf dem anderen Bild mit meinem Opa Kaffee getrunken hat. Wir nennen ihn Tiger. Seit er in Deutschland war, nannte er sich Netaji, »Führer«. Hier sehen sie aus wie Partner. Aber Gandhi wollte Unabhängigkeit von den Engländern ohne Gewalt, und Netaji sagte: »Wir brauchen eine indische Armee, wir brauchen Hilfe von außen, der Feind meines Feindes ist mein Freund.« Also kam er hierher nach Berlin zu Hitler.

Call Cutta

Was wir nicht sehen, zieht uns an
Vier Thesen zu *Call Cutta*

von Heiner Goebbels

Im Frühjahr 2005 konnte man in Berlin eine Theaterarbeit sehen, die vielleicht im engeren Sinne gar keine Theaterarbeit ist, und von der man vielleicht sogar eher sagen müsste, man habe sie *nicht* gesehen: eine Aufführung, die zwar keine spektakulären Aktionen bot, kein beeindruckendes Schauspiel, keinen virtuosen Protagonisten, kein verblüffendes Bühnenbild, eigentlich war niemand zu sehen, man blieb ganz allein, aber eine Aufführung, die mich dennoch mehr erreicht, nachhaltiger angeregt und künstlerisch wie politisch stärker beschäftigt hat als vieles von dem, was in den vergangenen Jahren auf den Bühnen »zu sehen« war. Man begab sich zwar ins Hebbel am Ufer, statt einer Eintrittskarte bekam man aber ein Mobiltelefon, das wenig später klingelte: Am anderen Ende ist eine Stimme, eine englisch sprechende, in meinem Fall weibliche Stimme mit starkem indischem Tonfall; eine Stimme, mit der ich mich fast zwei Stunden unterhalte; eine Stimme, die mich mit sehr präzisen Anweisungen durch ein mir unbekanntes Berlin manövriert (»zirka zehn Meter nach links, dann über die Straße, zwischen den beiden grauen Häusern durch, unter dem Papierkorb vor dem Zaun werden Sie ein Foto finden« usw.). Offensichtlich kennt die Stimme sich bestens aus.

Plötzlich stehe ich vor einem Straßenspiegel, und die Stimme weiß sogar, wie ich aussehe, sie gibt mir Auskunft über die Farbe meiner Kleidung und meiner Haare. Man fühlt sich beobachtet, ist ungläubig und mehr als irritiert, weil man nicht weiß, wo die Stimme sich befindet. Irgendwann im Verlauf des Gesprächs wird klar, mit mir spricht eine junge Frau, die sich Prudence nennt, aber so klar ist das auch wieder nicht, denn wenig später behauptet sie, sie heiße Priyanka Nandy – eine Stimme aus einem Call Center in Kalkutta. Und so klingt auch der Titel des Stückes: *Call Cutta*. Spontan entsteht ein vielfältig anregender Dialog, immer wieder gespickt mit politisch-historischen Informationen über das Verhältnis von Indien und Deutschland, mit Gesprächen über Öffentliches und Privates, die die Unterschiedlichkeit unserer kulturellen Erfahrungen deutlich werden lassen, und ganz vergnüglich und fast nebenbei erfährt man auch etwas über das Thema dieser inszenierten Konstellation: die Arbeit in einem Call Center – als Nebenwirkung der Globalisierung. Für ihren Job verändern diese jungen Inder ihren Lebensrhythmus, denn wenn sie für amerikanische Call Center arbeiten, müssen sie tagsüber schlafen, um nachts telefonieren zu können. Immer oszillieren die Gespräche im Spannungsfeld von privater Nähe, Intimität und öffentlichem Blick und Reflexion. Irgendwann ertappe ich mich dabei, wie ich mit der Person an einem anderen Ende der Welt zusammen ein indisches Lied singe, das ich zufällig über die Arbeit an meiner Oper *Landschaft mit entfernten Verwandten* kennen gelernt habe, und die Passanten wundern sich.

Zwar ist dem Telefonat eine relativ feste Route vorgegeben, es bleibt aber immer mein Blick, in der Regel mein Tempo, und – auch wenn das Gespräch eine deutliche Struktur hat – immer fühle ich mich als Subjekt der Kommunikation. Man erlebt am eigenen Leib die Entfremdung des Vorgangs, die Paradoxie, mit der mir die junge Frau den Weg durch Berlin erklärt, obwohl sie noch nie in Europa war, wie sie mir zwischen Bäumen und Büschen die Gleise zeigt, auf denen die Züge nach Auschwitz abgefahren sind, oder wie sie mir beim Gang über den Potsdamer Platz einige für die Stadtentwicklung bedeutsame Erfahrungen vermittelt, bis ich in den Tiefen eines Parkhauses lande, in dem die Telefonverbindung zusammenbricht und ich mich plötzlich alleingelassen fühle. Erst am Ende dieser Stadtführung, in dem Schaufenster eines Computerladens in den Potsdamer Platz Arkaden, sehe ich auf einem ausgestellten Computerbildschirm im *live stream* das Bild einer jungen Frau in Kalkutta, die mir zum Abschied zuwinkt.

Eine starke künstlerische, politische, soziale, intime Erfahrung, wie man sie vielleicht in einem großen Zuschauerraum nicht hätte machen können. Auch wenn nicht alle Texte, die man zu hören bekommt oder selbst produziert, druckreif und literarisch sind, nicht alle Laute und Lieder, die mir ins Ohr dringen, treffsicher intoniert werden. Was macht die Erfahrung so stark? Wir sind hier als Zuschauer bzw. Zuhörer (und ich sage wir, denn jeden Tag im Juni 2005 konnten bis zu zwanzig Personen diese Erfahrung machen) Subjekte der Wahrnehmung. Das gilt zwar in gewissem Rahmen auch für ein konventionelles Stück, aber hier stehen wir – wenn auch irritiert und beunruhigt – überrascht im Zentrum und erfahren dieses Stück am eigenen Leib. Die Beschäftigung mit der Komplexität des Themas, oder besser: der Themen, erfolgt unserem Vermögen, unserem Erfahrungstempo, unserer Stimmung und Laune angemessen, entwickelt sich mit uns.

Zunächst liegt der Unterschied zu einem Theaterstück auf der Hand. Schon Gertrude Stein hat in *Lectures in America* ihr Unbehagen

über das Zeitmaß auf der Bühne deutlich gemacht, das nie mit ihrer eigenen Zeitwahrnehmung und Emotion zusammengeht:

> Your sensation as one in the audience in relation to the play played before you, your sensation, I say your emotion concerning that play is always either behind or ahead of the play at which you are looking and to which you are listening. So your emotion as a member of the audience is never going on at the same time as the action of the play. This thing, the fact that your emotional time as an audience is not the same as the emotional time of the play, is what makes one endlessly troubled about a play.

Gegenüber dieser Art von *trouble* einer Bühnenarbeit, die frontal – und manchmal ist man auch geneigt zu sagen totalitär – agiert und in aller Regel Mitteilungen machen will, wird hier eine individuelle Aneignung möglich. Die Erfahrung geht durch den eigenen hörenden und sehenden und sprechenden und vielleicht singenden Körper, der sich im Übrigen seiner nicht sicher ist, sondern sich auf unsicherem Terrain mit Ängsten und Neugier, mit Lust und Interesse bewegt. Diese Erfahrung ist stärker als die Rezeption eines vergleichbaren Stückes, das den politischen Diskurs, der auch *Call Cutta* zugrunde liegt, als Thema auf psychologisierende Dialoge verteilt, bebildert und repräsentiert. Es gibt eben Themen, die in ihrer Dimension größer, überindividueller und politisch relevanter sind, als dass sie in einem Beziehungskonflikt auf der Bühne verhandelbar

Call Cutta

wären. Sie sind nicht repräsentierbar, man muss sie erfahren. Und der Diskurs, den wir hier selbst führen können, bleibt spielerisch und vielstimmig. Die Eindrücke finden auf vielen Ebenen statt: auf der akustischen Ebene, auf einer visuellen (die mit der akustischen nicht kongruent ist), auf einer reflektierenden, auf einer körperlichen Ebene, auf einer Ebene der Konfrontation mit dem öffentlichen Raum, dem unsicheren Boden – und auf einer der Lust des Findens. Denn alles bei diesem Parcours ist uns zunächst unbekannt und muss entdeckt werden. Und was entsteht, ist beileibe kein einheitliches Bild.

Statt eines Theaterabends also ein Nachmittag am Telefon. Eine Theaterarbeit, die den Blick offenhält. Es verblüfft die Genauigkeit in der Auswahl und der Arbeit mit den souveränen Performern vor Ort in Kalkutta, die selbst die Experten des Themas sind. Trotz oder wegen der Präzision der Recherche und trotz oder wegen der so locker scheinenden Strukturierung der Gespräche ist es uns möglich, selbst zu entdecken, worauf wir diskret hingewiesen, womit wir umstellt sind, ohne dass da jemand auftritt, der sich als Identifikationsfigur aufspielt oder stellvertretend für uns agiert. Der klassische Protagonist ist abwesend. Ein Theater ganz ohne Darsteller.

Man könnte einwerfen, die Stimme sei doch da. Sie ist zwar eindeutig Ursache der Anziehung, aber Protagonist ist der Zuschauer selbst. Im Unterschied zu einer denkbaren *One-to-one*-Performance, einer individuell inszenierten Begegnung mit einem Schauspieler, einem Performer, einem Tänzer, wie man sie hin und wieder erleben kann, passiert hier noch etwas anderes, das mit der Abwesenheit von Pryanka Nandy zu tun hat – mit der Tatsache, dass die Bühne dieses Stückes ständig zwischen Hören und Sehen, zwischen Berlin, Kalkutta und dem Telefonat oszilliert. Das hat auch mit einem grundsätzlichen Unterschied von Hören und Sehen zu tun. Beim Hören muss die Frage nach der Präsenz anders gestellt werden. Denn im Akt des Hörens erlebe ich »den Raum meiner eigenen Anwesenheit« – wie Gernot Böhme in seinem Aufsatz »Akustische Atmosphären« darlegt – vor allem dann, wenn »es um das Hören als solches und nicht um das Hören von etwas geht«. Die Komplexität, die Dauer und Fremdheit dieses Telefonats begünstigt gerade ein Hören als solches und lenkt das Gespräch immer wieder auf das Hören selbst: Während ich über die Möckernstraße gehe, imitiert die Stimme von Pryanka Nandy für mich all die Hupen, Klingeln, Motoren, Geräusche, Stimmen, Kinderschreie und Tierlaute, die beim Überqueren einer Straße in Kalkutta auf sie einbrechen würden. Sie fragt mich nach eigenen Erlebnissen (»Did you ever fall in love on the phone?«), und ich fühle mich geschmeichelt, wenn sie sagt, ich habe ein schöne Stimme, auch wenn längst klar ist, dass sie das jedem sagt: ein Profi eben, eine Expertin in Sachen Call Center.

Das Charakteristische von Stimmen, Tönen, Geräuschen ist laut Böhme, »dass sie von ihren Ursprüngen getrennt werden können. [...] In einem Hören, das Ton, Stimme und Geräusch nicht auf die Gegenstände (und Personen), von denen sie herrühren, bezieht, spürt der Hörende Stimme, Ton, Geräusch als Modifikation des Raumes seiner eigenen Anwesenheit. [...] Wer so hört, ist gefährlich offen, er lässt sich hinaus in die Weite und kann deshalb von akustischen Ereignissen getroffen werden. [...] Hören ist ein Außersichsein, es kann aber gerade deshalb das beglückende Erlebnis sein, zu spüren, dass man überhaupt in der Welt ist.«

> ... as I say nothing is more interesting to know about the theatre than the relation of sight and sound.
>
> (Gertrude Stein)

Eine erste These könnte also sein (und es sei dahingestellt, ob es sich um ein ausgedehntes inszeniertes Telefonat mit Indien oder um eine Aufführung auf einer Bühne handelt): Ein Theater, das wesentlich über das Hören definiert ist und dieses Hören vom Sehen zu trennen vermag, lässt

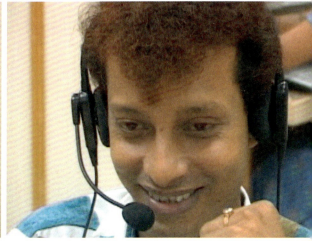

Call Cutta

wichtige Freiräume für die je individuelle Wahrnehmung aller – jedes Zuschauers, jeder Zuschauerin.

Eine weitere These könnte sein: In diesem beunruhigenden Freiraum – der zum Beispiel in dem langen Telefonat mit einer Unbekannten entsteht, oder den eine Aufführung hinterlassen mag, die zwar durch große akustische Präsenz, aber durch konsequente szenische Zurückhaltung und ein leeres Zentrum geprägt ist –, in diesem merkwürdig schillernden »Außersichsein« liegt eine Chance. In dieser »Abwesenheit« liegt die Chance für die Wahrnehmung von etwas, das wir noch nicht kennen, da die narzisstische Bestätigung durch ein Spiegelbild an der Rampe verweigert wird.

Wir können in vielen Künsten beobachten, wie die Verweigerung von Darstellung unsere Wahrnehmung besonders anzuregen vermag. Gerade die Abwesenheit einer traditionellen Vorstellung von Präsenz und Intensität, ein leeres Zentrum auf der Bühne, verunsichert uns Zuschauer und macht uns gleichzeitig in dieser Verunsicherung zum Souverän unserer Erfahrung. Die Irritation gehört substanziell dazu. Bei Georges Didi-Huberman, dessen Schrift *Was wir sehen blickt uns an* ich mit dem Titel dieses Beitrags paraphrasiert habe, heißt es: »Zu sehen geben heißt stets, das Sehen in seinem Akt, in seinem Subjekt zu beunruhigen.«

Was, wenn wir auf die starke Verdichtung künstlerischer Intensität durch wichtige Schauspieler, Tänzer und Solisten, die wir identifikatorisch aufladen können, verzichten, nimmt diesen Platz der Anziehung ein? Worin – und dafür sind die Arbeiten vieler bildender Künstler eine wichtige Inspirationsquelle – besteht die Alternative zu der omnipräsenten Gesellschaft des Spektakels, das heißt, der ständig gefeierten Dominanz von Gegenwart und Präsenz, der wir ausgesetzt sind? Worin besteht die Alternative zum ständigen Angeglotzt-, Angesprochen-, Angegangen-, Angeschrieen-Werden, das unseren medialen Alltag strukturiert? Wie sieht eine lustvollere Alternative aus, die Neugierde und Entdeckungspotenzial der Zuschauer ernst nimmt, sie nicht unterfordert, sondern ihnen einen Raum dafür eröffnet? In diesem Raum sollte es auch um das Aufschließen von Texten und Stoffen gehen, nicht um die eine Interpretation. Erste Voraussetzung dieses Raums wäre, das Zentrum zu umstellen, es aber nicht zu besetzen – weder mit dem eigenen künstlerischen Ego noch mit einem Protagonisten, der nur als selbstbestätigendes Spiegelbild oder rivalisierender Doppelgänger zu betrachten sich anbietet.

Um die bisherigen präsenzästhetischen Konzeptionen eines theaterwissenschaftlichen Aufführungsbegriffs zu widerlegen, saß André Eiermann, ein junger Performancekünstler und Theaterwissenschaftler, in einem verschlossenen Pappkarton auf der Bühne – für die Zuschauer unsichtbar. Über Mikrofon aber hörten wir seine Stimme sagen: »Kritische Kunst setzt ein Absehen der Künstler von sich selbst voraus.« Womit er vermutlich Recht hat.

Bei *Call Cutta* heißt der Regisseur Rimini Protokoll und es ist sicher kein Zufall, dass sich *Call Cutta* kein Regisseur ausgedacht hat, sondern ein umtriebiges Regiekollektiv, das in der Arbeit nicht immer (s)ein Ego ausstellen und präsentieren muss, um sich darin zu spiegeln; ein Team, das sich möglicherweise gar nicht auf *ein* Bild hätte einigen können, sondern sich in den Prozessen, die es anzettelt, besser wiederfindet als in einer alles zentrierenden Lösung. Die Vielstimmigkeit der Produktionsform findet sich in der Vielstimmigkeit der künstlerischen Arbeit wieder, aus der wir als Zuschauer anders hervorgehen als aus einer Inszenierung, in der uns ein Regisseur auf seine Sichtweise eines Stoffes verpflichtet. Die Chance des Zuschauers liegt auch in der Abwesenheit eines konventionellen Regiebegriffs mit allem, was an neurotischen und autoritären Gepflogenheiten in den Fürstentümern mancher Stadttheater dazugehört.

»Inszenierung ist eine strukturierte, kollektive Form der ästhetischen Produktion« heißt es in Georg Seeßlens Aufsatz »Fahrplan für eine Inszenierung«:

Moralisches Handeln beginnt also hier bereits in der Art, wie man miteinander umgeht [...] man sieht einer Inszenierung zum Beispiel an, ob ein Regisseur seine Schauspieler liebt, ob er sie als Objekte behandelt, ob er sie zu ihren Leistungen zwingt, oder sie mit ihnen gemeinsam erzielt. Weder gibt es da Regeln, noch gilt es, etwa das Theater zu einem ideologischen Modellfall für Demokratisierung zu machen. Auch hat uns die Postmoderne immerhin gelehrt, einen gewissen Grad an Zickigkeit, Manie oder Despotie hinzunehmen, ohne seelischen Schaden zu nehmen, immer vorausgesetzt, die Sache ist es wert. Und dennoch glaube ich, dass Sinnlichkeit und Erkenntnis sich am ehesten in einer Atmosphäre des Respekts entfalten. [...] Ich darf alles, aber für alles muss es einen guten Grund geben. Und die Verwirklichung meiner Vision ist als Grund allein nicht ausreichend, ebenso wenig wie der Umstand, dass nebenan mit noch viel weniger Grund noch viel schamloser vorgegangen wird.

Rimini Protokoll realisieren aber keine Vision, erfinden nicht, sondern recherchieren, finden vor, lernen dabei von Experten, und stellen uns mit deren Hilfe diese Resultate zur Verfügung; sie teilen sie mit uns. Man kann – frei nach Hannah Arendt – jede Aufführung als »öffentlichen Raum« betrachten, »in dem es gilt, nicht übereinander herzufallen« – weder in den Arbeitsbeziehungen noch im Verhältnis zum Zuschauer.

Eine dritte These könnte also lauten: Wenn die Produktionsweisen nicht von den künstlerischen Prozessen zu trennen sind, können Alternativen zur zentrierten Form der darstellenden Künste selten an den Institutionen entstehen, die in ihrer Schwerkraft und hierarchischen Ausrichtung darauf nicht eingestellt sind. Solche Alternativen bilden sich eher in neuen Konstellationen, deren Struktur bereits die Vielstimmigkeit einer Produktion begünstigt, die uns Zuschauer nicht auf eine Perspektive verpflichtet, sondern für unsere Blicke offen bleibt. Wer programmatisch zu zweit, zu dritt arbeitet, Regieteams und Performancegruppen bildet, in denen die Zuständigkeiten ständig wechseln und nicht arbeitsteilig zementiert sind, dem kann das vielleicht eher gelingen (wie z. B. She She Pop, Showcase Beat Le Mot, Hofmann & Lindholm, Herbordt/Mohren, Auftrag:Lorey, das Gemischte Doppel Eiermann und Hänsel, das Duo big NOTWENDIGKEIT oder die junge Performancetruppe Monster Truck, die – wie Rimini Protokoll – alle in den letzten Jahren vom Institut für Angewandte Theaterwissenschaft aus ihren Weg genommen haben). Sie alle arbeiten an einem medialen Wechselspiel, das mit Vergnügen der einengenden Reduktion unserer Wahrnehmung auf ein bevormundendes Zentrum misstraut. Theater kann mit all seinen Möglichkeiten mehr sein, als Mitteilungen zu machen.

> I concluded that anything which was not a story could be a play.
> (Gertrude Stein)

Womit das leere Zentrum umstellen? Wenn Film, Oper oder Theater gesellschaftliche Produktionsformen sind, denen man ansieht, wie sie gemacht sind und wie man dort miteinander umgeht, dann gilt das auch für den Umgang mit allen daran beteiligten Medien und Techniken. Hinter Brechts Forderung von der »Trennung der Elemente«, einem nichthierarchischen Verhältnis und der Selbstständigkeit von Musik, Bewegung, Text und Raum steckt auch eine heftige Institutionskritik, die mit den entfremdeten Arbeitsverhältnissen am Theater, wo der Beleuchter der linken Bühnenseite nicht weiß, was die rechte tut, Schluss machen will und dafür Mitarbeiter braucht, die ihre Sache, auch ihre Technik, stark machen. »Unabhängig vom Stoff und unabhängig vom Gegenstand, sogar unabhängig vom Wirklichkeitsgehalt des Inszenierten, ist Inszenierung ein moralischer Vorgang.« (Seeßlen) Das ist aber nicht nur deswegen von Bedeutung, weil eine solche Arbeitsweise mehr Spaß macht, sondern auch, weil vielstimmige Produktions- und Präsentationsweisen den Differenzen unserer Wahrnehmungen offensichtlich mehr entsprechen. Die Dekonstruktion und Dezentralisierung der Theater-Sinne und die Überführung von Erzählweisen auf ein komplexes Mit- und Nebeneinander von Eindrücken, mit denen ein leeres Zentrum zu einem gegebenen Themenkomplex umstellt ist, können den unterschiedlichen Rhythmen der Zuschauererfahrungen Rechnung tragen. Nicht nur, weil die Zuschauer jeweils eigene Wahrnehmungspräferenzen mitbringen, sondern auch, weil die je eigene Wahrnehmung schon in sich Zeitverschiebungen und divergierende Rhythmen braucht. Wir begannen nach einem Hinweis von Gertrude Stein mit dem Hören und Sehen und könnten versuchen, das auf viele andere Ebenen unserer Wahrnehmung auszudehnen.

Hölderlin – ich verdanke diesen Hinweis Detlev B. Linke – hat sich in seinen *Anmerkungen zur Antigone* in Bezug auf das Theater für eine poetische Logik stark gemacht, die im Gegensatz zur wissenschaftlichen oder – wie Hölderlin sagt – »philosophischen Logik« viele unserer Wahrnehmungskompetenzen beansprucht. Er spricht von »verschiedenen Successionen, in denen sich Vorstellung und Empfindung und

Räsonnement, nach poetischer Logik entwickelt«. Die poetische Logik, die die unterschiedlichen Sinne und Wahrnehmungsweisen anspielt und keiner linearen Erzählform folgt, behandelt im Unterschied zur »philosophischen Logik« »die verschiedenen Vermögen des Menschen, so daß die Darstellung dieser verschiedenen Vermögen ein Ganzes macht, und das Zusammenhängen der selbstständigen Theile der verschiedenen Vermögen der Rhythmus, im höhern Sinne, oder das kalkulabe Gesez genannt werden kann«.

Detlev B. Linke sieht darin den Entwurf einer Medientheorie: »Der Clash, der Zusammenprall der Rhythmen erzeugt die Vorstellung«, und hält das für einen anschlussfähigen Beitrag zur Hirnforschung bezüglich des Ineinandergreifens von Semantik – das heißt Bedeutungskonstruktion – und Hirnfunktion. Insbesondere interessiert ihn das »hinsichtlich der Frage, wo die Synchronie einzelner Nervenzellen einen Gegenstandsbezug konstituiert«. Denn, so formuliert Linke in »Flucht Punkt Kunst«, »wenn ich das ganze Gehirn synchronisiere, dann habe ich einen epileptischen Anfall [...] Ich muss Zeitverschiebungen haben.«

Womit wir – und das sollte die vierte und letzte These sein - wieder auf die Asynchronität zurückkommen, die sich am Beispiel von *Call Cutta* sowohl im Auseinanderfallen von Hören und Sehen realisiert als auch in den Sprüngen, die das Telefonat zwischen den verschiedenen thematischen Ebenen individuell möglich macht. Wichtig für das Gelingen einer künstlerischen Arbeit in diesem Sinne – oder besser: mit all den Sinnen – ist nicht nur, dass das Zentrum nicht durch Protagonisten besetzt ist, die uns die Aneignung eines Themas identifikatorisch vorwegnehmen, sondern dass die Aufführung Zugänge, Aneignungen, Wahrnehmungen von verschiedenen Seiten erlaubt und es dadurch hinreichend Rhythmen im Angebot gibt, die dieses freisetzende Zusammenstoßen »der Theile« möglich machen und damit die je individuellen »Vermögen« und Vorstellungen der Zuschauer zulassen.

Bearbeitung eines Vortrags im Hermann-von-Helmholtz-Zentrum für Kulturtechnik an der Humboldt-Universität Berlin.

Betreff: berlin report 16 april 2005
Von: priyanka.nandy@gmail.com

hi all,
this is the report of my walk with heinrich matthias goebbels, which i would have sent yesterday had i not received death threats from most of my colleagues ;)

heiner is how heinrich wanted to be called, and in turn, he chose to call me pru. the signal was red at the crossing, but he crossed the streets anyway, because he said he did it all the time in frankfurt, where he is from. somebody report him! actually, don't. i really liked him. besides, at 52, we can allow him to break a few rules. and who says memory fades with age? he was my FIRST walker to have recognised netaji in the second picture at the blue dustbin. he said he recognised him from the glasses he wore. he also found a used condom outside the dustbin. and people call calcutta a dirty city! hrrumph! oh, by the way, is the brown road after the kiesweg made of wood? heiner said it was. also, there is a lovely cherry tree full of blossoms there … both adina and heiner commented on it. also, apparently there was a person associated with both hitler and india in some way during the war, and heiner wanted to know if netaji was the same person. we double checked our data, and i spelled out the name in german and we came to the conclusion netaji wasn't the person heiner read about.
heiner is a composer, and much later, he said he was daniel's and stefan's good friend. and every time he thought we might be deviating from the script or taking too long, he said »don't tell stefan!!!« ohhh, stefan, people are scared of you!
at first, he asked about things on the road that were not there in the script or the pictures, and i told him it was impossible for me to know, because i had never been in berlin! then i asked him if he trusted me enough to let me guide him through a city i had never been to. »yes,«, he said, »because this involves daniel and stefan.« i asked him if he would trust me if his friends were not involved, and he promptly said »no«. i'm reconsidering my opinion of him …
we chatted a lot, and he laughed loudly when i described him at the mirror. he also wanted to know if there was a hidden camera somewhere. i acted all mysterious, but i don't think he believed me. he played along beautifully though.
he uses fake names in real life when he wants to avoid being associated with some work he has done. he sounded gleeful when i told him my real name, because, as he said, »i knew it already!« from the leaflet of course! then we went on to talk about gmail accounts – he says i am lucky to have one, because it is difficult to get an invitation. it was my turn to be gleeful. i told him i have

TWO such accounts. he has written to apologise for the slight delay in the walk, and wants an invitation, so he can surprise his son who is in chicago when he mails him next.

he said he has fallen in love over the phone, and that it is quite possible to tell a person's nature from his or her voice. he told me something about my voice, but i didn't hear clearly and was too embarrassed to ask him to repeat. i only hope it was nice.

he refused to shout at the courtyard – said he was a shy, discreet guy. but he stood on the platform, and at the graffiti tunnel, shouted twice to hear the echo. »only because i am alone here«, he said. if i was actually present there he wouldn't have done it. my being on the phone gave him a sense of freedom. he was delighted when the driver waved at him.

he didn't want to shout, so i asked him to sing to me. he sang the first few lines from »morning has broken«. he has a lovely, deep voice. I told him so.

later, at the fotofix, he wanted to take pictures because he is going off to moscow soon and would need them. to keep myself occupied i started singing a a. r. rahman number (»aawara bhavre«) to myself. he heard and loved it, and then remembered that a few years back the first violin in a musical he composed was indian and had used another rahman number (»kehna hi kya«) there. he recalled the tune and i sang him the song, and in spite of the time lapse, he tried to sing with me. »now we have another connection«, he said. at ladenstrasse he also met a man after 15 years and explained the concept of »call cutta« to him while i listened. he also said he would highly recommend the play to all his friends in berlin. i loved walking him ... i am going through a lucky stage, all great walkers!!!

boris, whose walk was cut off due to the server crash, actually wanted a german walk, but said he liked my voice a lot, so would continue in english, even though i told him a german caller was free. that was sweet. i hope he comes back today.

love and wishes,
priyanka.

p.s.: and i shall write even longer reports today, death threats or not!!!

Die Experten der Telefontour Call Cutta *verfassten in Anlehnung an die in Call Centern übliche Qualitätskontrolle kurze Protokolle über ihre Führungen – so auch Priyanka Nandy über ihr Telefonat mit Heiner Goebbels.*

Stellprobe – Bauprobe – Welt
Mögliche Projekte 2004 – 2007

von Rimini Protokoll

Baustelle, Kalkutta

Geldkofferladen, Seoul

Tiergehege, Zürich

Epidaurus-Theater, Griechenland

Mützengeschäft, Moskau

Indischer Fischer vor Booten mit der Inschrift »Hessen spendet für Tsunamiop

spur Flughafen Tempelhof, Berlin   Epidaurus-Theater, Griechenland   Expertin für Gebäude am Fluss, Ausflugsschiff Bangkok

ehrskontrollzentrale, Sofia   Großer Theatermann aus einer anderen Zeit, Basel   Grüßende Statue, Südindien

en, Antwerpen   Schließfächer, Zürich   *Square-dance*-Tänzer, Zürich

Wartezone, Hafen Riga

Fotokulisse, Seoul

Parkplatz, Berlin

Partisanenveteranen, Parma

Bahnsteige, Frankfurt/Main

Goldverkäufer, São Paulo

Epidaurus-Theater, Griechenland

Wanderarbeiter auf Baustelle, Peking

Limmat, Zürich

aurus-Theater, Griechenland

Umkleide für Herzchirurgen, Zürich

Werbeträger, Warschau

lkette, Dresden

Plakataufhänger im Flughafen, Madrid

Epidaurus-Theater, Griechenland

tstatisten, Mannheim

Hirn von Daniel Wetzel

Turbinenschweißer, Ljubljana

Spielzeugkiosk, Thessaloniki

Putzfrau, Raststätte am ungarisch-serbischen Zoll

Containerhotel, Warschau

Spielplatz, Zürich

Parkbibliothek, Lissabon

Videoüberwachung, Polizeipräsidium München

Gepäckausgabe, Athen

Epidaurus-Theater, Griechenland

Hafenpolizist, Basel

...aurus-Theater, Griechenland

Aktionärsversammlung, Frankfurt

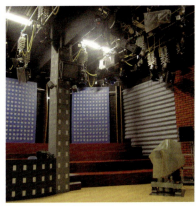
TV-Studio, Mannheim

...maliger Chefkoch der Estonia, Caracas

Wand mit Leiter, New York

Bahnsteig mit Vorhang (Euro-City)

...errestauratorin, Ramanayah-Gemälde, ...gkok

Postverteilungsstelle im Modell, Kalkutta

Zementmischerin, vormals Bäckerin, Vilnius

Wächter vor europäischer Botschaft, Peking

»Chinesenmarkt« (vor 1994 »Polenmarkt«), Budapest

Prothesenbauer, Zürich

Streikende Flughafenmitarbeiter in Pune, Indien

Sicherheitsangestellter mit Werbe-Shirt »Master Card«, Gemüsemarkt São Paulo

Epidaurus-Theater, Griechenland

Epidaurus-Theater, Griechenland

Historiker im ehemaligen Büro des ersten Präsidenten von Lettland, Riga

Tankstelle, Kalkutta

ausgabestelle Betonmischwerk, us

Palastwache, Bangkok

Mobiler Laden, Athen

ur, Kalkutta

Autofahrergrab, Friedhof Sofia

»Sklave der Deutschen Bank«, Frankfurt

chlehrer bei der Anwerbung neuer esischer Schüler, Peking

Fußballbildchensammler, Belgrad

Epidaurus-Theater, Griechenland

Zurück im Leben
Humane Überprüfungen im Soundsystem Radio

von Martina Müller-Wallraf

Die Gewissheiten sind ausverkauft. In allen Lebensbereichen explodiert Diversifikation. Die Menschenfreunde von Rimini Protokoll plädieren mit ihrer Arbeit dafür, in der Vielartigkeit eine Chance zu sehen: die Synapsen neu zu verknüpfen, statt sich verunsichert fremden Vorgaben zu überantworten. Rimini Protokoll bieten im letzten Refugium der Rituale, dem Radio, den methodischen Formatbruch: Expertenradio ohne absoluten Wahrheitsanspruch, Aussage ohne Behauptung. Und die Fortsetzung der Überprüfungen im massenwirksamen Soundsystem.

Ein Hörspiel entsteht. Das kann damit beginnen, dass der Autor konzentriert und isoliert am Schreibtisch vor dem Computer die Szenen formt, die Dialoge, die Sätze. Der Autor schöpft einen Text. Jedes Wort gesetzt. Jedes Gefühl geprägt. Jede Sprechhaltung gedacht. Es geht um Sprache. Kunst-Sprache. Es geht um Verfasstheit. Es kann so weitergehen mit dem Hörspiel, dass der Regisseur im Studio ein Manuskript von etwa dreißig, vierzig Seiten in der Hand hält. Er spricht es mit den Schauspielern durch. Zeile für Zeile. Er lenkt die Darsteller. Er jagt sie durch die Szenen. Lässt sie wiederholen. Neu setzen. Anbieten. Den Text eines anderen. Die fertige Sprache. Ein fremdes Produkt.

Ein anderes Hörspiel entsteht. Ein Hörspiel von Rimini Protokoll. Zum Beispiel *Deutschland 2*.

Schicht 1: Bonn-Beuel, 27. Juni 2002. Treffpunkt vor einer stillgelegten Werkshalle, jetzt Kulturschauplatz. Wie so oft, wenn die wirtschaftliche Bedeutung und die existenzielle Sinngebung dahin sind. Die Darsteller treffen ein. Große Besetzung. Ganz groß. Riesiges Figurentableau. Noch weiß keiner so genau, wie tragend seine Rolle sein wird. Ob er Statist bleibt, Nebenrolle – oder gar stumm? Oder ob fordernde Redeparts auf ihn warten. Die Vorgaben werden streng sein. Und dennoch stammen sie von keinem Autor. Man muss ihnen sehr exakt folgen. Und trotzdem gängelt hier keine Regie. Wird es Spielraum geben für das eigene Talent, für die eigene Position? Wird am Ende dieses Tages etwas Eigenes, gar Neues entstanden sein?

Die Experten von *Deutschland 2*

Die Aufnahmen zum Hörspiel *Deutschland 2* finden zu einem großen Teil unter Live-Bedingungen statt. Nicht im Studio, sondern an einem der Vorführungsorte des Festivals Theater der Welt 2002 in Bonn. Der Mitschnitt einer theatralen Performance bildet die akustische Grundlage, den Nährboden für das künftige Hörspiel. Helgard Haug und Daniel Wetzel haben die Aufführung ihres – gemeinsam mit Stefan Kaegi und Bernd Ernst entwickelten – Theaterprojektes zum Ausgangspunkt der Radioarbeit gewählt.

Inhalt ist an diesem Tag die Simultanaufführung einer originalen Bundestagsdebatte. Eins zu eins. Fast. Während in Berlin die Parlamentarier ihre Reden halten, versuchen Bundestagsfans aus Bonn und Umgebung (gefunden in einer aufwändigen Kampagne) zeitgleich ihr Expertentum für gelebte Politik und alltägliches Theater in ihren Kopierauftrag einzubringen. Jeder anwesende Darsteller in Bonn, dem abgelebten und nur mehr ideellen Ort der Macht, hat – als Teil des Schattenparlaments – eine Politikeridentität übernommen, analog zu den anderen, echten Politpersönlichkeiten im Reichstagsgebäude in Berlin, dem Ort der reellen und vitalen Macht. Die Ton- und Soundexperten vom WDR haben zuvor ihre Mikrofone in der Bonner Halle positioniert. Und dann wird gegengesprochen und mitgeschnitten. Der Parallel-Politiker im Theaterraum hört die live gehaltene Rede seines Alter Ego über Kopfhörer. Sie bahnt sich durch sein Hirn und wird nach ein paar Biegungen in kürzester Zeit wieder ausgespielt durch seinen Mund. Möglichst simultan versuchen die Debatten-Protagonisten also, dem Publikum in Bonn die jeweilige Berlin-Rede vorzutragen. Auslassungen und Neudichtungen schichten sich dabei kaum merklich zu einem individuellen Spontankommentar und prägen eine heimlich poetische Dimension aus. Im Funkhaus speichern die Festplatten derweil die Originale aus dem Reichstag.

Am Ende liegen 22 Dat-Kassetten mit Hörspielmaterial vor. Nur der Grundstoff, die Folie der späteren Gesamtmontage. Tagelang gehen Helgard Haug und Daniel Wetzel jetzt in die Abhör-Isolation, wählen Passagen aus, kombinieren sie, suchen nach Sinnfälligem und Abseitigem, nach Exemplarischem und Irritierendem. Das Konzept für die zweite Hörspiel-Ebene, die über die Livemitschnitt-Passagen gezogen werden soll, kann erst jetzt gedanklich reifen. Jetzt, da deutlich wird, welche Dynamik das Theaterprojekt entwickelt hat – durch seine Darsteller.

Schicht 2: Das Ereignis wird reflektiert. Längst ist das Theaterprojekt abgeschlossen, das Publikum in andere Welten verabschiedet, die Halle geräumt. Für das Hörspiel dagegen kann nun die Kommentarebene entwickelt werden. In einem zweiten Aufnahmeschritt laden Haug und Wetzel einige ausgewählte Darsteller des Schattenparlaments noch mal ins WDR-Hörspielstudio ein. Sie sollen sich selbst vorstellen, über ihre Motive und Erfahrungen sprechen, die eigene Aktion kommentieren, sich den Fragen der beiden Realisatoren vor dem Mikrofon stellen. Spielerische Dialoge kommen hinzu, Variationen und Versuche über das Thema der großen Bundestags-Simultanshow: Politiker-Originale werden mit ihrem Double konfrontiert (Norbert Blüm – der wahre – z. B. berät jovial seinen Stellvertreter, den Platzmeister des Bundestags a. D. Karlheinz Schmitt, in Sachen simultaner Simulation); Doubles mit Betrachtungen über die Natur des Übersetzens, über die Funktion des Mediums, über die Gestalt der Demokratie.

Zudem liegen mittlerweile die Kommentare und Medienreflexe auf die Debatte vom 27. Juni in den Senderarchiven vor. Alles in allem noch mal zehn volle Dats. Insgesamt also fast dreißig Stunden Aufnah-

Programmheft zu *Deutschland 2* nach dem Vorbild
Kürschners Volkshandbuch deutscher Bundestag

meband. Materialien zur Abbildung von Prozessen. Chronik der Veränderung. Konservierung des Lebhaften. Hinterfragung dritter Ordnung. Des Projektes, des Ergebnisses, der Ausgangssituation, des posttheatralischen Status. Eine langwierige Arbeit, die Risikobereitschaft erfordert.

Das Hörspiel *Deutschland 2* profitiert von den umfangreichen Vorarbeiten, die für das Theaterprojekt geleistet wurden. Aber es trägt das Experiment noch einen Schritt weiter. Es gibt ihm Metaebenen und Reflexionsschichten, die das Zeug zur Zuspitzung, zur Kondensierung, zur Konzentration eines kritisch-künstlerischen Prozesses haben.

Das Radio ist ein Katalysator. Es zwingt zur Reduzierung auf den Hörsinn und bietet damit paradoxerweise die Möglichkeit, das Sujet inhaltlich und formal vielschichtig aufzubauen und zu erweitern. Keine linearen Abläufe, keine logischen Zwänge, keine Bild-Ton-Schere und keine Authentizitätsfalle.

Das Hörspielformat – meist der runden Sendestunde angepasst – erweist sich oft genug als Bereicherung, nicht als Beschneidung durch Zeitknappheit. Das Stundenkondensat kristallisiert nicht nur die dramaturgischen (und unterhaltsamen) Höhepunkte heraus. Es verdichtet im besten Fall auch die Konsequenz der Überlegungen und Ergebnisse. Die Arbeitsweise von Rimini Protokoll nutzt diese Möglichkeiten konsequent.

Das Radio ist auch ein Hort der Rituale. Natürlich nur im Rahmen dessen, was die markt- und konkurrenzgetriebenen Reformen zulassen. Aber nach wie vor, in Zeiten des wandelbaren Formatradios so wie damals in der gemächlichen Radioklassik, geht die Medienforschung davon aus, dass die Hörer Wert darauf legen, im akustischen Begleitmedium eine Struktursttütze im Alltag zu finden. Vertraute Stimmen, verlässliche Abläufe, auffindbare Einschaltpunkte, wieder erkennbare Sendeformen.

Rimini Protokoll verhandeln über Rituale. In all ihren Arbeiten. Sie gehen von der vermeintlich stabilen Basis der Einzelgewissheiten aus, setzen sie in Relation zueinander – und entwickeln so ein fragiles Gebäude, das der Relativierung gewidmet sein muss. Angesiedelt im Ritual entsteht so ein Formatbruch, der es möglich macht, ohne Bockigkeit auslösenden Kulturschock aus der vergewisserten Ecke zu locken. Sanft geleitet, unmerklich gestützt, aber unablässig gefordert.

Ähnlich wie in *Deutschland 2* nutzen Rimini Protokoll den Basisschatz und den Vorbereitungsvorlauf und -aufwand einer Theaterarbeit für die Mehrwert-Steigerung im Radio beispielsweise bei *Sitzgymnastik Boxenstopp* (nach *Kreuzworträtsel Boxenstopp*), *Alles muss raus* (nach *Markt der Märkte*) oder *Karl Marx: Das Kapital, Erster Band*. Das Ergebnis ist kein schlichtes Nachspielen einer dramatischen Vorlage, sondern die komplexe Neukomposition auf einer dramatischen Denkstruktur. Gegenüber anderen, eindimensionaler angelegten Hörstücken aus der Werkstatt Rimini Protokoll oder ihrer einzelnen Protagonisten müssen diese Arbeiten opulenter, aber auch mitreißender wirken.

Je mehr die Autoren/Regisseure den Experten, den mitwirkenden Theater-, Hörspiel- und Kulturlaien vertrauen, umso überzeugender der Output bei den Aufnahmen, der durch die Regie nachträglich montiert wird. Keine ausgestalteten Rollen für Profis. Keine textliche Vorabfestlegung einer klingenden Möglichkeit. Je weniger das Projekt einer vorgefassten These folgt und sich auf die freie Überprüfung eines Phänomens verlässt, umso präziser wird es im Ergebnis. Je weniger es sich auf die Konventionen der Hörspielverfahren stützt und dagegen offen kommentierend an den Theaterprozessen weiterarbeitet, umso spannender.

Virulent sind die Stücke, akut, und das liegt nicht nur an der Stoffwahl. Es geht hier nicht um reine Innenschau, um Selbstreferenz oder Eigenanalyse. Es geht nicht um Gefühlswelten oder private Mikrokosmen. Nur dann, wenn sie in Kombination mit denen anderer zu einem Sozialmosaik werden, zu einer Textur der Gesellschaft, die für Prozessanalysen von Interesse ist. Das Setting wird zur Petrischale, und die Lebensexperten laufen vorsichtig auf dem unbekannten Nährboden herum, damit ihre Spuren untersucht werden können. Die Regisseure legen Kulturen an für eine Kette von Überprüfungen. Sie knüpfen neue Verbindungen aus der Vielfalt des Vorgefundenen, probieren andere Kombinationen und Konstellationen aus, wagen Übersprünge.

Kunst stumpft ab, wenn sie sich festläuft. Sie gewöhnt sich, wird gewöhnlich. Fürs Hörspiel gilt das auch. Ein kunstverwandtes Genre, das seinem Ursprung nach in festgefügten Redaktionen verwaltet wird, läuft schnell Gefahr, gemütlich und gemächlich zu werden: Die Impulse bleiben draußen. Da ist jeder Arbeitsschritt eingespielt, aber auch erwartbar und erwartet. Der Ton, der Klang, die Sprache – unterliegen den Ansprüchen und Grenzen derjenigen, die die Hoheit über die Kommunikationskanäle haben.

Manchmal muss die Kunst aus ihrem Zusammenhang gelöst werden, von ihrem Rokoko, ihrem Bombast, ihrer Dekadenz befreit werden – damit sie wieder erkennbar wird. Und scharf. Dann müssen die Mittel überprüft, die Schnörkel abgeschlagen und die Verfahren getestet werden. Rimini Protokoll sind so eine Prüfstelle. Sie setzen nicht, sie testen. Ihre Parameter sind dabei Menschenliebe, Neugierde, Offenheit und Mut zu ergebnisoffenen Prozessen. Ihr Mittel ist Posenzertrümmerung mit Haltungshilfe. Der exotische Klang des Normalen, auch in der menschlichen Stimme. Ihre Ergebnisse sind nicht zynisch obwohl kritisch, nicht hektisch obwohl temporeich, nicht voyeuristisch obwohl ehrlich. Sie sind eine adäquate Methode, einen Weltausschnitt akustisch abzubilden in einer Zeit, in der sich jeder minütlich mit dem I-Pod im Ohr sein eigenes Welt-Sampling-Emotions-Theater gestalten, in dem sich ein und dasselbe Außenbild je nach individuellem Soundtrack tausendmal anders anfühlen kann, tausendmal in andere Stimmungen getaucht ist. Nicht mal das trockene Original ist unbestechlich. Und sei es durch den Tinnitus.

Akustisches Drama ohne Schminke. Aussage statt Behauptung. Dem Leben überlassenes Radio, dem Radio überlassenes Leben.

Edgardo Norberto Freytes: Ich heiße Edgardo Freytes und bin 49 Jahre alt. Ich habe acht Jahre als Pförtner gearbeitet: Sechs in einem Mehrfamilienhaus und zwei in einem Studentenhaus.
Ich habe die Anzeige in der *Voz del Interior* gesehen. Das Bewerbungsgespräch für dieses Projekt war seltsam, viel relaxter als Job-Interviews für normale Pförtnerstellen.
Abends im Bett sagte die Dicke ... meine Frau: Weißt du was? In Argentinien gibt es inzwischen so wenig Arbeit, dass Arbeiter bald Museumsstücke sind. Man wird sie hinter Glas ausstellen, damit die Kinder sehen, was früher ein argentinischer Arbeiter war.

Juan Domingo Spicogna: Ich heiße
Juan Domingo Spicogna. Ich war drei Jahre
Pförtner beim Instituto Atletico
Central Cordoba.
Ein Arbeitstag dauert acht Stunden.
Ein Fußballspiel 90 Minuten.
Ein Kinofilm 125.
Torero Portero beginnt ... jetzt.
(Musik. Aufwärmchoreographie
wie für ein Fußballspiel.)

Torero Portero

Menschen auf der Schwelle
Südamerikanische Projekte zwischen Arm und Reich

von Matthias Pees

Von Beginn an verfügte das zunächst vorwiegend auf den deutschsprachigen Raum konzentrierte Alltagsmenschen-Forschungsprojekt Rimini Protokoll auch über eine Art internationales Sub-Label. *Torero Portero*, das erste südamerikanische Projekt Stefan Kaegis, entstand 2001 im argentinischen Córdoba auf Initiative des lokalen Goethe-Instituts mit drei arbeitslosen Portiers, die auf der Straße agierten, während das Publikum ihnen aus einer Art gläserner (Portiers-)Loge zusah. Es gastierte anschließend nicht nur in München, Frankfurt, Berlin und bei Theater der Welt in Köln, sondern ebenso in Bogotá. Vier Jahre später adaptierte Kaegi *Torero Portero* dann in Rio de Janeiro und São Paulo für Brasilien. Dafür stellte er den drei bereits projektbewährten argentinischen Portiers zwei ebenfalls per Kleinanzeige gecastete Brasilianer an die Seite, die das Stück nicht nur um lokale Geschichten und Erfahrungen bereicherten, sondern ihrerseits in den Vorstellungen wiederum eine Art Türsteherfunktion für die Argentinier übernahmen. So entstand eine *Portero*-Hierarchie, wie sie in Brasilien einerseits sofort wiedererkannt wird (in der Rangfolge nämlich zwischen Hausmeistern, Tag-, Nacht- und Freie-Tage-Einspringer-Portiers), und wie sie andererseits das generell eher schwierige Verhältnis zwischen Argentiniern und Brasilianern ironisch spiegelt – letztere tragen den Argentiniern immer noch den hochnäsigen Blick nach, den diese sich in wirtschaftlich besseren Zeiten leisten konnten.

Die Reaktion des brasilianischen Publikums auf *Torero Portero* war frappant. Denn viele Zuschauer kannten die Welt der Pförtner schlichtweg nicht so genau – obwohl diese in Brasilien zum Alltag gehören und Tag und Nacht den Eingang jedes größeren Apartment- oder Geschäftshauses bewachen. Aber die Theater besuchende Mittelklasse beschäftigt sich für gewöhnlich wenig mit der Pförtner-Perspektive und weiß dementsprechend wenig von deren Geschichten, Lebensumständen und Werdegängen. Wie in der Telenovela, wo sie aus realistischen Gründen gelegentlich vorkommen, sind die Pförtner auch im wirklichen Leben Randfiguren und sollen dies um des lieben Hausfriedens willen auch bleiben: Wer mir physisch und psychisch so nahe kommt, so viel mitbekommt von meinen privaten Verhaltensmustern und beruflichen Routinen, von meinen Kommunikationsstrukturen und im Zweifelsfall auch meinen Problemen, auf dessen absolute Diskretion kann ich freilich nur hoffen – und verhalte mich ihm gegenüber ebenso diskret. Ich behandle ihn freundlich, aber distanziert, und gebe ihm möglichst keine Gelegenheit, mir seine Geschichten, Witze oder gar Nöte zu erzählen. Und ich bete, dass er die Alltagsdramen, die er jahrelang über mich und alle meine lieben Nachbarn ansammelt und verwaltet, nicht weitererzählt. Nie niederschreibt. Und vor allem nie aufführt!

Denn das mag manchen tatsächlich überrascht haben: dass da echte Pförtner auftraten. Schon beim Casting in Rio, für die das örtliche Theaterfestival in der Kleinanzeige explizit nach arbeitslosen Pförtnern und nicht nach arbeitslosen Schauspielern gesucht hatte, traten mehrere verzweifelte Vertreter der letztgenannten Berufsgruppe an und schwuren heilige Eide, absolut lebensecht einen arbeitslosen Pförtner darstellen zu können. Dass sie dennoch gar nicht erst am Auswahlprozess teilnehmen durften, blieb ihnen völlig unverständlich: Wo sei unterm Strich denn der Unterschied zwischen einem echten Pförtner und einem perfekt dargestellten?

Nach einer der Aufführungen in São Paulo kam es dann sogar zu einem kleinen Eklat: Eine Reporterin des Fernsehsenders Globo interviewte einen der brasilianischen Pförtner – einen richtig »armen Schlucker« aus einer der ärmsten Favelas von Rio, der in der Woche zuvor, auf dem Weg zur Premierenfeier, schon einmal geweint hatte vor Scham und vor Wut, weil er noch nie zuvor in seinem Leben ein Restaurant betreten hatte und sich deshalb nicht traute, zum gemeinsamen Produktionsessen mitzukommen. Voller Begeisterung für das Gesehene im Allgemeinen und ihn im Besonderen versuchte die Reporterin mitten auf der Avenida Paulista von São Paulo, ihm immer wieder augenzwinkert investigativ das Geheimnis zu entlocken, wie ihm als professionellem Schauspieler bloß eine so großartige Pförtnerdarstellung gelungen sei. So glaubwürdig und echt habe er den Pförtner gespielt, man könne meinen, er sei wirklich Pförtner. Dreimal beteuerte der wirkliche Pförtner, wirklich Pförtner zu sein und mitnichten Schauspieler, was die Reporterin vor der Kamera nur zu noch mehr Augenzwinkern trieb und zu noch härterem Nachbohren. Bis dem Pförtner schließlich der Kragen platzte und er, in seiner Ehre gekränkt, aus dem Bild sprang und anfing zu schreien, er sei kein Schauspieler! Was für eine Unterstellung! Was für eine Scheiße! Weg mit der Kamera!

Juan, einer der argentinischen Pförtner, war nach dem Münchner Gastspiel von *Torero Portero* von einer Runde Theaterwissenschaftler einmal durchaus subtiler interviewt worden. Sie fragten ihn, ob er denn *jetzt* Schauspieler sei. Aber auch das hatte Juan verneint: »Eher eine Art Botschafter. Ich bin hier, um die Situation von uns Pförtnern und vom krisengeschüttelten Argentinien gegenüber dem Publikum zu vertreten.« Zu diesem selbstbewussten Repräsentationsverständnis des *porteros* Juan passt Stefan Kaegis eigener Rückblick auf die insgesamt vier Produktionen unter dem Rimini-Label, die ihn seit 2001 immer wieder nach Südamerika führten. Kaegi ist aus der Schweiz, wo Künste und Künstler ja generell zur Weltbürgerei neigen. Als Austauschschüler war er außerdem ein Jahr lang im südbrasilianischen Blumenau zu Hause gewesen; dort, wo es neben einigen anderen deutschen Altlasten auch ein riesengroßes Zweit-Oktoberfest gibt, mit echten Gamsbärten und Wolpertingerhüten neben lokal gebrautem und importiertem Weißbier. Seit dem Jahr in Blumenau spricht Stefan Kaegi neben Spanisch nicht nur auch fließend brasilianisches Portugiesisch, sondern fühlt sich Brasilien und Argentinien eng verbunden: »In meinen Projekten in Südamerika stehen oft Menschen im Vordergrund, die eine Art Türschwellenfunktion einnehmen zwischen denen, die etwas haben, und denen, die weniger haben: Menschliche Trenner, die bewachen, indem sie wach bleiben. In *Torero Portero* waren es Pförtner, in *Matraca Catraca* [eine halb Fantasierte, halb dokumentarische, per Kopfhörer kommentierte Busrundfahrt durch Salvador im Jahr 2002] waren es brasilianische Busfahrkartenverkäufer, die nur Bezahlende durchs Drehkreuz lassen, und in *¡Sentate! Un Zoostituto* [ein Theater-Zoo-Haustierhalterprojekt 2003 in Buenos Aires, eine Art Biodrama] Zoowächter, Wachhunde und Hundespazierer. Immer wieder waren in diesen Projekten Menschen zugleich Instrumente und Inhaber von Macht. In ihrer Geduld, in ihrem Witz und in ihrer Sprache erzählte sich Südamerika.«

Der brasilianischen Adaptation von *Torero Portero* folgte Anfang 2007 das jüngste Projekt, diesmal von Beginn an für São Paulo konzipiert: *Chácara Paraíso. Mostra de Arte Polícia*. Eine begehbare Installation in der ausgeräumten Chefetage eines ehemaligen Bürohochhauses an der Avenida Paulista mit aktiven und ehemaligen Polizisten, die einzeln und Saal für Saal aus ihrem spezifischen Arbeitsalltag und mitunter auch aus ihrem Privatleben erzählten. Ursprünglich sollte das Projekt eine erste gemeinsame Arbeit aller drei Rimini-Protokollanten in Südamerika werden; die Gesamtmenge an laufenden Rimini-Produktionen im Rest der Welt sowie private Verhinderungsgründe vereitelten diesen Plan jedoch, statt-

Torero Portero

dessen entstand die »Polizei-Kunst-Schau« in Zusammenarbeit von Stefan Kaegi und der argentinischen Autorin und Regisseurin Lola Arias.

Torero Portero war 2005 noch ein vergleichsweise sicherer Hafen gewesen, in den sich brasilianische Produktionsstrukturen einschiffen konnten, weil der Grundablauf seit der Originalproduktion in Córdoba feststand und das Stück bereits auf zahlreichen internationalen Festivals erfolgreich gewesen war. Noch dazu gab es ein Video, und die Thematik galt nicht als brenzlig, sondern wurde von lokalen Veranstaltern als unproblematisch eingeschätzt: Den ewig Ungehörten endlich eine Stimme geben! Die Thematisierung der Militärpolizei hingegen rührt in Brasilien an das nationale Tabu der noch wenig aufgearbeiteten und ungesühnten Staatsverbrechen zur Zeit der Militärdiktatur. Das ist nicht nur historisches Niemandsland, sondern auf Grund struktureller und personeller Kontinuitäten heute noch ein Minenfeld – selbst der in zweiter Amtszeit regierende Präsident Lula, ehemals verfolgter Gewerkschaftsführer und mitsamt vieler Parteigenossen Widerstandskämpfer gegen die Diktatur, rührt das Thema nur mit Samthandschuhen an. Die Archive sind noch immer verschlossen, und das Amnestiegesetz bleibt unangetastet. Dass die Portiers der Apartmenthäuser mitunter zu den schlimmsten Denunzianten in der Zeit der Diktatur zählten, in Argentinien wie in Brasilien, war in *Torero Portero* bereits zur Sprache gekommen.

Nun gibt es wenig institutionalisiertes Theater in Brasilien – und wenn doch, dann zumeist in Form von soziokulturellen Dienstleistungseinrichtungen. Deren Programmgestalter fördern zwar vorwiegend Projekte jenseits von Kommerz und Mainstream. Doch brenzlige Themen werden dennoch meist als eher bedrohend empfunden. *Chácara Paraíso* wurde vom Goethe-Institut gemeinsam mit dem Serviço Social do Comércio (SESC) in São Paulo realisiert, mit Unterstützung der deut-

schen Kulturstiftung des Bundes und des brasilianischen Kulturministeriums. Durch die Fülle und Provenienz der Partner erhielt das Polizei-Projekt zwar von Anfang an starken institutionellen Rückhalt und einen entsprechenden Vertrauensvorschuss; zugleich aber waren gerade die öffentlich und politisch exponierten brasilianischen Partner vor Ort auch besorgt. Kaum jemand konnte sich vorstellen, wie das Projekt einen Konflikt mit der Institution Militärpolizei oder sogar mit einzelnen Polizisten vermeiden könne, ohne dabei andererseits Sympathiepunkte auf der falschen Seite auszuteilen. Denn die brasilianische Polizei, insbesondere die Militärpolizei, hat keinen Rückhalt in der Gesellschaft und wird allgemein verachtet – nicht nur aus historischen und politischen Gründen, sondern auch auf Grund der hohen Korruptionsanfälligkeit und der Gewalttätigkeit vieler Polizisten. Die stammen zumeist aus den untersten sozialen Schichten der Gesellschaft: ein weiterer, unterschwelliger Grund für die vorherrschende Ablehnung.

  Angesichts dieser Lage wurde es notwendig, die organisatorisch und konzeptionell noch gar nicht ganz aufs Gleis gestellte Produktion im Vorhinein schon gegen Bedenken und Befürchtungen zu verteidigen – also vieles ausformulieren zu müssen, was noch gar nicht spruchreif war. Zwar wurde von Anfang an darauf hingewiesen, dass auch dieses Rimini-Projekt mehr auf eine Selbstbefragung des Zuschauers als auf eine Infragestellung von Polizei und Staatsapparat hinauslaufen und dass dabei die Wahrnehmung wichtiger als die Wertung sein würde; dass Verhandlungsgegenstand eher Individuum, Biografie und sozialer Ort sei als

Chácara Paraíso. Mostra de Arte Polícia

Kollektiv, Ideologie und politische Debatte. Dennoch führten diese erzwungenen Vorabrechtfertigungen dazu, dass allgemein eher empirisch ausgewogenere und repräsentativere Beispiele aus dem Polizeialltag erwartet wurden als Lola Arias und Stefan Kaegi sich das vorstellten. Aus dem biografischen Spiel mit Unbekannten schien plötzlich Ernst werden zu müssen angesichts des beschriebenen Drucks, und es schien fraglich angesichts der Kürze der Zeit (zehn Tage Vorproduktion und ein Monat Probenzeit) und der mangelnden Mitarbeit der Behörde, ob die Recherche profund und die Auswahl der Beteiligten befriedigend genug ausfallen würden. Arias und Kaegi besuchten das Ausbildungslager der Militärpolizei, die Chácara Paraíso (»Landsitz Paradies«, wie der titelgebende Ort aufgrund seiner vormaligen agrarischen Funktion heißt), sie filmten Ausbilder und Auszubildende und eine nachgebaute Barackensiedlung, in der die Erstürmung einer Favela oder die Verfolgung von Kleinverbrechern und Drogendealern trainiert werden können. Sie stellten fest, dass die Militärpolizei in São Paulo über 90.000 Angehörige hat und somit eine eigene Gesellschaft innerhalb der Gesellschaft bildet, und sie besuchten Polizeiorchester und Notrufzentrale, das Hundetraining, die Ausbildungsabschlussparade und eine Selbsthilfeorganisation. Mehrfach wurden Goethe-Institut, Künstler und Produktion in der PR-Abteilung des Oberkommandos vorstellig und beschworen die positive Ausstrahlung, die solch ein biografisches Projekt für die Militärpolizei als Ganzes haben könne. Im Gegenzug stellte deren Leitung das polizeieigene Theaterprojekt vor, in dessen Rahmen eine eigens beauftragte freie Gruppe mit Lehrstücken über Gewissensnöte, Selbstmordgedanken und Familienprobleme in Polizistenhaushalten durch die Kasernen tourte.

Chácara Paraíso aber sollte weder didaktisch noch empirisch angelegt werden, ebenso wenig wie andere Rimini-Projekte. Kaegi/Arias waren zwar durchaus daran interessiert, die Mitwirkenden aus einem möglichst großen Pool an Polizisten aus möglichst vielen Bereichen der Polizeiarbeit casten zu können. Und ein Polizeihauptmann der Ausbildungsabteilung, der abends Philosophie studiert und dem Projekt sehr aufgeschlossen gegenüberstand, stellte zunächst auch die Mitarbeit hochrangiger Militärpolizisten sowie des gesamten Ausbildungscorps in Aussicht. Je länger die Zustimmung des Oberkommandos ausblieb, desto zurückhaltender wurde er jedoch; ohnehin galt er angesichts seines akademischen Hobbys unter Kollegen als Außenseiter. Die Situation bei der Militärpolizei erschien trotz der Unterstützung einiger weiterer Mitarbeiter immer verfahrener, unsere offizielle Anfrage schien einfach ausgesessen zu werden. Immer größer wurde die eigene präventive Erklärungsnot, immer bürokratischer und zensorischer erschienen die anderen; und mühselig gestaltete sich die schlussendlich doch per Kleinanzeige in Angriff genommene Suche nach Polizisten, die zur Mitwirkung bereit und von ihren Vorgesetzten gegebenenfalls auch dazu autorisiert waren – mittlerweile gehörten auch Zivil- und Verkehrspolizisten, Ehemalige und Familienangehörige zur engeren Auswahl. All diese Schwierigkeiten ermöglichten aber auch die Transformation des Projekts in seine letztendliche installatorische Form; es schälte sich eben jene »Polizei-Kunst-Schau« heraus, durch die sich das Publikum parcoursartig in kleinen Gruppen wie durch ein belebtes Museum bewegen würde.

Dieser Parcours begann mit der Auffahrt im ehemaligen Direktfahrstuhl in die leergeräumte Chefetage des SESC, begleitet von einem Feuerwehrmann (die Feuerwehrbrigaden sind ebenfalls Teil der Militärpolizei), der nicht nur in Verhaltensweisen bei Notfallsituationen einwies, sondern auch freimütig von seiner Tätigkeit als Journalistenbetreuer und Imagepfleger bei Polizeigroßeinsätzen erzählte. Anschließend blickte das Publikum für fünf Minuten durch Ferngläser auf die Avenida Paulista, per Kopfhörer instruiert von einem Zivilfahnder auf der Suche nach »verdächtigen Elementen«. Im nächsten Raum saß hinter dunklen Scheiben eine anonyme Telefonistin aus der Polizei-Notrufzentrale und telefonierte per Konferenzschaltung mit den Zuschauern: Sie berichtete von den mitunter bizarren Anrufen, die sie entgegennehmen muss, eben-

¡Sentate! Un zoostituto

so wie vom Emotionsstau, den der Beruf bei ihr auslöst. Einen Saal weiter stand ein Polizeimusiker am Kontrabass, der nicht nur die Hymne der Polícia Militar zum Besten gab, sondern auch von der Nachbarschaft des Musikcorps zur berüchtigten *Choque*-Einsatztruppe erzählte, und wie die Tränengas-Manöverübungen mitunter die nebenan probenden Musiker mitten im Satz zum Weinen brächten. Der pensionierte Hundetrainer Amorim mit seiner ebenso pensionierten Polizeischäferhündin Agathe führte Kommandos vor, mit denen Flüchtige ganz ohne Waffeneinsatz gestellt werden können, und berichtete von seinen lebensgefährlichen Einsätzen als verdeckter Ermittler. Danach landeten die Besucher in einer Art Schweigezimmer; hier hatten zwei Kinder eines Polizisten ein kurzes Charakterportrait ihres abwesenden, nicht aussagebereiten Vaters mit Kreide an die Wand geschrieben und spielten nun vor dem Publikum eine Partie Monopoly; sie würfelten dabei für jeden Einzelnen der Besuchergruppe eine Nummer aus, die darüber entschied, in welche weiteren Räume der Zuschauer, nunmehr allein oder zu zweit, vorgelassen wurde.

Hier traf er in intimen Gesprächssituationen auf Polizisten, die ihn mit ihrer spezifischen Situation und Biografie sowie ihrer jeweiligen Berufsperspektive vertraut machten. Da gab es den suspendierten Streifenpolizisten, der sich wegen Mordes vor Gericht verantworten muss und vor seiner dicken Untersuchungsakte sitzt in der Hoffnung, bald wieder Dienst tun zu können. Den Aussteiger, der einem auf dem Gruppenfoto des eigenen Bataillons seine Exkollegen zeigt und Mann für Mann von deren Schicksalen (erschossen, entführt, verkrüppelt, verhaftet) berichtet, bevor er seinen eigenen ernüchterten Abschiedsbrief von der Truppe vorliest. Die Verkehrspolizistin, die aus Abenteuerlust zur Polizei kam und erst erwachte, als sie beinahe einmal einen cholerischen Parksünder erschossen hätte. Die Zivilfahnder, die unter den katastrophalen Zuständen ihrer Polizeistationen leiden und schon ewig von Versetzung träumen. Den Pensionär, der zu Diktaturzeiten einst die Universität von São Paulo bewachte und als Freund der Studenten in Konflikt mit den Räumungskommandos vom Stoßtrupp geriet. In der Wartezeit zwischen den einzelnen Gesprächen konnten Videos betrachtet werden von den Besuchen in Chácara Paraíso und den Paraden zum Abschluss der Polizeiausbildung.

Den letzten Raum betrat die jeweilige Besucherkleingruppe dann wieder gemeinsam: Hier wurde sozusagen die Simulation simuliert, war der Favela-Nachbau aus dem Ausbildungszentrum Chácara Paraíso, wo junge Polizisten den Ernstfall proben, andeutungsweise nachgebaut worden. Man sah zwei Polizisten – Ausbilder und Auszubildendem – dabei zu, wie sie auf Pappkameraden zielten und dabei in Windeseile, bevor es sie selber erwischen könnte, zwischen Guten und Bösen unterscheiden müssen. Als gut (nicht schießen) galten die Bewohner und die Journalisten mit Schreibblöcken, als böse (schießen!) die Männer mit Bärten und Frauen mit Knarren. Der Ausbilder erzählte, wie er selber beinahe sein Leben gelassen hätte bei einem solchen (allerdings echten) Einsatz in der Favela und im Eingang der aufgetretenen Hüttentür nur deshalb überlebte, weil die Waffe des Gegners versagte. Ganz am Ende des Rundgangs, wo der Zuschauer sich entscheiden musste zwischen Fahrstuhl zum Ausgang und Treppe rauf zur Chill-out-Nachbereitungslounge, führte der Auszubildenden-Darsteller aus der doppelten Favelasimulation dann zum Abschied noch ein Produkt seiner realen Polizeiausbildung vor, wo er nämlich einmal als Best Boy bei den Dreharbeiten der PR-Abteilung eingesetzt worden war: ein Werbevideo über Effizienz und Einsatzbereitschaft der Militärpolizei, unterlegt mit Musik von

Queen: »We are the champions, my friend«. Auch die Verbrecher werden darin von Polizisten dargestellt, und bei »No time for losers« legen die Kollegen ihnen die Handschellen an.

Wer also nicht den direkten Weg nach Hause nahm, konnte sich in der Bar auf der Dachterrasse noch mit anderen Besuchern der Polizei-Kunst-Schau austauschen. Dabei wurde vor allem deutlich, wie stark das Projekt ästhetisch auf die Zuschauer wirkte, und dass es solche, die eher aus einem spezifisch inhaltlichen und politischen Interesse an der Polizei und ihrer Rolle in der brasilianischen Gesellschaft gekommen waren, mitunter auch enttäuschte. Das heißt mitnichten, dass es auf der Terrasse an inhaltlicher und engagierter Diskussion über das Projekt, die Rolle und die Wahrnehmung der Polizei und der von ihr zu beschützenden Bevölkerung gefehlt hätte. Generell fiel angesichts des ansonsten üblichen Tabuisierens oder Klischierens des Themas auf, wie auch einmal aus sehr anderen Blickwinkeln und in einem ambivalenteren, differenzierten und dialogbereiten Ton über Polizei geredet wurde. Aber es gab unter den Zuschauern durchaus auch kritische Polizistenkollegen, die feststellten, wie »harmlos« die vorgestellten Geschichten waren im Vergleich zu dem, was sie selber oder andere Kollegen schon erlebt hätten im Polizeialltag. Und vereinzelt meldeten sich solche Besucher zu Wort, die selber Opfer der Diktatur, der willkürlichen Gewalttätigkeit der Militärpolizei oder auch nur ihrer alltäglichen Schikanen geworden waren und verständnislos blieben gegenüber dem Projekt, vielleicht weil Auswahl oder Vorstellung der Mitwirkenden auf sie fatal zufällig oder kritiklos wirkten oder weil sie eine solche Individualisierung und Vermenschlichung des von ihnen in seiner Gesamtheit als menschenverachtend erlebten Militär- und Polizeiapparats schlichtweg ablehnten.

Für die Mehrheit der Besucher, die das Projekt mit großer Zustimmung und sehr differenziert aufnahm, mag die eigene Dislokation im Angesicht des Readymades vielleicht das dominantere Erlebnis gewesen sein als der dokumentarische Einblick in das Innenleben von Polizisten und Polizei. Dieses Zuschauererlebnis verstärkte sich gerade angesichts der Tatsache, dass es sich bei den Readymades um Polizisten und nicht um Pförtner oder Busfahrer handelte. Die Erwartungshaltung war in diesem Fall eine dezidiert andere, alarmierte; die innere Ablehnung oder Grundskepsis war tiefer, und die Überraschung über sich selbst und die eigene Reaktion und Nähe zu dem Gezeigten und Gehörten, zu den Darstellern und ihren Geschichten entsprechend größer. Überraschend war, zur Menschlichkeit genötigt zu werden.

Thomas Kuczynski: Was Sie hier sehen, ist Band 1 von *Das Kapital* in der Blindenschriftausgabe aus der Deutschen Zentralbücherei für Blinde in Leipzig, erschienen in Leipzig 1958. In Punktschrift umfasst dieser Band Eins dreizehn Teil-Bände. Sie basiert auf der so genannten »braunen« oder Volks-Ausgabe von 1957, die im Diez-Verlag Berlin erschienen war und im Grunde nur ein bloßer Nachdruck der so genannten Moskauer Ausgabe war, die das Moskauer Marx-Engels-Lenin-Institut 1932 herausgegeben hat. Diese Ausgabe hat für mich keinen Gebrauchswert. Ich kann sie nicht lesen. Herr Spremberg hat ein Exemplar der Volksausgabe in Normalschrift. *(Sie tauschen Band 2 Blindenschriftausgabe und Volksausgabe)* Es hat für ihn keinen Gebrauchswert, denn er kann es nicht lesen. Wir haben getauscht, eine klassische Win-win-Situation realisiert und befinden uns nun auf Seite 92, Erster Abschnitt *Ware und Geld*, Zweites Kapitel: *Der Austauschprozess*:

Christian Spremberg *(liest aus der Blindenschriftausgabe)*: »Was den Warenbesitzer namentlich von der Ware unterscheidet, ist der Umstand, dass ihr jeder andre Warenkörper nur als Erscheinungsform ihres eignen Werts gilt. Diesen der Ware mangelnden Sinn für das Konkrete des Warenkörpers ergänzt der Warenbesitzer durch seine eignen fünf und mehr Sinne ...«

Karl Marx: Das Kapital, Erster Band

Betroffene, Exemplifizierende und Human Interfaces
Rimini Protokoll zwischen Theater, Performance und Kunst

von Diedrich Diederichsen

Die Unterscheidung von Darstellern und Publikum wird im Theater wie in den performativen bildenden Künsten immer flüssiger. Das betrifft beide Ebenen dieser Unterscheidung: die zwischen denen, die hinschauen und denen, die angeschaut werden ebenso wie die zwischen denen, die eine Rolle spielen und denen, die sie selbst sind. Es gibt jetzt ein Publikum, das zugleich selber den zentralen Schauwert für ein anderes Publikum oder auch sich selbst bildet. Man denke etwa an die Interventionen Thomas Hirschhorns in sogenannten urbanen Problemzonen. Die Bewohner der entsprechenden Viertel von Kassel oder der Pariser *banlieu* bilden das Publikum für Hirschhorns Archive und Kioske, zugleich sind sie die Attraktion für die zugereisten Vertreter der Bildungseliten und auch für die Rezipienten und Sammler der fotografischen Dokumente der Aktionen.

Das partizipierende Publikum ist bei Rirkrit Tiravanijas Koch- und Gastro-Performance ebenso Material wie passives Publikum. In den klassischen Performances wiederum ging es darum, die Logik der Darstellung und Repräsentation zu überwinden, darum auch sich selbst nicht darzustellen, sondern zu *sein*, indem man sich besonders unvorhersehbaren und potenziell erschütternden Versuchsanordnungen aussetzt (Marina Abramović, Chris Burden, Yoko Ono etc.). Mittlerweile sind die Beispiele Legion, wo sich das Publikum, nicht nur in einem einmaligen Übergriff, sondern durch permanentes Einbezogenwerden zu seinem eigenen Gegenstand macht – etwa bei Christoph Schlingensiefs Versionen und Parodien von Reality-TV-Formaten; von TV-Formaten, die sich wiederum ohne weiteres von den Psychokriegen sich selbst darstellender Bohemiens in einigen Filmen von Andy Warhol, Paul Morrissey und anderen herschreiben lassen.

In dieser allgemeinen Auflösung oder Multiplizierung des Performers und seiner Aufgaben treten dann auch andere, nicht aus künstlerischen Kontexten bekannte performative Funktionen aus der Reihe und streben zur künstlerischen Verwertung. Zu nennen wäre da die akademische Performance, der Vortrag, der sich etwa bei Claudia Bosses *Belagerung Bartleby* in künstlerische Inszenierungen integrieren ließ. Oder der Experte, der für einen Wissensbereich zuständige Vertreter, der nicht für sich, sondern für das Wissen selbst zum Interface wird und es vom Fernsehen in die Inszenierungen von Hannah Hurtzig geschafft hat, die in den *One-to-one*-Konstellationen ihres *Schwarzmarkt*-Begegnungen mit Vertretern »nützlichen Wissens und Nichtwissens« organisiert.

In diesem Kontext ist das Grundprinzip von Rimini Protokoll sehr spezifisch. Hier geht es nicht darum, die Identität von Performer und Performten, von Darsteller und Rolle vorderhand als Mittel zum Intensitätsgewinn zu nutzen, wie das klassische Performancekunst wollte. Noch geht es darum, das Prinzip der Repräsentation und seiner Hilfsmittel, Bühne und vierte Wand, anzugreifen und zu unterminieren. Im Gegenteil: Oft werden kleine Verlangsamungen, Rücknahmen, Einklammerungen in den Fluss der Ereignisse installiert, die dafür Sorge tragen, dass die Funktionen und die Spielregeln sich etablieren können und nicht verschwimmen.

Vielmehr scheint es darum zu gehen, der Tendenz zur Verflüssigung aller konstitutiven Funktionsdifferenzierungen darstellender Kunst neue Regeln entgegenzusetzen. Diese neuen Regeln bestehen darin, zum einen bestimmte performative Typen aus der alltäglichen nicht künstlerischen Lebens- und Medienwelt abzuziehen und in den künstlerischen Rahmen der Uneigentlichkeit des Theaters zu stellen (oder anderer Räume, die die Funktion des Theaters sichern). Diese Typen sind zunächst: der Experte, der nicht in eigener Sache, sondern im Namen eines zwar eigenen Wissens spricht, das in seiner Rolle als Experte aber als Objektivum erscheint, dem er sich lediglich als Stimme zur Verfügung stellt (was aber natürlich nie ganz aufgeht und daher potenziell auch komisch ist). Sodann der Betroffene, dem etwas Wirkliches wirklich passiert ist und der daher darüber reden kann, authentifiziert durch ein persönliches Schicksal. Zum dritten der Zeitzeuge oder Zeuge überhaupt, dessen Individualität jenseits seiner Zeugenschaft offiziell nicht interessiert, die aber in Wirklichkeit bei Rimini Protokoll wie auch etwa bei Kluge stets ein Quell inszenatorischer Ideen ist. Und schließlich Vertreter eines thematisch wichtigen Bevölkerungssegments (Jugendliche, Arbeitslose, ehemalige DDR-Bürger etc.), die als Vertreter, ähnlich der Logik des Zeugen, zunächst nicht persönlich interessieren, sondern durch das jeweilige Sujet interessant werden und einer von diesem aufgeworfenen Frage Rede und Antwort stehen sollen, aber dann natürlich auch persönlich interessant werden.

Diese aus den Verfahren der mit performativen Elementen arbeitenden technischen Massenmedien – Rundfunk, Fernsehen – entnommenen Funktionen werden nun über zwei klassische Mittel des künstlerischen Theaters kanalisiert. Zum einen über die Rolle als Verstetigung von Performance, zum anderen über die Aufführung als Variante einer virtuellen Substanz.

Job der Rolle ist es ja auch, der prekären physischen Präsenz des Darstellers und aller ihr innewohnenden Tendenz zu kontingenten Zuständen (Indisponiertheit, Ergriffenheit, Schwäche, Spontaneität etc.) eine Konstante entgegenzusetzen. Während in den massenmedialen Situationen der reale Anlass für den Auftritt diesen Job übernimmt, muss im Kunstkontext ein anderer Grund geschaffen werden, der es einem überhaupt ermöglicht, in einer Funktion zu reden. Dieser Grund ist simpel: Theater spielen.

Die Idee der Aufführung wiederum ist es, die Vorläufigkeit, Unabgeschlossenheit einer Performance in Bezug auf das eigentliche Werk zu betonen, als ein Fall desselben – egal ob man für das eigentliche Werk eine nur virtuelle ideale Aufführung hält, das geschriebene Stück (wie es Nelson Goodman und die konservative Theaterkritik sieht) oder die Inszenierung, die immerhin durch Notizen, Fotos, Inszenierungsbücher etc. etwas weniger virtuell bleibt. Im Gegensatz dazu gibt es eine Aufführung in der klassischen Performancekunst nicht: Da man hier für sich selbst im Moment einsteht, gibt es – zumindest idealiter – keine Möglichkeit des Dementis, der Verbesserung des schlechten Abends.

Beide Mittel aber sind konventionellerweise im Theater Gegenspieler. Die Rolle verstetigt, die Aufführung garantiert Variabilität. Beide Institutionen arbeiten bestimmten Tendenzen entgegen und unterstützen andere und dürfen sich in einer klassischen Idee von Theater nicht verselbstständigen. Bei Rimini Protokoll ziehen sie aber beide an einem Strang: Sie entdramatisieren die Tatsache, dass der Sprecher über sich und für sich spricht. Sie setzen gleich zwei Unterschiede zu dem Für-sich-Sprechen im Alltag oder der Medienwelt. Die Rolle entlastet die Person davon, Abend für Abend eigene Worte zu finden und damit von einer existenziellen Dimension des Sprechens in eigener oder zumindest persönlich zuständiger Sache. Die Aufführung wiederum entlastet den Darsteller von der Endgültigkeit der einen Öffentlichkeit, die eine Fernsehsituation mit sich bringt, wo er – ob live übertragen oder nicht – nur einmal und spezifisch situationsbezogen zu Wort kommt. Es sei denn, er heißt Herfried Münkler.

Rimini Protokoll ziehen also Funktionen des – nichtkünstlerischen – Fernsehens zum Theater hinüber und wollen daher auch eher Gewinne und Verluste beider Formate in Bezug auf die Konstitution von

Wallenstein. Eine dokumentarische Inszenierung

Öffentlichkeit diskutieren, ausagieren und kommentieren, als dass sie sich auf das Performative und die Performance in Bezug auf existenzielle und repräsentationstheoretische Probleme individueller Darstellung beziehen würden. Ihre Personen sind stets ausgeruhte und distanzierte Vertreter ihrer selbst, oft eher Erzähler, Vorleser als Mimen, geschweige denn Performer – zumindest im emphatischen Sinne wie in der klassischen Performancekunst.

Wenn man von der eher unterkomplexen Lektüre absieht, die interpretiert oder unterstellt, dass die Inszenierungen von Rimini Protokoll auf die Theaterhaftigkeit des Fernsehens und der öffentlichen Rede überhaupt hinweisen wollen, wird vor allem diese viel produktivere Position erkennbar. Rimini sind interessiert daran, die Vielfalt nichtkünstlerischer öffentlicher Performances und Performances von Öffentlichkeit aus dem Grund für das Theater zu gewinnen und zurückzugewinnen, weil dieses selber eine Kunst ist, die mehr als andere das Zustandekommen von Öffentlichkeit traditionell zum Gegenstand hat, sich aber in diesem Punkt zu sehr an aktuellen Inhalten öffentlicher Debatten orientiert statt an der Struktur der Öffentlichkeit und deren berühmten Wandel. Ein nicht unwesentlicher Teil gerade dieser Struktur sind die menschlichen Interfaces.

In einer Zeit, in der, gerade, aber nicht nur in der bildenden Kunst, diese menschlichen Interfaces als reine Körper, reines Leben – von Vanessa Beecroft und Santiago Sierra bis zu den Slogans der letzten documenta, zumal bei Arbeiten wie denjenigen von Ai Weiwei und Artur

Zmijewski – fetischisiert werden, kommt Rimini Protokoll das Verdienst zu, den Blick auf die unspektakulären, stetigen und strukturellen Komponenten öffentlicher Vertretung von Funktionen, Inhalten, Wahrheit durch Personen als Betroffene, Täter, Opfer, Zeugen aufmerksam gemacht zu haben und diese Funktionen zugleich anscheinend in die Nähe der existenziellen Performances zu führen – nur um diese Möglichkeit als eine solche vorgeführt und effektiv ausgeschlossen zu haben.

Die für mich offenbleibenden Fragen sind, warum es der Gruppe mal mehr und mal weniger gelingt, ihr Programm zu realisieren, und, warum sie aus der Künstlichkeit und Willkürlichkeit, mit der sie Performance- und Darstellungsverhältnisse regeln, nicht auch andere Modelle ableiten als nur das eine, von dem sie so viele Versionen hergestellt haben.

Warum, um zur ersten Frage zu kommen, war *Wallenstein. Eine dokumentarische Inszenierung* so gut und *Karl Marx: Das Kapital, Erster Band*, gemessen daran, enttäuschend? Abgesehen von Zufälligkeiten, mehr oder weniger charismatischen oder naturbegabten Laien, kann man auch einen Zusammenhang mit dem Grundprinzip erkennen. Erzähler in eigener Sache, Zeuge oder Betroffener, Experte oder Repräsentant kann man nur sein, wenn der Bezugsrahmen im weitesten Sinne eine Erzählung ist, also etwas, das von Personen handelt. Ja, die Konventionalität der Erzählung, ihr Verankertsein in Psychologie, Narrationsroutine, Traditionsbestand und Stereotypen steigert die Chancen der Konfrontation mit der – im Originalkontext nicht unideologischen – Sachlichkeit elektronisch-öffentlicher Performance-Funktionen wie den eben genannten. Die traditionelle dramatische Erzählung, die davon lebt, dass Personen in einer Weise schicksalhaft handeln, deren Handeln sich aber eben nicht restlos aus ihrer Funktion oder einem deterministischen Weltbild ergibt, steht in einem fruchtbaren Gegensatz zu den öffentlichen Performertypen, deren Rede sich aus einer fixen einmal erworbenen Legitimation ableitet. Das Prinzip von Rimini Protokoll lebt ja von dieser Konfrontation zweier Sorten Kriterien dafür, wann etwas der Rede wert ist. Das eine – je nachdem ältere, künstlerische, persönlich-expressive – Kriterium hält den Gang eines Schicksals für erzählenswert, wenn sich das irreduzibel Individuelle mit allgemeinen Grundsätzen trifft, das zweite – nachdem unsere mediale Öffentlichkeit organisiert ist – hält etwas dann für der Rede wert, wenn seine Individuen (Experten, Zeugen, Betroffene) mit ihrer Individualität die Faktizität eines objektiven Geschehens bestätigen und sich dafür einer immer schon fertigen Rhetorik bedienen. Steht also im ersten Fall ein individuelles Geschehen im Mittelpunkt, das durch

Rede und Dialog objektiviert wird, geht es im zweiten um ein Objektivum, das durch Zeugen etc. resubjektiviert wird.

Diese Spannung entsteht nicht, wenn die Betreffenden nur als Exemplifikationen erscheinen wie in *Kapital* oder wenn es, wie in anderen Teilen desselben Abends, gar nicht um das in dem gleichnamigen Buch Gesagte geht, sondern um dessen Entstehungs- und Rezeptionsgeschichte. Denn diese Geschichte ist ein zur Beliebigkeit anstiftendes, sehr weites Feld. Es lässt sich dann nicht mehr diese Konfrontation um zwei Richtungen der Legitimitätsherstellung für das der Rede Werte austragen. *Kapital* steht auf derselben Seite wie die aufs Objektive verweisende Nachricht. Die komische Übersetzung eines Dramenstoffes in ein Faktum oder eine Reihe von Fakten, auf die sich dann die öffentlichen Funktionsträger Zeuge etc. beziehen, fällt aus. Ein Dramenstoff gibt darüber hinaus natürlich engere Vorgaben.

So beantwortet sich aber auch zugleich die zweite Frage. Das in meiner Sicht spezifische Scheitern von *Kapital* und das besondere Gelingen von *Wallenstein* erklärt auch, dass das Rimini-Modell eben nicht in erster Linie einfach – modernistisch gedacht – einen neuen Vorschlag zur Anordnung der Grundelemente von Theater – Publikum, Darsteller, Theaterraum, Stoff etc. – macht, dem in dieser Logik weitergedacht andere Vorschläge folgen müssen, weil die Modelle, die Vorschläge das Zentrum des Werkes selbst wären, wie bei konzeptueller bildender Kunst. Es ist stattdessen vielmehr ein Vorschlag zur spezifischen Erzählweise des Theaters, seinem Umgang mit Stoffen. Statt wie üblich im Umgang mit historischen Stoffen diese auf der inhaltlichen Ebene zu aktualisieren und auf zeitgenössische Themen zu projizieren, wird eine Verbindung zu Strukturen, Medienarchitektur und Interfaces des öffentlichen Lebens hergestellt. Das gilt auch für die Projekte von Rimini Protokoll, deren Stoff sie selbst generiert haben. Das Gegenüber dieser Strategie aber muss erzählerisch-dramatisches Potenzial haben. Rimini Protokoll machen eben keine bildende Kunst.

Theorie im Theater?
Anmerkungen zu einer alten Frage

von Hans-Thies Lehmann

1

Spätestens seit der definitiven Entgrenzung des auf das Drama zentrierten Theaters genießen auf der Bühne Versuche Asylrecht, nicht primär dialogisch organisierte Textstrukturen und fiktive Figurenrede, sondern andere: lyrische, narrative, dokumentarische und eben auch theoretische Diskurse, *theoria*, szenisch zu realisieren. Unmittelbar zu realisieren – denn selbstredend gehört Theorie, Denken, Philosophie so sehr zu dem, was mittelbar sich im Theater artikulieren kann, dass ganze Bibliotheken existieren, die dem Denken gelten, das in Dramen etwa des Sophokles, Shakespeare, Kleist, Büchner oder Ibsen niedergelegt ist. Die Liaison zwischen Theater und Theorie ist freilich komplex.

Denken, Philosophie, Theorie auf der einen, Theater auf der anderen Seite sind im europäischen Diskurs durch eine ebenso turbulente wie insistierende Affinität verbunden und kontrastiert zugleich. Theorie und Theater sind zwei deutlich unterscheidbare, sogar entgegengesetzte und zugleich doch eigentümlich verwandte Erfahrungen oder Praxisformen. Beide hängen, um nur diesen Punkt aufzugreifen, von der Autorität und dem Wert einer Art von Sicht oder »Anschauung« ab: Ideen-Schau und Denk-»Vorstellung« hier, scheinbar unwiderlegliche sinnliche Präsenz, unersetzliche Schau einer durch die Szene bedeuteten »Welt« dort. Der Zwiespalt und die wechselseitige Verstrickung von Theorie und Theater sind alt und vermischen sich zudem mit der Differenz von sinnlicher Theater-Repräsentation und mentalem dramatischen Konstrukt. So wurde das Theater der Tragödie von Aristoteles mit einer für den europäischen Diskurs konstitutiven Geste geringschätzig als bloße *opsis* (sichtbares Theater, Inszenierung) abgewertet. Aristotelisch gedacht, manifestiert jedoch die Konstruktion von Handlungsverläufen der Tragödie mit ihren besonderen Gesetzen (*peripetie* – Umschwung, *anagnorisis* – Wiedererkennung) zugleich eine tiefere Gesetzmäßigkeit und Logik, die dem oberflächlichen Blick verborgen bleibt, einen *logos*. In diesem Sinne ist für Aristoteles das Theater, das doch der gedankenlosen Sinnlichkeit verfallen sein soll, zugleich auch ein Ort und Instrument erster Ordnung des Erkennens und Wissens. Er kann es denn auch »philosophischer« als Geschichtsschreibung nennen, weil es nicht einfach etwas wiedergibt, sondern zeigt, was gemäß dem *logos* von Notwendigkeit oder Wahrscheinlichkeit gesetzmäßig, regelhaft geschieht.

Diese Verknüpfung des Theaters mit Theorie blieb bestehen. Wir denken noch immer das Theater als eine unmittelbar scheinende, jedoch durchdringende Darstellung von Realität, der die Schrift des Philosophen nur mühsam ausbuchstabierend nachhinken könnte. Theater ist demnach nicht Widerpart des Denkens, sondern eine Art Utopie des Denkens: Evidenz des »So ist es«, Einsicht in Lebensverhältnisse und Grundfragen der Existenz, die in ihrer einleuchtenden und bewegenden Kraft dem Diskurs des Denkens mehr oder weniger verschlossen bleibt. Theater ist förmlich, einerseits, zu Szene, Tableau, sinnlicher *mousiké* im antiken Sinn geronnene Theorie. Auf der anderen Seite aber wurde und wird das Theater seit seinen Anfängen in Europa kritisiert, verurteilt, verdammt als eine das Denken und die mentale Fassung verwirrende, nur sinnliche, gedankenlose, auf grundlose Sensation und auf Effekt berechnete Veranstaltung. Seine kunstlose *opsis* diene nur dem Effekt (Aristoteles), sein falsches Spiel mit ernsthaften Angelegenheiten führe den Staatsbürger in die Irre (Solon), die *theatrokratia* (Platon) untergrabe die notwendige gemessene Besinnung und Reflexion, das sinnliche Rollenspiel unterminiere die christliche Moral (Nicole) oder, man denke an Rousseau, die Moral schlechthin. Es existiert eine Geschichte des Theaterhasses, von dem diese Vorwürfe die Leitmotive sind. Von Theater wird verlangt, dass es sich durch einen Gehalt an Theorie legitimiere, mehr sei als bloß sinnlicher Reiz, zugleich aber besteht die ästhetische Wertschätzung auf der deutlichen Differenz zwischen Theorie und Theater. Tritt nämlich in Letzterem das Denken zu unverhüllt hervor, so gilt dies als Kunstfehler, als Schwäche des Dichters, der bilden, nicht reden soll, als allzu lehrhaft geratene Inszenierung.

Theater stellt sich in anderer Beleuchtung auch noch als eine Art notwendiger Ergänzung, als Supplement der Theorie dar: Von alters her ist dem Denken klar gewesen und hat Denken daran gelitten, dass es, rein auf sich gestellt, scheitert. Theorie, die einfach ihrem *logos* folgt, läuft in die Irre, tendiert zu Sophisterei und hohler Rhetorik, die auf gar nichts trifft außer auf ihr eigenes Spiel. Von Anfang an ist Denken, *theoria*, auf eine wie immer auch schwierige Weise unablösbar von einem gewissen An-Schauen, angewiesen auf einen Blick, eine Vorstellung, ein Sinnliches. (Und der Sprung, mit dem Hegel am Beginn der *Phänomenologie des Geistes* dem Bewusstsein »Hören und Sehen vergehen« lässt, das denkend die trügerische und ephemere »sinnliche Gewissheit« aufzuheben hat, lässt den Geschmack und die Spur eines Betrugs zurück. Dem Bewusstsein vergeht zwar diese Gewissheit der Sinne, aber es bezahlte seine Konsequenz mit dem Verlust dessen, was außer ihm selbst für es zu denken wäre.) Theorie versucht, denkend Verhältnisse vor Augen zu stellen, sie realisiert ein Sehen, das doch keines sein soll, ein Un-Sehen, Ein-Sicht, die die trügende sinnliche Sicht überbietet. Kapriziert sie sich indes auf dieses metaphorische Un-Sehen, um den Trug der scheinhaften sinnlichen Gewissheit zu meiden, so gerät sie in den Malstrom leerer Setzungen und Glasperlenspiele. Damit ist eine Aporie bezeichnet, die Kluft, die zwischen Denken und sinnlicher Anschauung, reiner Theorie und unreinem Theater der »Anschauung«, aufgerissen war. Ohne die skeptische Kontrolle durch den *logos* ist Anschauung in permanenter Gefahr des Wahns, des Phantasmas. So ist seitdem dem Denken fortwährend die Quadratur des Kreises aufgegeben, bloße »Anschauung« exkommunizieren zu müssen als Hort des Irrtums und doch fürs Denken selbst eine solche Fähigkeit der geistig anschauenden »Vorstellung« behaupten zu müssen.

2

Der Mainstream des europäischen Denkens folgte Aristoteles darin, Theater als eine Gestalt von Erkenntnis, als *logos,* jedenfalls eine dem *logos* nahe, man kann sagen: para-logische Veranstaltung zu denken. Gleichwohl sollte das Theater sein eigenes autochthones Recht jenseits und neben der *theoria* behaupten. Dies vermag es nicht nur durch die Charakteristik handelnder Figuren und die Bedeutsamkeit dramaturgischer Strukturen im weitesten Sinne, die auf je eigene Weise ein Wissen zu artikulieren vermögen. Wo es um die direkte und unverstellte Präsenz von Denken und Theorie, um die Äußerung von wie auch immer geartetem Wissen zu tun ist, bestand der theaterästhetische Ausweg – um eine lange und komplexe Geschichte hier nur anzudeuten – zumal seit dem 18. Jahrhundert (also in der noch für das heutige Theater maßgeblichen Gründungsepoche) in einer »Naturalisierung« der Theorie. Die Letztere war gehalten, auf der Bühne als gleichsam nur »natürlich« aus der dramatischen Situation geborener Ausfluss zu erscheinen, als Sprachgeste, die nicht das Register des seelischen/gestischen Ausdrucks (unter)brach. Kaum etwas ist bezeichnender für den eben skizzierten zweideutigen Status des Denkens und Wissens auf der Bühne als Lessings Ausführungen darüber, wie der Schauspieler das, was man damals Moral nannte (Sinnsprüche, Reflexionen, verallgemeinernde Lebensregeln) darbieten sollte:

nämlich wie eine ganz und gar natürlich scheinende Eingebung des Moments, als wie von ungefähr aus der Situation entspringenden Ausdruck seines Seelenzustands. Denken und Theorie durften nicht als solche erscheinen, sondern hatten sich im Rahmen der Kunst einer natürlichen »Menschendarstellung« (Konrad Ekhof) ihrerseits als »Natur« zu geben. Wohl durfte Theorie den Spielraum des Theaters betreten – aber unkenntlich.

Bevor wir fortfahren mit der Erörterung, inwiefern und aus welchen Gründen in neueren Theaterformen eine anders geartete Präsenz von Theorie im Theater möglich wurde, sei an diesem Punkt eine kurze Besinnung darauf eingeschaltet, was eigentlich phänomenologisch betrachtet geschieht, wenn statt (wie im üblichen dramatischen Theatertext) Dialoge und Erzählungen Sätze der Theorie zitiert, re-zitiert, dargeboten werden? Was dem theoretischen Satz auf der Bühne zu allererst widerfährt, ist offenbar eine Emphatisierung seines Thesencharakters. Sprechen, ohnedies stets ein Sprech-Akt, wird auf der Bühne sogleich als Handlung ausgezeichnet (*parler c'est agir* hieß es schon in der Theatertheorie des 17. Jahrhunderts) und auch so aufgefasst: als Eingriff, Parteinahme, Beeinflussung eines anderen, kaum als bloß neutrale Behauptung um ihrer selbst willen. Die abstrakte Einseitigkeit einzelner Setzungen tritt, wenn sie Figurenrede wird, in den Vordergrund und wird mithin besonders kenntlich. Im Spiel des Theaters tritt gleichsam an jedem Theorie-Element die Parole hervor. Losgelöst aus dem bedächtig abgeschrittenen Gang begrifflicher Diskursivität, erscheint im szenischen Diskurs jede These als unsichere Hypo-These, die im nächsten Moment vielleicht schon widerlegt sein kann und somit eine fundamentale Verunsicherung erfährt.

Unvermeidbar ist zugleich eine gewisse Trivialisierung. Das Nichttriviale theoretischer Sätze hängt von ihrem Kontext ab, von der Prozessualität des Gedankens. Als herausgelöste Weisheiten sind theoretische Sätze im besten Fall bloße Pointen, meist nichtssagend, arm. Genau diese Ärmlichkeit wird aber im Zusammenhang des Performativen gerade hervorgekehrt. Ohne den Raum einer Diskursivierung ähnelt auch der genaue und tiefe Satz einer bloßen Meinung. Hier jedoch zeigt sich besonders deutlich das höchst komplexe Verhältnis, das im Theater zwischen Sinn und Situation waltet. Kennt doch jeder die gerade gegenteilige Beobachtung, dass auch schlichte Gedanken im Moment der Theateraufführung eine große (und noch nicht zulänglich analysierte) Aufladung und Vertiefung erfahren. Wohl nicht allein aus dem Kontext des Bühnenspiels, sondern aus der Gemeinsamkeit der Rezeption erwächst dieses Hinauswachsen des Gedankens über sich selbst in der Theatersituation. Ein Satz, von vielen gemeinsam gehört und in dem Bewusstsein und Gefühl gehört, dass ihn viele gemeinsam und in diesem Moment hören, wird ein anderer. Diese Metamorphose (sei es des Gedankens, sei es seiner Rezeption) erstattet dem theoretischen Satz gleichsam an Tiefe zurück, was ihm die Performanz des Bühnenspiels entzieht. Sie lässt die bloße Pointe wichtig und brillant wirken.

Eine weitere, mit der ersten eng verknüpfte Transformation des Theoretischen im Kontext szenischer Performanz betrifft seinen agonalen Charakter. Sprache ist zunächst Ausdrucksverhalten und nicht *a priori* von Intentionen gelenkt. Sie geht jedoch von Anfang an fließend über in Aktion als Reaktion, wird Abgrenzung, Überzeugung, Widerlegung, Beeinflussung im weitesten Sinne. Die Theatersituation – und ganz besonders die vom Agonalen durchwirkte dramatische Situation – treibt nun den Instrumentcharakter der Rede hervor, die Funktion der Sprache als Mittel und Waffe. Der Fokus verschiebt sich vom Satz als bloßer Bekräftigung einer Wahrheit, eines Sachverhalts, hin zur Sprache als interessierte Aktion, Schlag gegen den Gegner, Verführung, Solidarisierung, Verteidigungsstrategie. Wenn der Dialog im Prinzip ein Duell ist, so gleicht sich die theoretische Setzung in der Szene dem an. Trat also am Gedanken auf der ersten Ebene seiner theatralen Transformation die Hypo-These und Parole hervor, so auf dieser zweiten Ebene seine Eigenschaft als ein Mittel (und nicht als Selbstzweck), was seinen Anspruch auf Wahrheit minimiert.

Eine dritte Transformation, der die Theorie im theatralen Kontext unterliegt, ist die Rückbindung des Denkens an den Körper. Denken will sich – ebenso notwendig wie letztlich vergeblich – als vom Körper, vom Leiblichen getrennte eigene und eigenständige Wirklichkeit behaupten. Auf der Bühne aber ist die Verlötung der Rede mit dem Körper unübersehbar. Sprache ist hier an leiblichen Ausdruck gefesselt. Sie erscheint als mit dem Leib, seiner Stimme, der im Körper sedimentierten Geschichte, mit Gestikulation und Körperhaltungen durch und durch verstrickt, und so kommt erneut der Anspruch theoretischer Rede auf Wahrheit ins Wanken. Man hat es bei der skizzierten mehrfachen Metamorphose und Sinnverschiebung des Theoretischen, wenn es theatral auftritt, freilich mit einer Problematik zu tun, die zwar nicht ausschließlich, aber doch vorrangig das dramatische Theater betrifft. Im Verbund fiktiv ausgestalteter Bühnenwelt und Narration ist die Präsenz des Denkens schwer zu realisieren, sind erzählte und besprochene Welt schwer zu vereinen. Denken kann hier in der Tat am besten verhüllt, dramatisch verkleidet, indirekt, als Moment und Motiv der Handlung überzeugen. Wenn im Theater (oder in Filmen) fiktive Szenen mit Denkern gezeigt werden, so wird der Versuch einer szenischen Darstellung von deren Denken denn auch nach aller Erfahrung schnell peinlich – Theorie zu ermäßigten Bedingungen. Formtheoretisch sieht es jedoch anders aus bei solchem Theater, das wie das von Rimini Protokoll wissenswerte Realitäten, individuelle Personen, die ein bestimmtes Wissen zu vermitteln haben, Sachverhalte unterschiedlichster Art zur theatralen »Ausstellung« bringt. In der Tradition des Readymades können Rimini Protokoll nicht nur Gegenstände, sondern ebenso auch wirkliche Personen, Sachkenntnisse und also auch Theoretisches legitimerweise ins Theater aufnehmen. Wie man in Analogie zum *objet trouvé* von *acteurs trouvés*, gefundenen Personen, sprechen kann, so können Wissen und Text, Theorie und Wissenschaft in solcher postdramatischen Form ihre theatrale Präsenz behaupten, können als solche ausgestellt werden und brauchen nicht mit dramaturgischer List und Tücke als Moment einer dramatischen Fiktion und Situation gerechtfertigt zu werden. Theater präsentiert hier Untersuchungen im doppelten Sinne: Es werden Personen gefunden – alte Damen aus einem Seniorenheim, Kaufhausdetektive, Teenager, Pförtner, LKW-Fahrer usw. – und es werden Realitäten ihrer Lebenswelt bekannt gemacht, durchleuchtet, im Sinne ihrer gesellschaftlichen Zusammenhänge erhellt, ohne sie freilich in klarer Weise zu deuten. Rimini Protokoll bieten ein Theater der Erinnerung

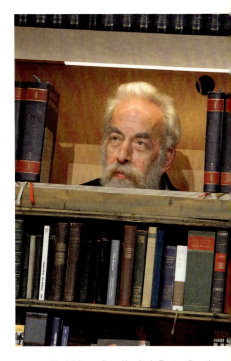

Karl Marx: Das Kapital, Erster Band

an unbekannte Gegenwart, eine Art von empirischer Sozialforschung und eine theatral organisierte Wissens-Anordnung, auch eine Installation mit lebendigen Figuren. Dass die Zuschauer dabei auf ihren Glauben an die Echtheit des Mitgeteilten angewiesen bleiben, verbindet solches Theater nicht nur mit vielen anderen gegenwärtigen Praktiken, die planvoll die Sicherheit der Unterscheidung von Fiktion und Realität aufheben, sondern verweist den Betrachter wiederum auf die Notwendigkeit, alles vorgegebene Wissen kritisch in Frage zu stellen.

Wer meint, all dies entferne sich doch zu weit von dem, was man Theater nennt, den darf man vielleicht daran erinnern, dass es eine Einschränkung neueren Datums darstellt, den Begriff Theater so eng und fast ausschließlich mit dem Präsentieren einer dramatischen Narration zusammenzuführen. In den Zeiten von Renaissance und Humanismus wurde das Wort Theater noch für Schauanordnungen der unterschiedlichsten Art gebraucht. Man sprach nicht nur bei Villen- und Gartenarchitekturen, die Seherfahrungen anboten, indem sie bestimmte räumlich-architektonische Anordnungen präsentierten, von Theater, es gab nicht nur den Begriff *teatro delle scale* für ein Treppen-Szenarium oder den Namen *teatro dell'aqua* für Wasserspiele. Vor allem ist interessant, dass man auch für enzyklopädisch angelegte Bücher den Namen *theatrum* wählte, dass man in den enzyklopädischen Kunstkammern (die allmählich fürstliche Sammlungen kurioser und interessanter Gegenstände des Wissens ergänzten) die einzelnen Abteilungen unter dem Namen *theatrum* zusammenfasste. Bei dem Wort Theater dachte man also durchaus an Objekte des Wissens und der reflektierenden Kontemplation, es indizierte durchaus *theoria* – die Präsentation von Wissensbeständen in geordneter und disziplinierter Weise. Und es scheint, dass diese Bedeutung fast gleichberechtigt mit dem Sinn einer auf der Bühne präsentierten gesprochenen (bzw. in der Oper gesungenen) Narration bestand. Das gegenwärtige Theater von Rimini Protokoll mit seiner Ausstellung alltäglicher, doch gleichwohl den Zuschauern meist gänzlich unbekannter Arbeits- und Lebensbereiche, mit seinem Interesse an der Präsentation signifikanter Lebenspraxis in verschiedenen Bereichen steht in der Tradition eines älteren und viel weiteren Theaterbegriffs. Daher ist es nur logisch, wenn darin souverän die Einbeziehung von informationellem und narrativem Wissen ins Theater praktiziert wird, ja die weitgehende Ersetzung des fiktiven Spiels durch eine solche Ausstellung von Wissen, Erfahrung, Denken realer »Experten des Alltags«.

3

Vor dem Hintergrund dieser Überlegungen stellt sich das auf den ersten Blick vielleicht abseitig oder doch kurios anmutende Unterfangen von Helgard Haug und Daniel Wetzel, einen Abend mit dem Titel *Karl Marx: Das Kapital, Erster Band* zu präsentieren, als ein kreativer und symptomatischer Versuch dar, eine zeitgemäße Form des Umgangs mit einem großen Theoriefeld zu finden. Schon früher waren die Theaterarbeiten von Rimini Protokoll stark informationshaltig, präsentierten und stimulierten Wissen und Erkenntnisprozesse. Sie stehen damit im weiteren Kontext der Entwicklungen des postdramatischen Gegenwartstheaters zu

Beginn des 21. Jahrhunderts, das in vielfältiger Weise Sprachformen hervorbringt, in denen der Theoriediskurs Einzug hält. Philosophie mag auf der Bühne gespielt und deklamiert werden wie es Einar Schleef mit Nietzsches *Ecce Homo* tat; ein Text von Freud stand im Zentrum eines szenischen Projekts von Christof Nel; Wissenschaft und Wissenschaftler und ihre Theorien wurden Gegenstand in Arbeiten etwa von Christoph Marthaler, Jean-François Peyret oder Jean Jourdheuil; in paradoxer Weise verfremdet als Figurenrede erscheint soziologische Theoriesprache bei René Pollesch, der in *Hallo Hotel ...* (2004) sogar ganz direkt Texte von Giorgio Agamben für eine Liebeserklärung zwischen zwei Frauen nutzte.

Nun tritt bei Rimini Protokoll nicht eine philosophisch-literarische Tirade, sondern ein dickleibiger Wälzer, ein Buch zur »Kritik der politischen Ökonomie« als Titelheld auf: *Das Kapital, Erster Band*. Freilich hat es mit diesem ersten Band (nicht *Band eins*, wie es philologisch korrekt eigentlich heißen müsste) eine besondere Bewandtnis: Nur diesen Teil seines Werks hat Marx zu Lebzeiten nach jahrelangen quälenden Verzögerungen und Umwegen, neuen Ansätzen und Korrekturen fertiggestellt. Nach seinem Tod musste man die anderen Bände aus dem Nachlass rekonstruieren. Ein Buch als Titelheld – freilich eines, das, die Bibel und vielleicht den Koran ausgenommen, das Buch mit den gewaltigsten realen, realpolitischen Auswirkungen in der Wirklichkeit gewesen ist, ein Buch, das zahllose Schicksale bestimmt hat. Ein echter Protagonist – tragischer Held und Bösewicht der Geschichte, Groteske, Komödie und Farce, gelehrter Wälzer, polemische Abrechnung mit der kapitalistischen Tauschgesellschaft und Quelle utopischer Mühen und unsäglicher politisch-theoretischer Verirrungen.

Bei der Arbeit von Rimini Protokoll zum *Kapital* ist das Konzept einer Arbeitsform wieder sehr gut aufgegangen, die sich nicht einfach als Theaterproduktion versteht, vielmehr als offenes Konzept, in dem Wirklichkeitsprotokolle unterschiedlicher Art in unterschiedlichen Weisen des Wissens entstehen und zur Darstellung kommen. Den Theatermachern geht es nicht darum, ein mögliches theatrales Optimum aus den Erfahrungen und Wissensbeständen, Erzählungen und Meinungen zu destillieren, sondern die Sache, die all dies umfasst, zur Darstellung kommen zu lassen. Die Aktivitäten der Recherche sind ebenso integraler Bestandteil solcher Theaterarbeit wie die besondere Art der Probenarbeit (es geht darum, mit Nicht-Schauspielern ein Auftreten vor Publikum zu üben, also beinahe mehr die Rolle eines *coach* als die des Regisseurs zu übernehmen). Die eigentliche Theateraufführung steht neben den gleichberechtigten Tätigkeiten der Kontaktaufnahme, der Gespräche und Interviews mit den »Laiendarstellern«, ein Begriff, der hier freilich nicht passt – sind doch die gefundenen Personen nicht als unprofessionelle Verkörperungs-Spezialisten gefragt, sondern als Experten eigenen Rechts. Die Präsenz der aus dem wirklichen Leben herkommenden Spezialisten zwar nicht des Theaters, jedoch eines anderen Alltags, ist der Kern der Arbeit von Rimini Protokoll. Und immer wieder werden für dieses Theater als *theoria*, Recherche, Analyse interessante, ganz eigenartige Persönlichkeiten aufgefunden, von denen man als Zuschauer zufrieden ist, dass sie einem »vorgestellt« wurden, dass man sie sozusagen kennen gelernt hat, wenn man die Aufführung verlässt. (Vorstellungen von Rimini Protokoll haben stets etwas von einer Vorstellung in diesem anderen Sinne des Worts: »Darf ich vorstellen?«)

Natürlich ist es unmöglich, einen solchen Konzentration heischenden Diskurs wie *Das Kapital* von Karl Marx auf das Theater zu bringen. Gleich zu Beginn des Abends wird von einem der Akteure mit augenzwinkerndem Pep erläutert:

> **K**: Band Eins des *Kapitals* umfasst, die Vorworte abgerechnet, 25 Kapitel oder 750 Seiten oder 1 957 200 Zeichen Text (einschließlich Leerzeichen). – In den folgenden hundert Minuten wollen wir diesen Band vorstellen. Wir haben also vier Minuten Zeit pro Kapitel, müssen also 7,5 Seiten pro Minute lesen oder auch 544 Zeichen pro Sekunde. [...] Aber eine Seite *Kapital* wirklich zu lesen, erfordert eine Arbeitsstunde, es zu begreifen, eine weitere Stunde intensiven Nachdenkens. – Bei 750 Seiten sind das 1 500 Stunden reiner Arbeitszeit, also ein normales Arbeitsjahr mit sechs Wochen Urlaub. – 1 500 Stunden – das sind 90 komplette Aufführungen von Wagners *Ring* – und da ziehe ich das *Kapital* vor.
>
> **S** *(liest S. 92 Braune Ausgabe):* In ihrer Verlegenheit denken unsere Warenbesitzer wie Faust. Im Anfang war die Tat. Sie haben daher schon gehandelt, bevor sie gedacht haben.

Man könnte die Frage stellen, ob es nicht denkbar wäre, tatsächlich die Gesten und Argumentationswindungen, die Brüche und dramatischen Wendungen, die es in theoretischen Texten gibt, zu theatralisieren. Ist nicht in vielen Theorien eine Theatralität angelegt, die dem Theater die Chance böte, sie auszuspielen? Rimini Protokoll sind einen anderen Weg gegangen, in ihrer Arbeit wird selbstverständlich nicht der wissenschaftliche Inhalt des Buchs schultheaterhaft theatralisiert, gar mit Mitteln des

Karl Marx: Das Kapital, Erster Band

Theaters illustriert, auch nicht die Form des theoretischen Diskurses selbst auf seine Theatralität befragt. Stattdessen erleben wir die (Selbst)-Vorstellung einer Handvoll Menschen, in deren Leben das *Kapital* auf die ein oder andere Weise eine Rolle gespielt hat, nicht nur als verdaute, sondern auch als politisch erlittene Theorie, von der die meisten von ihnen unfreiwillige Protagonisten waren.

Sie agieren in und vor einer Buchregalwand, die quer über die ziemlich bunte Bühne reicht, mit Leitern, größeren Fächern, kleinen und größeren Schmuckgegenständen (rote Nelken, Marxbüsten zum Beispiel) angefüllt. Es gibt knalliges rotes und blaues Licht, zwei Spielautomaten fallen auf, wie man sie in zahllosen Kneipen findet. Und: Das Regal ist von oben bis unten und von links bis rechts vollgestellt mit Ausgaben von Karl Marx' *Das Kapital* – in allen möglichen Varianten, Farben und Formaten, in Serie und Masse. An einem späteren Moment des Abends werden dann plötzlich, während der Wissenschaftler auf der Bühne mit quälender philologischer Akribie Editionsprobleme des *Kapitals* erörtert, die Regale geräumt, Helfer karren von draußen noch weitere Wägelchen mit weiteren Stapeln von Büchern heran, und an alle Zuschauer wird das Buch *Das Kapital. Band 1* verteilt, der in der 1968er-Generation berühmte Band 23 der Marx-Engels-Werkausgabe (MEW). Man hat es nun auf dem Schoß, liest (mit Hilfe der Seitenangaben des Experten auf der Bühne) einige markante Stellen der Kapital-Theorie mit. Der eine oder andere mag schon den Gedanken hegen, man erhalte es vielleicht geschenkt. Aber natürlich – am Ende muss man es wieder abgeben. Wir leben in einer Tauschgesellschaft, zu verschenken hat auch das Theater das Buch vom Kapital nicht. Keiner jedenfalls, der den Abend besucht hat, wird fürderhin bestreiten können, dass er *Das Kapital* von Karl Marx einmal wenigstens in der Hand gehabt, ja sogar darin gelesen hat…

Nach und nach stellen sich die Protagonisten vor. Da ist Thomas Kuczynski, Jahrgang 1944, Sohn des berühmten Wirtschaftswissenschaftlers Jürgen Kuczynski (von dem viele in der 1968er Zeit die braunen Bände einer umfänglichen Wirtschaftsgeschichte Deutschlands im Regal hatten). Thomas Kuczynski ist ein (wohl von der Last der Bücher und Gedanken) körperlich etwas gebeugter, dennoch höchst jugendlich wirkender Mann. Er hatte nach der Wende sein Institut für Wirtschaftsgeschichte abzuwickeln, lebt seit 1991 im Wechsel von Erwerbslosigkeit und Honorararbeiten. Freundlich, irgendwie unerschüttert durch die Zeitläufe, durch die historischen Niederlagen, Irrtümer, auch Verbrechen, die sich mit dem *Kapital* verbinden, schwenkt er beim Schlussapplaus kämpferisch dieses Buch in der Hand, hält daran buchstäblich fest. Dann ist da der geburtsblinde Christian Spremberg, Jahrgang 1965, mit seinem humorvollen Charme ein wenig der Star des Abends. Ein nach dem Besuch der Blindenschule in verschiedenen Städten und dem Abitur begonnenes Germanistikstudium hat er abgebrochen, war Telefonist beim Arbeitsamt und Radioredakteur, und arbeitet seit 2003 in einem Call Center in Berlin. Er verblüfft die Zuschauer durch seine Fähigkeit, sich in seiner umfänglichen Schellackplattensammlung durch bloßes Betasten der Platten zurechtzufinden. Und er legt nach der Vorstellung als Discjockey auf. Da ist Ulf Mailänder, der in seiner Rolle als Koautor für die Biografie des berühmten Kreditbetrügers Jürgen Harksen zu Wort kommt. Da ist der 1960 geborene Ralph Warnholz, der zwölf Jahre lang dem Glücksspiel verfallen war, sich bis ins Detail mit Spielautomaten auskennt und seit Jahren eine Selbsthilfegruppe für Spieler der Diakonie Düsseldorf leitet. Da ist Jochen Noth, der einst zur kommunistischen Linken der Studentenbewegung gehörte und den es dann nach China verschlug, wo er von 1979 bis 1988 als Redakteur bei Radio Peking und als

Fremdsprachendozent gearbeitet hat. Jetzt ist er China-Konsultant und Geschäftsführer des Asien-Pazifik-Instituts für Management und hat verschiedene Bücher publiziert.

Da sind noch die Übersetzerin Franziska Zwerg und Sascha Warnecke, ein idealistischer Jung-Düsseldorfer, der davon erzählt, dass er vor McDonald's gegen die Ausbeutung durch Kinderarbeit protestiert. Da ist endlich der in Lübeck geborene Lette Talivaldis Margevics, eine stämmige Erscheinung, Filmemacher. Was er in russischer Sprache zu erzählen hat, wird von Franziska Zwerg übersetzt. In einem der stärksten Momente des Abends berichtet er ruhig und sachlich, wie 1944 seine Eltern bei der Annäherung sowjetischer Truppen Riga verlassen hatten (der Vater war »Kapitalist« und hatte von den neuen Herren nichts Gutes zu erwarten). Sie waren nach Lübeck gekommen, wo der kleine Talivaldis geboren wurde. Seine Mutter ließ sich bald danach überreden, in die Sowjetunion zurückzukehren, aber die Bahnreise dorthin wurde zur Hölle. Mutter und Kind werden nach der Grenze in einen Viehwagen verfrachtet, es gibt kaum zu essen, das Kleinkind erkrankt immer schwerer. Da geschieht es, dass bei einem Halt in einer polnischen Bahnstation eine Frau, die die Mutter mit ihrem kleinen Jungen in der geöffneten Waggontür erblickt hat, ihr zuruft »Gib ihn mir!« und insistiert, als die Mutter ablehnt: »Verkauf ihn mir!« Sie bietet Lebensmittel an, immer andere, immer mehr. Sie könne das mehr als fragliche Überleben des Kindes sichern. Doch die Mutter lehnt immer wieder ab, ihr Kind wegzugeben, und bekommt von der Polin schließlich den ganzen Warenkorb geschenkt. Talivaldis Margevics erzählt dann, dass er seiner Mutter eines Tages die Frage gestellt hat, warum sie ihm diese Geschichte erst viele Jahre später erzählt habe. Weil sie, gab sie zur Antwort, damals auf dem Bahnhof wirklich einen Moment überlegt hatte, ihn zu verkaufen. »Somit«, folgert Talivaldis Margevics, »war ich in meinem Leben auch schon einmal eine Ware.« Parallel geschnitten zu seinem Bericht werden am anderen Ende der Bühne Sätze zu Wert, Tauschwert und Wertform aus dem *Kapital* vorgetragen. Im Skript der Performance liest sich das so:

M: Es begann eine furchtbare Reise, sehr lange, oft warteten wir auf Abstellgleisen. Endlich hielt der Zug und endlich wurde die Tür geöffnet.
S *(liest)*: Der erste Blick zeigt das Unzulängliche der einfachen Wertform, dieser Keimform, die erst durch eine Reihe von Metamorphosen zur Preisform heranreift.
M: Meine Mutter hielt mich, stand an der geöffneten Waggontür und suchte

nach Hilfe. Und einer der Männer sprang raus und holte Wasser. Das alles bemerkte eine Frau [...] Gib ihn mir! Meine Mutter sagte sofort »Nein«.

S *(liest)*: Indes geht die einzelne Wertform von selbst in eine vollständigere Form über ...

4

Das Buch der Theorie, die Kritik der politischen Ökonomie, spielt also mit als der neunte Protagonist, Spielobjekt und Spielsubjekt zugleich. Die schon erwähnten Glücksspielautomaten weisen auf die Präsenz eines Spielbewusstseins im Menschen hin, der in Wahrheit Opfer einer mechanisch vorprogrammierten Maschinerie ist. Dieses Selbst-Missverständnis wird zum zentralen, treffenden Gleichnis für die Existenz der Agenten der kapitalistischen Ökonomie an diesem Abend. Dessen Erzählungen bewegen sich auf einer Linie, die beginnt in der noch eher logisch wirkenden Theorie-Sphäre, aber immer weiter hinein- und hinüberführt in den kuriosen und grotesken alltäglichen Wahnsinn der Geldgesellschaft, in die Verrücktheit des Spiels, des Zufalls der Kredit- und Spielregeln, in die Verrücktheit des Betrugs, wo ganze Imperien und Riesenvermögen auf dem Schein, auf Trug und Illusion errichtet werden können. Wo das individuelle Spiel des Zufalls aber in Wahrheit nur der Schaum ist an der Oberfläche der eigentlich bewegenden großen (Geld-)Ströme und Strömungen. Darin aber ist die Tiefenstruktur des unterhaltsamen Abends durchaus theoretisch triftig, auch wenn dies kaum so intendiert worden ist. Was nämlich die wissenschaftliche Marx-Orthodoxie gern versuchte zu vergessen, ist gerade, dass Marx gar nicht die rationale Logik der ökonomischen Verhältnisse des Kapitalismus dartun wollte. Vielmehr ging es ihm darum, wie er immer wieder betont, die Logik des kapitalistischen Warentauschs als eine ganz buchstäblich verrückte und zugleich gespenstische Welt zu analysieren. Man muss nur Sätze über das Prinzip der Wertlehre wie den folgenden lesen, um das zu gewahren: »Wenn ich sage, Rock, Stiefel usw. beziehen sich auf Leinwand als die allgemeine Verkörperung abstrakter menschlicher Arbeit, so springt die Verrücktheit dieses Ausdrucks ins Auge. Aber wenn die Produzenten von Rock, Stiefel usw. diese Waren auf Leinwand – oder auf Gold und Silber, was nichts an der Sache ändert – als allgemeines Äquivalent beziehen, erscheint ihnen die Beziehung ihrer Privatarbeiten zu der gesellschaftlichen Gesamtarbeit genau in dieser verrückten Form.« Die »abstrakte Arbeit« heißt ein »bloßes Gespenst«, die Arbeitsprodukte »gespenstige Gegenständlichkeit, eine bloße Gallerte unterschiedsloser menschlicher

Karl Marx: Das Kapital, Erster Band

Arbeit«. Wenn auch der Abend von Rimini Protokoll nur mit Zitaten auf den Gestus und Duktus der Marx'schen Theorie verweist, so macht es doch seinen besonderen Reiz aus, dass die theatralische (und nicht einfach ökonomietheoretische) Referenz auf Warentausch und Herrschaft des Geldes vor allem die Motive der Absurdität, das Gespenstische und die Verrücktheit hervorkehrt. Denn an diesem Punkt ist tatsächlich der eigentliche (und so vielfach verkannte) theoretische Einsatz der Theorie des Kapitals und damit zugleich ihr ästhetisch-theatrales Potenzial angesiedelt.

Permanent werden an diesem Abend Bilder und Szenen aufgerufen, die dem Ungrund und Abgrund des Tausches nachfragen. Gleich am Anfang gibt es einen schönen Moment, wenn der sehfähige Kuczinsky und der blinde Spremberg jeder ein Exemplar des *Kapital* in den Händen halten – aber Kuczynski eines in Blindenschrift, Spremberg eine Volksausgabe in normaler Schrift. Sie hat für ihn keinen »Gebrauchswert«, erläutert der Wirtschaftswissenschaftler, ebenso wie für ihn selbst das Buch in Blindenschrift. Also: tauschen sie. Das scheint den Warentausch zu illustrieren, demontiert ihn aber gerade. Denn was hier geschieht, ist gerade kein Warentausch, der über die Wertgröße reguliert wird; gezeigt wird vielmehr ein unmittelbar gesellschaftliches Tun, bei dem die Bücher (Arbeitsprodukte) von beiden zwar getauscht, aber eben nicht als Waren behandelt werden. Vielmehr vermitteln sich beide durch ein gemeinsames menschliches Brauchen, sie verhalten sich »unmittelbar gesellschaftlich« zueinander. Zugleich wird aber als Kommentar aus der Wertformanalyse des *Kapitals* zitiert, wo Marx erläutert, dass in der kapitalistischen Gesellschaft »die ökonomischen Charaktermasken der Personen nur die Personifikationen der ökonomischen Verhältnisse sind, als deren Träger sie sich gegenübertreten« und wo es heißt: »Alle Waren sind Nicht-Gebrauchswerte für ihre Besitzer, Gebrauchswerte für ihr Nicht-Besitzer.« Die Szene bringt so die Denunziation der Verkehrsform des Warentauschs und zugleich das Bild eines »anderen« Austauschs zwischen Menschen zur Darstellung.

Die Marx'sche Lehre ist nicht neutrale Theorie der Ökonomie und wollte nicht einfach die bessere Beschreibung der kapitalistischen Gesellschaft sein. Vielmehr liegt der Marx'schen Theorie die Einsicht in eine systematische »Verdrängung« zugrunde. Unter kapitalistischen Bedingungen wird unaufhörlich und systematisch vergessen, dass jede einzelne Arbeit von Menschen immer schon durch und durch gesellschaftlich vermittelt ist, ständig abhängt von den Arbeiten aller anderen. Stattdessen erscheint jedes Subjekt als »in sich reflektiertes Einzelinteresse«, beschäftigt mit einer »Privatarbeit«, die sich – verrückterweise – als gesellschaftliche Arbeit erst nachträglich bewährt: eben durch den Tausch. Obwohl also die Praxis der Menschen gesellschaftlich verfasst ist von Anfang an und durch und durch, realisiert sich unter den Bedingungen des Kapitals diese Gesellschaftlichkeit der Menschen erst dadurch, dass ihre Arbeitsprodukte als Waren getauscht werden. Wir agieren alle im »Schein«, sind in unserem Arbeiten, ergo unserer wesentlichen gesellschaftlichen Lebenstätigkeit, nur nachträglich, verspätet, vermittelt und nicht, wie es der Faktizität menschlicher Arbeit entspräche, »unmittelbar gesellschaftlich«. In der trockenen ökonomischen Analyse dieser »Kritik der politischen Ökonomie« steckt die Anatomie der konkreten Verrücktheit einer Gesellschaftsform, die es ermöglicht, dass alles, auch die Lebenstätigkeit des Menschen, auch sein Körper, auch sein Geist, zu Tauschobjekten werden.

Bedenkt man, dass Marx gerade das Absurde dieser Form des menschlichen Verkehrs darlegen wollte, so wird deutlich, dass der skurrile und mit dem Sinn fürs Absurde ausgestattete Humor des Abends von Rimini Protokoll diesem Impuls seiner Kapitaltheorie auf das genaueste entspricht. Die Aufführung läuft dramaturgisch gesehen immer mehr auf das vollkommen Wahnsinnige der Geldbetrügereien zu, in denen Spiel, Witz, List, Naivität und Kriminalität kaum mehr zu trennen sind. Da kommt einerseits das der Tauschgesellschaft innewohnende Prinzip des Glücksspiels im Extrem vor. Ein ehemals krankhafter Spieler erzählt von seinem Leben, dem Spiel, der Verschuldung, dem Ruin, seiner Arbeit in einer Selbsthilfegruppe für Spielsüchtige. Was die Marx'sche Theorie beschreibt, die Herrschaft des Geldwerts, spiegelt sich, wie schon bei Walter Benjamins Analysen des 19. Jahrhunderts, im Glücksspiel. Und gegen Ende gibt es den ausführlichen, immer unglaublicher werdenden Bericht des bekannten Hamburger Kreditbetrügers Jürgen Harksen, der, ohne etwas gelernt zu haben, als Anlageberater anfängt und mit einem Instinkt dafür, Vertrauen zu schaffen, aus dem Nichts Millionen erschwindelt, mit Schwarzgeld operiert, Kredite mit neuen Krediten abzahlt, eine Halle voller Luxusautos, Villen, Jacht, Privatflugzeug unterhält, um den kreditbringenden Schein zu erzeugen, der ihm tatsächlich die Verfügung über immer größere Kapitalien (auf dem Höhepunkt über 100 Millionen) bringt. Erst nach vielen Jahren gefasst, wird er wegen »einfachen Betrugs« zu knapp 7 Jahren Haft verurteilt. Spieler und Kreditbetrüger erscheinen jedoch gerade nicht als typische Repräsentanten, sondern eher als Dissidenten und Extremisten des Kapitals und der Geldgesellschaft, an denen wiederum das Verrückte der gesellschaftlichen Verhältnisse, in denen sie existieren, tatsächlich »ins Auge springt«. Wo der Tausch radikal wird – ob Glücksspiel oder Kreditbetrug – verwandelt er sich in etwas anderes als ein rationales Kalkül.

Eine Reihe von Zitaten aus dem *Kapital* skandieren den Abend. Doch wird an keiner Stelle durch eine identifikatorische Haltung im Sinne der radikalen Gesellschaftskritik oder umgekehrt durch eine eindeutige Distanzierung von der Marx'schen Theorie dem Zuschauer die Arbeit des Nachdenkens abgenommen. Vielmehr erinnert der Abend nicht zufällig an manchen Stellen an Brecht, an die ganz unvernünftige und zugleich regulierte Lichterwelt von *Mahagonny*, auf das gegen Ende die von den Spielern herumgetragenen Sandwich-Tafeln mit Parolen auch direkt anzuspielen scheinen. Da schließt sich der Kreis, sofern es Brecht war, der (in der Lehrstück-Phase) wohl am weitesten bei dem Versuch gegangen ist, die Sphären von Theater und Theorie einander anzunähern, der selbst in manchen Stücken *(Die heilige Johanna der Schlachthöfe)* den Versuch gemacht hat, die Kapital-Theorie, Geld, Kredit, Tausch, radikale Warenwelt zu theatralisieren, und in dessen Spur man die Arbeit von Rimini Protokoll zwischen Readymade und Dokumentarismus durchaus sehen kann.

Eva Mezger: Es ist jetzt der 29. Januar 1956, kurz vor 20 Uhr. Ein ganz normaler Sonntag ohne Pannen, ohne Extras. Ich bin Programmassistentin beim Testbetrieb des Schweizer Fernsehens und abends bin ich Programm-Ansagerin.
Jetzt ruft der Kameramann »Ruhe im Studio«.

Inspizient: Ruhe, bitte Ruhe!

Eva Mezger: Die Hand vom Kameramann geht runter und ich bin auf Sendung. Wenn wir damals die Uraufführung von *Der Besuch der alten Dame* live übertragen hätten, dann wäre meine Ansage folgendermaßen gewesen:

Eva Mezger *(Video von 1956)*: Liebe Zuschauer, wir wenden uns heute vor allem an jene unter ihnen, die noch selten eine Fernseh-Sendung gesehen haben –

Eva Mezger *(lippensynchron)*: – und begrüßen Sie jetzt zu unserer ersten Direktübertragung aus dem Schauspielhaus Zürich, wo heute die Uraufführung der tragischen Komödie *Der Besuch der alten Dame* von Friedrich Dürrenmatt stattfindet ...

ICH WAR DAS GESICHT DER SCHWEIZ UND DIE GIEHSE WAR GROSS.
(Vorhang auf)

Uraufführung: Der Besuch der alten Dame

Die Kunst des Erinnerns
Fiktion als Verführung zur Realität

von Gerald Siegmund

Das Theater sei, so behauptet Stefan Kaegi in einem Interview mit Nina Peters in *Theater der Zeit* (10/2006), keine Heilanstalt, »sondern ein Museum, in dem die Dinge und Menschen aus einer gewissen hektischen Kausalität herausgehoben erscheinen. Zwecks Kontemplation.« Diese Bestimmung von Theater mutet nicht nur in Bezug auf das Theater von Rimini Protokoll auf den ersten Blick merkwürdig an. Warum sollte ausgerechnet das Theater ein Museum sein, ein Ort der Sammlung im doppelten Wortsinn, ein Ort also, an dem in der Regel leblose Gegenstände aus einer vergangenen Zeit versammelt und ausgestellt werden, damit wir uns beim Akt des Betrachtens sammeln, also in uns gehen können? Obwohl einen der Eindruck, Theater sei museal, bei mancher Inszenierung beschleichen kann, gilt in der Regel genau das Gegenteil. Theater ist ein lebendiger Interaktionszusammenhang zwischen Menschen, der sich im Hier und Jetzt ereignet. Die Theatersituation, die durch die Kopräsenz von Akteuren und Zuschauern hergestellt wird und bei deren Auseinandergehen unwiederbringlich zerfällt, ermöglicht nicht nur die situative Produktion von Bedeutung, sondern auch einen lustvollen Austausch von Reizen und Energie, der anders so nicht möglich wäre.

Im Kontext des Interviews richtet sich Kaegis Äußerung zunächst gegen die Auffassung der Bühne als moralische Bildungsanstalt, die »zur Aufklärung des Publikums« beitrage und dieses zu mündigen Menschen erziehe. Kaegi spricht sich gegen eine Bevormundung der Zuschauer aus. Vielmehr suche er nach »Ich-Erzählern eines Romans, der sonst nur durch die Statistiken der Eurokraten erzählt wird. So, wie ein Journalist oder Dokumentarfilmer auf die Suche nach O-Tönen geht: argentinische Pförtner, Basler Modelleisenbahner, belgische Redenschreiber, Zürcher Kardiologen. Zuhören, protokollieren. Die Arbeit ist der eines Lektors näher als der eines Autors. Die Geschichten sind ja schon alle da. Es gilt, sie einzurahmen, sie auszuwählen und zu fokussieren, so pdass ein Publikum Lust bekommt, sie mit dem eigenen Hermeneutik-Mikroskop zu durchleuchten«. Vor dem Hintergrund solcher Verfahren ist die Arbeit von Rimini Protokoll immer wieder als »dokumentarisches Theater« bezeichnet worden, in dem »Alltagsspezialisten« auftreten, sprechen und ihre eigenen Geschichten erzählen. Damit rücken sie in der Tat in den Kontext eines Museums, in dessen Räumen vermeintlich unkommentiert Dinge für sich selbst sprechen: Darsteller stellen sich in gewisser Weise aus mit dem Ziel, von uns gesehen und gehört zu werden – damit wir uns an sie und ihre Geschichten erinnern.

Eine wichtige Funktion, die Museen als kulturelle Institutionen wahrnehmen, ist die eines Gedächtnisses. Sie bewahren Gemälde und andere Kunstschätze auf, sie archivieren Teile der kulturellen Vergangenheit einer Nation oder eines Kulturkreises, um sie in Ausstellungen der Öffentlichkeit zugänglich zu machen. Spätestens seit der Kritik an dieser statischen Konzeption des Museums als Speicher überzeitlicher, transzendenter Werte durch die flüchtige Performancekunst seit den 1960er Jahren hält auch auf institutioneller Ebene das Einzug, was für den Rezeptionsprozess von Kunst auch im Museum immer schon galt: Er ist an einen lebendigen Akt der Rezeption und an ein geschichtlich und gesellschaftlich bedingtes Subjekt mit einer psychischen Ökonomie gebunden. Inwiefern kann man daran anknüpfend aber Theater als Gedächtnis verstehen, wenn das Theater als architektonischer Ort keinen Keller braucht, in dem seine Aufführungen gelagert werden könnten, weil es diese als Artefakte gar nicht geben kann? Inwiefern ist das Theater von Rimini Protokoll als ein Theater des Gedächtnisses von Kultur im Allgemeinen und von spezifischen Milieus und Lebenszusammenhängen im Besonderen zu verstehen? Wir haben es hier zu tun mit dem Übergang zweier Arten, Gedächtnis und Erinnerung zu denken. Auf der einen Seite steht, wie Aleida Assmann es in *Mnemosyne. Formen und Funktionen der kulturellen Erinnerung* paradigmatisch zusammenfasst, die Metaphorik des Raumes, der die Erinnerung als musealen Speicher denkt, auf der anderen die Metaphorik der Zeit, die Veränderungen und Neues provoziert. »Wo Gedächtnis im Horizont des Raumes konstituiert wird, steht die Persistenz und Kontinuität der Erinnerung im Vordergrund; wo das Gedächtnis im Horizont der Zeit konstituiert wird, stehen Vergessen, Diskontinuität und Verfall im Vordergrund. An die Stelle einer durch technische und materielle Supplemente gesicherten Stabilität tritt die prinzipielle Plötzlichkeit und Unverfügbarkeit der Erinnerung.«

Das stellvertretende Zeigen von Vorgängen, das epische Berichten von Erfahrungen stellt sich damit noch einmal anders dar. Die Spezialisten der Rimini-Produktionen agieren nicht im Sinne einer Verfremdung aus Distanznahme heraus. Sie vertreten ohne den Umweg einer Schauspielausbildung nur sich selbst. Vielmehr lässt sich ihr Sprech/Handeln verstehen als Akt des Erinnerns an Alltägliches, das durch den

Theater- und Bühnenkontext, in dem die Experten agieren, hervorgeholt, erinnert und in einen lebendigen Zusammenhang gestellt wird. Sie ersetzen oder vertreten nicht, sondern sie agieren an einem Ort, der nicht für sie, sondern für Schauspieler vorgesehen war. Gleichzeitig leistet der Rahmen des Theaters aber unweigerlich auch eine Distanznahme. Das Fremdwerden des Vertrauten, so »echt« es auch aussehen, so »echt« es sich auch anhören mag, ist hier eng mit der Möglichkeit der Fiktion verknüpft, die alles, was sie berührt, irrealisiert und in eine Wirklichkeit zweiter Potenz erhebt. Gedächtnis und Erinnern im Theater und im Theater von Rimini Protokoll spielen sich zwischen diesen beiden Polen ab. Das zu erinnernde Faktum ist hier immer schon ein »Gemachtes« (lat. *factum*) und ein immer wieder neu zu Machendes.

Das Festhalten am Theater als einem besonderen Ort mit eigenen Gesetzen macht die spezifische Erinnerungsarbeit von Rimini Protokoll erst möglich. Ihr Gedächtnis bewahrt nur auf, was vergessen zu gehen droht, weil es gesellschaftlich landläufig als unspektakulär, mithin als nicht medienwirksam und damit als nicht erinnerungswürdig gilt. Fußnoten in den »Statistiken der Eurokraten« eben. Deswegen sind die Geschichten aber nicht weniger dramatisch. Vielmehr sind sie selbst von theatralen Prozessen durchwoben, die sie konstituieren. Rimini Protokoll erinnern an Gesellschaft, in dem sie sie zeigen (sie ist selbst schon theatral) und herstellen (sie wird über theatrale Prozesse konstituiert).

So entsteht ein Spannungsfeld, in dem Dinge und Menschen einerseits erscheinen als das, was sie sind, und andererseits aber durch die Rahmungen des Theaters als andere erscheinen müssen, ein Spannungsfeld, das konstitutiv für Theater überhaupt ist. Zwischen Archiv, das sammelt und protokolliert, sowie dramaturgischer Gestaltung, die fokussiert und damit verändert, zwischen Gedächtnis, Erinnerung und Imagination siedeln sich die nachfolgenden Überlegungen an, denen die These zugrunde liegt, dass Gedächtnis und Erinnerung im Theater von Rimini Protokoll nur über den Umweg der Fiktion und des Imaginären aufblitzen können. Wir sehen etwas als das, was es ist, nur im Moment, in dem es das, was es vorgibt zu sein, nicht ist. Gleichzeitig entstehen Effekte der Erinnerung an das Reale aber nur dann, wenn die Fiktionalisierung und die imaginäre Gestalt fehlschlagen oder ausgesetzt werden. Nur dann ergibt sich eine Art Erinnerung an das, was noch aussteht, eine Antizipation von etwas, das es erinnernd noch einzulösen gilt.

Erinnern als performativer Akt

Einer antiken Legende zufolge ist die antike *ars memoria* als spezifische Kunstform aus einer Katastrophe heraus erfunden worden. Das Haus des reichen Skopas war während eines Festmahls eingestürzt und begrub die Familien- und Festgesellschaft unter den Trümmern. Da die Toten derart entstellt waren, konnte sie zunächst niemand mehr identifizieren. Der Dichter Simonides jedoch vermochte den unkenntlichen Leichen ihre Namen zuzuordnen und sie damit ihren Familien zur Bestattung zurückzugeben. Er hatte sich die Sitzordnung der Gäste eingeprägt und konnte sie so an ihren Plätzen identifizieren. Simonides hatte die Vorstellung ihrer Gesichter an bestimmten Orten im Saal deponiert. Im Geiste schritt er sie der Reihe nach ab und rief sich so ihre Namen über ihren zerstörten Körpern wieder ins Gedächtnis. Für Cicero, der diese Gründungslegende der Gedächtniskunst in seinem Buch *Über den Redner* erzählt, ist an der Geschichte lediglich die für die Rhetorik und die Ausbildung der Redner wichtige Pointe interessant, dass nämlich die Mnemotechnik seit Simonides eine Ordnungstechnik des Geistes sei. »Durch diesen Vorfall aufmerksam geworden, soll er damals herausgefunden haben, dass es vor allem die Anordnung der Dinge sei, die zur Erhellung der Erinnerung beitrage.« Daran anknüpfend soll sich der Redner möglichst lebhafte Bilder im Zusammenhang mit den Teilen seiner Rede an bestimmten Orten einprägen, einem Haus etwa, das er in seiner Rede abschreitet, um so die zurechtgelegten Teile und Ausschmückungen wie ein Schauspieler den Text seiner Rolle während des Sprechens zu erinnern.

Aus dieser oft erzählten Gründungslegende der Gedächtniskunst und ihrer Umwidmung durch die Rhetorik lassen sich zwei Schlussfolgerungen ziehen. Die erste berührt die Technik, die Anordnung von Bildern an Orten, die abgeschritten werden. Die zweite ist komplexerer Natur und betrifft in diesem Zusammenhang die Funktion der Bilder und der Namen, die damit verbunden sind. Beiden liegt letztlich die Vorstellung einer Ersetzung und einer Stellvertretung zugrunde. Das Gedächtnis ersetzt den zu erinnernden Gegenstand oder Sachverhalt durch Sprache, Schrift und Bild und überführt ihn dadurch in einen Zeichenzusammenhang, der nicht mehr die Sache selbst, sondern nur mehr stellvertretend an sie erinnert. Das im Gedächtnisbehalten ist unweigerlich verknüpft mit dem Verschwinden der Sache, die abwesend anwesend gehalten wird. Was dadurch in Ciceros Verkürzung der Geschichte abgeschnitten wird, ist der Kontext, in dem der Künstler Simonides die Gedächtniskunst erfand.

Ciceros Betonung der Speicherfunktion reduziert letztlich die Erfahrung der Zerstörung auf den Informationsgehalt von Sprache, die benennt, identifiziert, einen Sinnzusammenhang stiftet und damit eine verbindliche Ordnung (wieder-)herstellt. Aus diesem Zweig der Gedächtniskunst lässt sich unschwer das erkennen, was die Kunst (denn schließlich war der Erfinder der Mnemotechnik ein Dichter) und in unserem Fall das Theater bis zum Aufkommen der Avantgarden immer schon getan hat: Als Zeichenzusammenhang generiert und repräsentiert es Bedeutung und vermittelt so Werte, die innerhalb eines Kulturkreises oder einer Gemeinschaft Gültigkeit besitzen. Holt man allerdings das wieder in Erinnerung, was Cicero ausblendet und vergisst, so rückt nicht das Resultat des Erinnerns, der Sinn, der vermittelt werden soll, ins Zentrum der Betrachtung, sondern der gleichsam rituelle Interaktionszusammenhang, in dem die Gedächtniskunst auftaucht. Wichtig wird der Prozess des Wiederfindens der Erinnerung aus dem Verlust heraus, der Moment der Orientierungslosigkeit durch die verstörende, weil von der Zerstörung bedrohte Körperlichkeit, der zeitliche Prozess des Abgehens der Orte, während dessen das Erinnern sich einstellt. Durch die Wiedereröffnung der Situation steht das Gedächtnis nicht mehr in erster Linie im Zusammenhang mit semiotischen, sondern mit performativen Vorgängen. Die Erinnerung unterliegt also selbst performativen Prozessen. Sie entzündet sich im Hier und Jetzt an bestimmten Materialien, die sie konstellativ im Raum anordnet, um durch ihren Gebrauch Sinn zu generieren. Gleichzeitig markiert das Gedächtnis den Punkt, an dem individueller Verlust sich in kollektives Erinnern einschreibt.

Der französische Soziologe Maurice Halbwachs hat schon in den zwanziger Jahren des 20. Jahrhunderts festgestellt, dass der Mensch zwei Ordnungen des Gedächtnisses angehört: dem kollektiven wie dem individuellen. Dabei bildet, so Halbwachs, das individuelle Gedächtnis einen »Ausblickspunkt« auf das kollektive Gedächtnis einer Gemeinschaft oder einer Gruppe, in dessen Horizont es immer schon steht. Für Halbwachs ist das individuelle Gedächtnis daher streng genommen immer nur im kollektiven und, damit zusammenhängend, im kulturellen Gedächtnis möglich. »Die Folge der Erinnerungen, selbst der allerpersönlichsten«, so schreibt er in *Das kollektive Gedächtnis*, »erklärt sich immer aus den Veränderungen, die in unseren Beziehungen zu den verschiedenen kollektiven Milieus entstehen, das heißt, letztlich aus den Veränderungen jedes einzelnen dieser Milieus und ihrer Gesamtheit.« Das kollektive Gedächtnis, auf das die einzelnen Gedächtnisse verschiedene Blickpunkte werfen, ist nicht unabhängig von Räumen zu denken. Der geteilte Raum einer Stadt

Deadline

oder eines Stadtviertels ist eine der Voraussetzungen für die sozialen Beziehungen, die die Gruppe zu etwas anderem macht als zu einer »Summe nebeneinanderlebender Individuen«. Mit anderen Worten ist es dem Gedächtnis nicht in erster Linie um das Erinnern und die Weitergabe einzelner Informationen oder Daten zu tun. Vielmehr geht es dabei um Verpflichtungen dem anderen und der Allgemeinheit gegenüber, es geht um geteilte Erfahrungen und die Emotionen, die sowohl die Erfahrungen ermöglichen als auch die Gemeinschaften zusammenhalten.

Es ist dieser Vermittlungsprozess zwischen kollektivem und individuellem Gedächtnis, der in den Projekten von Rimini Protokoll auf dem Spiel steht. In diesem Zusammenhang ist es vielleicht kein Zufall, dass sich zahlreiche der Rimini-Protokoll-Produktionen mit existenziellen Krisensituationen wie Alter (*Kreuzworträtsel Boxenstopp*), Tod (*Deadline*), Krieg (*Wallenstein. Eine dokumentarische Inszenierung*) oder Arbeitslosigkeit (*Sabenation. Go home & follow the news*) beschäftigen, die weit mehr beinhalten als eine bloße Reverenz an das aristotelisch grundierte Krisenmodell von Theater mit dramatischen Umschlagpunkten. Es sind grundlegende Themen, die Wertvorstellungen und ethische Haltungen transportieren, die das gesellschaftliche Miteinander bestimmen. Es sind Themen, die unser Verhältnis zum anderen und zur Allgemeinheit betreffen. Wie gehen wir mit Krieg und Tod um? Was haben Arbeitslose und alte Menschen für einen Wert? Welchen Wert messen wir Leben und Arbeit bei? Wie strukturiert Gesellschaft den Umgang mit Krisen- oder Übergangssituationen? Wie verarbeitet der Einzelne innerhalb dieses Rahmens seine Erfahrungen?

Mit Hilfe des Theaterapparates eröffnen Rimini Protokoll wieder Erfahrungsräume, in denen die Brücke zwischen der bloßen abstrakten Zurkenntnisnahme von faktischen Informationen und dem Potenzial an persönlicher Auseinandersetzung mit den Erfahrungen, die in jenem Moment, in dem sie mit mir zusammen in meinem Beisein in der Gemeinschaft der Theaterbesucher erinnert werden, auch zu meinen werden. Die Zeit, die ein so verstandenes Gedächtnis eröffnet, ist eine Zeit, die für die Dauer der Aufführung aus dem linearen Ablauf der Zeit, in dem bloße Daten aneinandergereiht werden, herausgehoben ist. »Erfahrung findet demgegenüber in dieser anderen Zeit statt«, betont Hans-Thies Lehmann in *Postdramatisches Theater*, »wenn Elemente der individuellen Geschichte mit solchen der kollektiven zusammentreffen und eine Jetzt-Zeit des Erinnerns entsteht, die zugleich unwillkürlich aufblitzendes Gedächtnis, und untrennbar davon, Antizipation ist.«

Die Transformation des Individuellen ins Kollektive
Schon die Anlage des Projekts *Call Cutta*, einer Stadtführung per Mobiltelefon, die Rimini Protokoll 2004 zunächst im indischen Kalkutta und anschließend vom 2. April bis zum 26. Juni 2005 in Berlin am Theater Hebbel am Ufer (HAU) durchgeführt haben, basiert auf Erinnerungsarbeit. Die Teilnehmer werden mit einem Handy ausgestattet, das sie mit einem Call-Center-Agenten oder einer -Agentin im indischen Kalkutta verbindet. Die Stimme aus dem fernen Indien führt die Teilnehmer einzeln vom Halleschen Ufer durch Kreuzberg zum Potsdamer Platz. Die Gesprächspartner in Indien kennen jedoch die Route nicht aus erster Hand. Ihnen liegt lediglich ein Szenario vor, das aus Texten, Wegbeschreibungen, Pfeilen, Bildern und ergänzenden historischen Fakten besteht, mit deren Hilfe sie ihre jeweiligen Partner durch das ihnen unbekannte Berlin führen. Sie besetzen damit einen Ort, an dem sich die Vor-

stellungskraft des Einzelnen mit den Erinnerungsspuren der Dokumente überlagert, um während der 60-minütigen Führung Zeit und Raum, Erinnerung und gegenwärtiges Erleben zu einem Erfahrungsraum verschmelzen zu lassen.

Ein zentraler Bestandteil des Stadtrundgangs ist die Geschichte des indischen Freiheitskämpfers Subhas Chandra Bose (1897–1945). Bose, der aus Kalkutta stammt und der, so Kaegi, in seiner Heimatstadt nach wie vor ein Mythos ist, war Mitstreiter von Mahatma Ghandi und Jawaharlal Nehru und zwischen 1938 und 1939 Präsident der Kongresspartei. Im Gegensatz zu Ghandi und Nehru jedoch verfolgte er, um an sein Ziel – Befreiung Indiens von den britischen Kolonialherren – zu kommen, keine pazifistische Strategie des zivilen Ungehorsams. Bose träumte von einer indischen Großmacht und suchte zu diesem Zweck Unterstützung beim Feind seines Feindes: dem nationalsozialistischen Deutschland. Zwischen 1933 und 1937 hielt sich Bose – der sich nach der Lektüre von *Mein Kampf* auch Netaji, »Führer«, nannte – mehrere Male in Deutschland und Österreich auf, bevor er schließlich 1941 über Kabul und Moskau nach Berlin kam. Hitler erlaubte ein Jahr später die Aufstellung einer 3.000 Mann starken Truppe aus Kriegsgefangenen. 1943 reiste Bose an Bord eines Nazi-U-Boots nach Japan, wo er mit dem Geld von emigrierten Indern die Indische Nationalarmee aufbaute und mit Japan gegen Indien ins Feld zog. Nach der Kapitulation Japans 1945 soll er bei einem Flugzeugabsturz auf Taiwan ums Leben gekommen sein. Seine Leiche wurde jedoch nie gefunden.

Ein Inder, der im rassistischen Deutschland mit Hilfe des »Führers« eine Armee gegen Indien aufbaut: Allein das ist schon ein merk- und denkwürdiges Detail aus der Geschichte des Zweiten Weltkrieges, das in die Produktion erinnernd einbezogen wird. Doch diese Form der Globalisierung *avant la lettre*, bei der eine outgesourcte indische Armee auf deutschem Territorium entsteht, eine Situation, die Rimini Protokoll parallelisieren mit der aktuellen Situation von deutschen Firmen, die Teile ihrer Dienstleitungen nach Indien auslagern, soll hier nicht im Vordergrund stehen. Vielmehr ist der Kreuzungspunkt zwischen diesen beiden Ländern und Geschichten von Interesse. Rimini Protokoll nehmen die deutsche Episode aus Netajis Geschichte und projizieren sie dorthin zurück, wo sie einst stattfand: in den Stadtraum Berlin.

Relativ zu Beginn der Stadtführung werden wir in einem Hinterhof auf zwei Feuerwehrkästen aufmerksam gemacht, neben denen ein

Bild angebracht ist. Während wir das Foto betrachten, erklärt uns die Telefonstimme die Geschichte des Fotos: »Das Foto ist genau hier entstanden, wo du stehst, 1942 im Krieg: Der Mann rechts ist mein Opa, Samir Muckerjee. Während der ganzen Zeit in Deutschland konnte er sich nicht mit Kaffee anfreunden. ... Jetzt schau dir den an, der gerade Kaffee trinkt: Merk dir sein Gesicht!« Auf unserem Weg zum Potsdamer Platz werden wir zu fünf weiteren Fotografien geführt, die an weiteren vier Plätzen deponiert sind. Insgesamt sehen wir also sechs Bilder an fünf verschiedenen Orten im Stadtraum Berlins. In einem Park, der »aus Resten vom letzten Weltkrieg« gemacht sein soll, liegt unter dem Deckel eines blauen Mülleimers ein Bild, auf dem Ghandi und Netaji zu sehen sind.

> Den links kennst du? Das ist Gandhi, wir nennen ihn Papuji, Vater der Nation. Aber wer ist der rechts? – Erkennst du ihn?... Das ist der, der auf dem anderen Bild mit meinem Opa Kaffee getrunken hat. Wir nennen ihn Tiger. Seit er in Deutschland war, nannte er sich Netaji, »Führer«. Auf dem Bild sehen sie aus wie Partner. Aber ein paar Jahre später war alles anders. Ghandi wollte Unabhängigkeit von den Engländern ohne Gewalt und ohne Hilfe anderer Länder. Aber Netaji sagte: »Wir brauchen eine indische Armee, wir brauchen Hilfe von außen....« Also kam er hierher, nach Berlin.

Das dritte und das vierte Foto entdecken wir hinter einer Holzabsperrung vor einer Brücke auf dem Weg zu den Resten der Alten Philharmonie. Das eine zeigt Netaji angeblich im Dschungel von Birma, das andere zeigt ihn beim Händedruck mit Hitler. Das fünfte Foto befindet sich auf der Rückseite einer Informationstafel auf dem Gelände der ehemaligen Philharmonie und zeigt den angeblichen Großvater, Samir Muckerjee, der in der Nacht der Bombardierung der Philharmonie am 29. Januar 1944 das Gebäude bewacht haben soll. Kurz vor Ende der Führung werden die Teilnehmer auf der Ebene D des Daimler-Chrysler Parkhauses am Potsdamer Platz auf ein Foto hingewiesen, das Netaji 1943 inmitten der Matrosen des U-Boots auf seiner Reise nach Japan zeigt. Warum es hier hängt, wird in der Erklärung deutlich: »Mein Opa blieb unterdessen in Berlin. Er sendete Befreiungsreden in zehn verschiedenen indischen Sprachen über Radio nach Indien. Zusammen mit anderen ehemaligen Zwangsarbeitern von Daimler-Benz ...«

Das Verfahren, das Rimini Protokoll bei ihrer Stadtführung anwenden, ist vergleichbar mit dem der antiken Gedächtniskunst. Sie deponieren Bilder an Orten, die abgeschritten werden, um im zeitlichen Verlauf aus den Erinnerungen, die in den Bildern gespeichert sind, einen verlorenen, vergessenen Zusammenhang wieder herzustellen. Die Geschichte zwischen Deutschland und Indien, die erinnert wird, ist nicht nur eine des Befreiungskampfes aus kolonialer Unterdrückung auf indischer Seite, sondern auch die der Zerstörung und Vernichtung von Menschenleben auf deutscher Seite. Wir erinnern uns, wie Simonides in der Legende, an die Katastrophe. Doch nicht nur die Fotografien sind hier Träger von Erinnerungen. Durch die Geschichte, die zu ihnen erzählt wird, werden sie in einen bestimmten Horizont gerückt. Die Sprache bildet also eine zweite Ebene der Erinnerung. Als dritte und vielleicht wichtigste Schicht kommt dem Ort selbst eine Bedeutung in der Erinnerungsarbeit zu. Mögen Holzverschläge und Abfalleimerdeckel selbst völlig harmlose Orte sein, so befinden sie sich doch, wie unser Gesprächspartner in Indien nicht müde wird zu betonen, auf einem Terrain, das die Spuren des Zweiten Weltkriegs trägt.

Dies wird an zwei Orten in der Führung besonders deutlich: dem Gelände des ehemaligen Anhalterbahnhofs, von dem aus die Kreuzberger Juden zur zentralen Berliner Deportationsstelle verfrachtet wurden, und dem Gelände der Alten Philharmonie. »Diese grauen Bäume haben traurige Augen, kannst du sie sehn?«, fordert uns die Stimme am Telefon auf. Die »Augen« sind »eigentlich« Nasen an den Stämmen der Birken, die hier auf dem Gelände stehen. »Von hier fuhren die Züge in Richtung Süden«, fährt die Stimme fort, um die Teilnehmer gleich darauf auf dem Gelände zu verorten. »Wenn du zurückschaust, wo du herkamst, und dann weiter nach rechts, kannst du noch Gleis 1 sehen. In der anderen Richtung liegt Gleis 8, ein Zwischengleis nach Auschwitz«, und wenig später: »Du stehst auf Gleis 5. Hier kam Netaji 1941 in Berlin an. Er war über Nacht aus Kalkutta geflohen.« Rimini Protokoll haben sich in der Vorbereitung des Projekts bei der zuständigen Behörde nach dem Gleisverlauf erkundigt, sodass die Positionierung des Teilnehmers den Tatsachen entspricht. Obwohl die Zeit den Ort verändert und in gewisser Weise dem Verfall anheim gestellt hat, wird er von uns mit Hilfe von Zeichen (den Augen auf den Baumstämmen, Bildern und Worten) an einem bestimmten historischen Augenblick wieder ins Gedächtnis gerufen.

Eine wesentliche Rolle bei dieser Überlagerung der Zeitebenen (gestern/heute) spielt das Verfahren der Metaphorisierung. »Die Augen warten immer noch auf einen Zug«, heißt es im Szenario in Bezug auf die Bäume, deren Astnarben durch die Metapher zu Augen, deren Stämme zu menschlichen Körpern werden, zu stummen Zeugen einer vergangenen

Zeit, die merkwürdigerweise in ihrer Erinnerungspose noch anzudauern scheint. »Erinnerung kann wie Dekoration aussehen, oder?«, sagt der Führer anbetracht der Reste der Alten Philharmonie. Doch ich kann die scheinbar wertlosen dekorativ herumliegenden Trümmer wie Walter Benjamins Melancholiker erretten, indem ich sie aufsammle und ihnen eine neue, allegorische Bedeutung zuschreibe. Dann sieht auch das verlassene halbrunde Spielgerüst vor einem tristen Wohnblock plötzlich aus »wie der Helm von Opa« Muckerjee. Durch meinen (gelenkten) Blick werden sie zu etwas anderem, weil er die Vergangenheit plötzlich an diesem konkreten Ort hier und jetzt in der Erinnerung in die Jetztzeit einbrechen lässt und diese suspendieren kann, gerade so, als läge Opas Helm aus dem Krieg immer noch vor mir.

Doch warum warten die Augen der Bäume am Anhalter Bahnhof immer noch auf den Zug, mit dem sie ihrer Gegenwart entfliehen können? Später wird ein vergleichbares Bild geschaffen, das wie die Bäume vom Andauern der Vergangenheit erzählt. Auf dem Weg zum Potsdamer Platz müssen die Teilnehmer eine Straße überqueren. Sie werden zur Vorsicht gemahnt. »Wenn ich diese Bauten da drüben anschaue«, sagt die Stimme am Telefon, »denke ich manchmal: Opas Kampf ist nicht vorbei, er hat sich nur verändert.« Dann beginnt der Agent oder die Agentin in Indien über seinen oder ihren Arbeitsplatz im Infinity Tower zu sprechen und ihn zu beschreiben. Durch die Parallelisierung der Geschichten und Orte in Form von Metaphern, Allegorien und Vergleichen entsteht ein komplexer Chronotopos, in dem die synchronen und diachronen Linien zwischen Berlin und Kalkutta sowie zwischen dem Zweiten Weltkrieg und heute zusammenfallen. Auf diese Weise wird eine Kontinuität zwischen gestern und heute zumindest erahnbar, eine Kontinuität, die nahe legt, dass das Kapital die Kolonialisierung, den Kampf, in den Opa verstrickt war, heute in veränderter Form, nämlich in deterritorialisierter, fortsetzt. Was die Zwangsarbeiter im Zweiten Weltkrieg, auf die wir im Daimler-Chrysler-Parkhaus hingewiesen werden, die Gastarbeiter des Wirtschaftswunders, die Mitarbeiter in Callzentren und die Arbeitslosen, die aufgrund der ausgelagerten Dienstleistungen im »Inland« (ein Wort, das für das globalisierte Kapital völlig unerheblich ist) ihren Job verloren haben, verbindet, ist die gleiche ungebrochene und historisch auch durch den Nationalsozialismus nicht unterbrochene Logik des Kapitals zur Profitmaximierung.

Relativ schnell wird klar, dass in der Geschichte von Netaji, in die wir erinnernd verwickelt werden, nicht alles mit rechten Dingen zugeht. Einfallstor für die Fiktion ist die Figur des Großvaters Samir Muckerjee, der Kämpfer in der »Azad Hind Legion« (Legion Freies Indien) während des Zweiten Weltkriegs in Berlin gewesen sein soll. Da jeder Call-Center-Agent oder jede -Agentin ihn als seinen oder ihren Großvater bezeichnet, wird die Geschichte leicht als »unwahr« erkannt. Und dennoch folgen wir ihr wider besseres Wissen, lassen wir uns führen, obwohl wir wissen, dass die Figur erfunden ist. Die Figur von Samir Muckerjee leistet im Rahmen des Projekts *Call Cutta* zweierlei. Zum einen ist sie Teil einer Strategie der Personalisierung. Dadurch, dass die Call-Center-Agenten eine persönliche Beziehung zu der Figur behaupten, hört das Erzählte auf, bloße Information zu sein. Die Geschichte von Netaji wird mit Erfahrung angereichert, die wiederum das Vertrauensverhältnis zwischen mir und dem Call-Center-Agenten aufbauen und stärken soll. Diese Strategie des vertrauensvollen Hörens steht im Zusammenhang mit weiteren performativen Strategien, die Ereignisse der jüngeren Zeitgeschichte in Erfahrung verwandeln. An drei Stellen im Rundgang müssen die Teilnehmer laut Passwörter sagen, als befänden sie sich inmitten eines Computerspiels und verlangten Zugang zum nächsten Level. In der Nähe des Tempodroms sollen die Teilnehmer an einem kaputten schwarzen Gitterzaun »ICH BIN DABEI« rufen, ein perfider Sprechakt, der uns nicht nur als Akteure im Hier und Jetzt der Stadtführung ausweist. Vielmehr treten wir durch das laute Aussprechen auch in die Geschichte und noch genauer in die Nazi-Armee von Muckerjee ein, von der der Agent gerade berichtet. Wir sind im wahrsten Sinne des Wortes Mitläufer. Wir treten also ein in den Prozess der Erinnerung, der in der Rezeptionssituation immer wieder selbst zum Thema wird. Zwischen der Aufforderung »Merk dir sein Gesicht« im Zusammenhang mit dem ersten Foto und der Frage »Erkennst du ihn?« im Zusammenhang mit dem zweiten Bild müssen wir unser Erinnerungsvermögen aktivieren, müssen überprüfen, was wir uns wie gemerkt oder auch nicht gemerkt haben. Die umständliche Suche nach den Bildern, die Unsicherheit, wo wir hingehen und was wir finden sollen, der ungewisse Ausgang der Geschichte, den wir nicht überblicken können, suggerieren, dass wir »mittendrin« sind, dass wir die Geschichte, die wir hören und in der wir uns gleichzeitig bewegen, selbst entdecken, weil wir sie im Moment selbst erfahren.

Hier tritt nochmals die Gedächtniskunst in den Vordergrund. Denn bei den Bildern, die an Orten deponiert werden sollen, geht es letztlich gar nicht um die Bilder selbst. Vielmehr funktionieren sie wie Eselsbrücken hin zu dem, was sich im Bewusstsein desjenigen, der sich erinnert, einstellt. In *Call Cutta* treten der akustische und der städtische Raum auseinander, um Raum zu schaffen für Transformationsprozesse zwischen Bild, Sprache und dem realen Ort, die das individuelle Gedächtnis des Teilnehmers in Gang setzen. Damit ist auch gesagt, dass durch den performativen Akt der Erinnerung im Hier und Jetzt die Dinge, die ich wahrnehme, verändert hervorgebracht werden. Sie erheben sich über das Faktische und erzählen eine Geschichte.

Die Auffächerung des Kollektiven im Individuellen

Als Führung durch den Stadtraum Berlins kann *Call Cutta* als *Site-specific*-Arbeit bezeichnet werden, als eine Arbeit also, die in dieser Form an den konkreten physischen Ort Berlins gebunden ist. Ein jüngeres Projekt von Rimini Protokoll, *Uraufführung: Der Besuch der alten Dame*, das am 21. Juni 2007 Premiere hatte, nimmt sich des Themas von Erinnern und Gedächtnis im Theaterraum selbst an. Doch auch *Uraufführung* kann als ortspezifische Theaterarbeit bezeichnet werden. Geht es darin doch um die Uraufführung von Friedrich Dürrenmatts Stück *Der Besuch der alten Dame*, die am 29. Januar 1956 auf der Pfauenbühne des Zürcher Schauspielhauses in der Regie von Oskar Wälterlin stattfand. Rimini Protokoll begeben sich mit ihrem Versuch, sich an die Uraufführung des Stücks zu erinnern, an den Ort des damaligen Geschehens selbst, die Pfauenbühne, und versuchen dort in einer Art Milieustudie das Ereignis von 1956 zu rekonstruieren. Im Hinblick auf die Fragestellung nach der Verbindung von individuellem und kollektivem Gedächtnis lässt sich im Vergleich der beiden Produktionen eine Umkehrung der Verhältnisse feststellen. *Call Cutta* findet in unserer als verbürgt akzeptierten Wirklichkeit statt, in der die Fiktionalisierung sowohl des zu rekonstruierenden Geschehens als auch der Teilnehmer selbst zu einer Verbindung von individuellem und kollektivem Gedächtnis führt. *Uraufführung: Der Besuch der alten Dame* findet dagegen am Ort der Fiktion statt, dem Theater mit seiner Als-ob-Wirklichkeit, an dem die verbürgte Wirklichkeit in Gestalt von Zeitzeugen einbricht, die Fiktion suspendiert, um dadurch eine Durchlässigkeit von kollektivem und individuellem Gedächtnis möglich zu machen. Auf der einen Seite verallgemeinert sich das Individuelle im Kollektiven. Auf der anderen Seite bricht sich das Kollektive im Individuellen. In beiden Fällen jedoch spielt die Fiktion, in die wir uns hineinbegeben müssen, eine zentrale Rolle. Sind auch die Übergänge zwischen Lebenswelt und Welt der Fiktion in den beiden Stücken anders gestaltet, verlassen wir sowohl in *Call Cutta* als auch in *Uraufführung* unseren alltäglichen Lebenszusammenhang und betreten einen (imaginären) Theaterraum, in dem Zeit und Raum, Vergangenheit, Gegenwart und Zukunft, Hier und Dort durcheinandergeraten.

Das Eintauchen in die Vergangenheit erfolgt in *Uraufführung* stufenweise. Zu Beginn der Aufführung ist der Bühnenraum durch den Eisernen Vorhang verschlossen, der Zugang zur Vergangenheit bleibt uns buchstäblich durch eine Zensurschranke verwehrt. Den ersten Schritt hinein in das »Damals« macht die ehemalige Direktionssekretärin des Schauspielhauses Zürich, Bibi Gessner, die 1956 die auf den Proben entstandenen Textänderungen Dürrenmatts oft in größter Eile abtippen musste. Sie betritt den schmalen Steg zwischen Rampe und Eisernem Vorhang vom Zuschauerraum aus. Sie begibt sich auf die Schwelle von Wirklichkeit und Fiktion demnach nicht als Schauspielerin, die sie ja von Berufswegen auch gar nicht ist, sondern als Expertin, mithin als andere Zuschauerin, die wie alle anderen auftretenden Zuschauer die Verbindung zwischen Parkett und Bühne, zwischen Gestern und Heute und zwischen den einzelnen Zuschauern als Teil eines gesellschaftlichen Geflechts aufrechterhält. Danach öffnet sich der Eiserne Vorhang, nur um den Blick auf einen weiteren Vorhang freizugeben. Vor einem roten Samtvorhang, dem typischen Theatervorhang, erscheint der Bühnenarbeiter und Marionettenbauer Hans Städeli, der vom Aufbau der Dekoration am Premierentag erzählt. Doch auch das Heben des roten Vorhangs gibt den Blick auf die Bühne nicht frei. Dahinter kommt ein blau-grauer Prospekt zum Vorschein, vor dem Eva Mezger, die erste Fernsehmoderatorin des Schweizer Fernsehens, von ihrem Arbeitsablauf im Fernsehstudio am Abend der Premiere erzählt. Wie sie sich geschminkt und frisiert hat, wie sie vor Lampenfieber immer glaubte, ihren Text vergessen zu haben, wie ihre Füße aus Nervosität kleiner wurden. Hier wird ein zusätzlicher Filter auf das Geschehen eingebaut, der das, was folgt, als eine Fernsehübertragung vom Premierenabend ausgibt, die tatsächlich nie stattgefunden hat. Verschwindet der Schirm des Fernsehstudios, wird die Bühne endlich freigelegt. Doch auf ihr ist zunächst nichts zu sehen. Richard Merz, der Regieassistent Wälterlins bei der Uraufführung, beschwört mit seinem alten Regiebuch in der Hand die Abläufe, Auftritte und Positionen der Darsteller von damals herauf und stößt dabei schon hier auf etliche Unstimmigkeiten. Was ist, wenn die Theaterfotos von der Uraufführung nicht mit seinen Eintragungen im Regiebuch übereinstimmen, wenn Zeitzeugen, Kritiker oder Teilnehmer an der Produktion Widersprüchliches berichten, wenn Lücken im Quellenmaterial keine eindeutigen Rückschlüsse auf Gesten oder gar Tonfälle der Schauspieler zulassen? *Uraufführung: Der Besuch der alten Dame* ist auch angewandte Forschung in Sachen Theatergeschichte, die aus heterogenem Quellenmaterial einen geschichtlichen Hergang zu rekonstruieren versucht, ohne dabei je zu abschließenden Wahrheiten kommen zu können. Stattdessen werden die Materialien gegeneinander ausgespielt und gewinnen durch ihre Verwendung im Hier und Jetzt eine neue Dynamik, die auf die Unabschließbarkeit der Erinnerung und auf deren performativen Konstruktionscharakter hinweist.

Therese Giehse in *Der Besuch der alten Dame*, 1956

Mit dem sukzessiven Heben der Vorhänge eröffnet sich nicht nur die Tiefe des (Bühnen-)Raumes, sondern es lüften sich auch nacheinander die Schleier über der Vergangenheit, ohne dass diese als solche wieder erscheinen könnte. Der letzte Schleier, der die Suggestion eines »Dahinter« aufrecht erhält, darf dabei niemals fallen, weil er die Sache, die erinnert werden soll, stützt, formt und dadurch allererst hervorbringt. Am Ende offenbart sich dieser letzte Schleier als die Bühnenrückwand, in die das Lochmuster einer Stadtansicht eingestanzt ist. Dieses wird in dem Moment sichtbar, in dem von hinten, jenem Raum der unzugänglich bleibt, Licht durch die Löcher geschossen wird, das die Umrisse der leuchtenden Stadt entstehen lässt. Der Bühnenraum wird dadurch zum zwischengeschalteten Ort der Verhandlung zwischen einem unzugänglichen raumzeitlichen »Dahinter« und der gegenwärtigen Situation, die sich, wie noch zu zeigen sein wird, als eine vergangene Zukunft erweist. Raum und Zeit gehen also wie bei *Call Cutta* eine enge Verbindung ein. Die Zeit wird zum Raum, zum Chronotopos einer zunächst leeren Bühne, die sich allmählich mit Erinnerungen anfüllt. Das Theater der Erinnerung, das Rimini Protokoll in *Uraufführung* in Szene setzen, funktioniert wie jener letzte Schleier, der die Sache, das Ereignis der Uraufführung 1956 am gleichen

Ort, nicht zeigt, sondern ent-stellt und wieder-holt, um es in der Ent-Stellung gleichzeitig zu verzeichnen und kenntlich zu machen.

Die Dramaturgie des Abends folgt dem zeitlichen Ablauf des Uraufführungsabends am 29. Januar 1956 auf der Pfauenbühne des Zürcher Schauspielhauses. Thema von *Uraufführung* ist also nicht in erster Linie Dürenmatts Stück, sondern dessen erste Berührung mit der damaligen Öffentlichkeit, seine Einbettung in und Verflechtung mit der damaligen Zeit und der gesellschaftlichen Situation. So beginnt die Inszenierung von Rimini Protokoll nicht mit dem Anfang des Stücks, sondern mit dem ersten Klingelzeichen des Inspizienten, der um 19.30 Uhr alle Beteiligten daran erinnert, dass die Aufführung in einer halben Stunde beginnen wird. Die Zuschauer erleben also im Theaterraum von Rimini Protokoll drei gegeneinander verschobene Zeitebenen gleichzeitig: den Ablauf der Aufführung Rimini Protokoll 2007, die um 20 Uhr beginnt, den Ablauf des Stücks, in dem es selbst um Erinnern, das Einklagen einer Schuld und die Wiederkehr des Verdrängten geht, und den Ablauf der Uraufführung 1956, die weder mit dem Ablauf der fiktiven Ebene des Stücks identisch ist noch mit den zeitlichen Markierungen der gegenwärtigen Aufführung. Während alle drei Schichten in ihrer zeitlichen Linearität aufrechterhalten werden, verwischen sich die Zeitebenen während der Aufführung selbst. Aus der Sukzession von Ereignissen und Abläufen wird die simultane Kopräsenz von unterschiedlichen Zeiten und Erinnerungen.

Uraufführung: Der Besuch der alten Dame

In diesem Zusammenhang lassen sich vier verschiedene Verfahren unterscheiden, mit der Uneinholbarkeit der Vergangenheit in der Jetztzeit der Aufführung umzugehen. Zwei beziehen sich dabei auf das Spiel der Darsteller, zwei auf die Bühnenelemente. Letztere bestehen aus lebensgroßen Schwarzweißfotografien, die auf Karton aufgezogen wurden. Dabei handelt es sich um Jugendbilder einzelner Darstellerinnen und Darsteller (Bibi Gessner, Eva Mezger, Richard Merz), um Szenenfotos von der Uraufführung (Therese Giehse in der Sänfte, der Laden von Alfred Ill)

Uraufführung: Der Besuch der alten Dame

sowie um Fotos einzelner Schauspieler der Uraufführung – vor allem Therese Giehse als Claire Zachanassian und Gustav Knuth als Alfred Ill. Diese Pappkameraden werden nun auf kleinen fahrbaren Wägen wie Spielmarken auf der Bühne hin und her geschoben. Je nach Bedarf und Szene nehmen sie ihren Ort am vermeintlich ursprünglichen Ort des Geschehens wieder ein, um so an die Uraufführung zu erinnern. Dabei ersetzen sie aber und markieren so gleichzeitig im Erinnern den Abstand zum Geschehen. Die Bilder, die an den Orten der Bühne deponiert sind, erfüllen analog zur antiken Gedächtnisrhetorik qua Zeichenhaftigkeit ihre Gedächtnisfunktion der Wiederherstellung. Die traumatische Abwesenheit, in der die Zerstörung, die Unsicherheit und das Nichtwissen stets drohen, soll überführt werden in einen sinnvollen nachvollziehbaren Zusammenhang, der im Zeichen gebannt erinnert andauert.

Radikalisiert wird dieser Versuch, das Abwesende selbst vergessen zu machen, also nur noch in einer bruchlosen Präsenz zu leben, die den Verlust vorgibt nicht zu kennen, zu Beginn der Aufführung. Vor dem Eisernen Vorhang steht das Bild eines Kindes, das auf der Schaukel neben sich das ausgeschnittene Farbfoto eines Mannes, wohl seines Vaters, in Soldatenuniform platziert hat. Wie die Direktionssekretärin verrät, können sich Kinder, deren Eltern für die US-Armee im Irak dienen, solche *flat daddies* oder *flat mommies*, also flache Väter oder Mütter, im Internet bestellen, um sie zu Hause *in effigie* zu ersetzen. Wie in der mittelalterlichen Bildanthropologie geht das Leben des verstorbenen Königs auch hier auf dessen Porträt über, das nun für die Zeitspanne, bis der neue König das Amt übernommen hat, der König *ist*. Hier wie da deckt das Bild die Wahrheit über den potenziellen oder tatsächlichen körperlichen Tod zu. In einer Aufnahme für den Schweizer Rundfunk, die Therese Giehse und Gustav Knuth einen Tag nach der Premiere in einem Basler Studio machten, spricht die Giehse davon, dass sie Ill töten muss, damit sein Bild entstehe und befreit von der Schuld als reines Bild weiterleben könne. Der Monolog ist nicht im veröffentlichten Stück zu finden, sie muss ihn wohl am Sarg Ills am Ende des Stücks gesprochen haben. Folgt die Inszenierung von *Uraufführung* diesem *Flat-daddy*-Prinzip, bei dem die Fotografien für das abwesende Reale einstehen, so macht sie doch durch die Dynamisierung ihres Erinnerungsmaterials stets deutlich, dass die Abwesenheit des Originals eine grundlegende und uneinholbare Erfahrung bleibt.

Nicht nur die Pappfiguren als Akteure einer vergangenen Zeit markieren die Uraufführung. Andere Teile der Dekoration zeigen die Umrisse etwa der Gemeindeversammlung im dritten Akt oder den Balkon von Claire Zachanassians Hotelzimmer im zweiten Akt. In diese Markierungen passen sich nun die Experten der Uraufführung mit ihren Körpern ein. Dialoge werden mit verteilten Rollen gesprochen und so ebenfalls markiert, ohne dabei die Schwierigkeiten zu verschweigen, die es bereitet, Betonungen oder Intonationsmuster von früher zu rekonstruieren. Sie fügen sich ins Bild ein, stellen Fotos nach und wiederholen damit die Vergangenheit, an der sie in der einen oder anderen Form teilhatten, die aber im engeren Sinn der Darstellung der Geschichte nicht identisch ist mit ihrer eigenen Biografie. Vielmehr fungiert die Fiktion hier als Knotenpunkt, von dem aus viele einzelne individuelle Geschichten ausstrahlen und wegführen vom Theater in die damalige Zeitgeschichte. Rimini Protokoll und die Experten betrachten das Stück als kulturelle Deckerinnerung, unter der viele einzelne Erinnerungen verborgen liegen, die es zu bergen gilt. Sie lösen das Stück auf in individuelle Erinnerungen, ohne es dabei als gesellschaftlichen und kulturellen Kristallisationspunkt aus den Augen zu verlieren. Außer dem Nachstellen und Nachspielen der Szenen aus dem Stück bedienen sich die Darsteller des Verfahrens der Abschweifung. Sie nehmen die Inhalte einzelner Szenen zum Anlass, um sie auf sich persönlich zu übertragen. Will Ill etwa, von Vorahnungen seines Todes geplagt, das Dorf Güllen verlassen, berichten Darsteller wie Ursula Gähwiler oder Hansueli Graf, die neben Christine Vetter 1956 Mitglieder des an der Aufführung beteiligten Kinderchores waren, von ihrer eigenen Zeit in Kanada oder New York, wohin sie in den späten 1960er Jahren ausgewandert waren. Zusammen mit Ills Albtraum zu Beginn des dritten Akts, in dem Einspielungen von Nachrichtensendungen etwa vom Ungarnaufstand oder von der Eröffnung der Olympischen Spiele berichten, entsteht das Porträt der Zeit des wirtschaftlichen Aufschwungs nach dem Zweiten Weltkrieg.

Das performative Einüben von Haltungen und Rollen, das erinnernde Hervorbringen einer Zukunft, wird nach der Pause, die wie bei der Uraufführung 1956 zwischen dem zweiten und dritten Akt stattfindet, noch einmal radikalisiert. Plötzlich treten Kinder auf, die die Rollen der Erwachsenen spielen. Der Ausflug der Familie Ill im Auto wird ebenso dargestellt wie die Begegnung von Claire und Alfred im Wald, bei der sie sich an ihre Liebe und den Verrat Alfreds an ihr und ihrem gemeinsamen Kind erinnern. Darstellen meint in diesem Zusammenhang in der Tat spielen, denn die Kinderszenen sind im Gegensatz zu den Szenen vor der Pause die einzigen, bei denen der zu sprechende Text nicht über das Regiebuch vermittelt vorgesagt oder souffliert wird. Die Kinder handeln in diesen Szenen spielerisch von Erfahrungen, die noch außerhalb ihres eigenen Horizonts liegen, weil sie noch zu jung sind. Sie spielen eine/ihre Zukunft, die eine nachgespielte Zukunft ist, weil sie immer schon vergangen ist, die Wiederholung einer alten Geschichte, die ihrerseits immer schon gewesen sein wird. Die Zeit des Futur II wird hier zur Zeit der Theateraufführung selbst und, damit verbunden, zur Zeit der Erinnerungstätigkeit, die performativ wiederherstellt und damit erzeugt, was anwesend und zugleich für immer verloren ist.

Später in der Gasthausszene stehen die Erwachsenen hinter dem Gazevorhang mit den schemenhaften Umrissen der Figuren und schauen den Kindern dabei zu, wie sie darüber diskutieren, ob sie auf das Angebot Claire Zachanassians eingehen sollen, ob sie also Alfred Ill umbringen sol-

Uraufführung: Der Besuch der alten Dame

len, um an die versprochene Milliarde zur Sanierung ihrer maroden Finanzen zu gelangen. Die Erwachsenen schauen ihrer Vergangenheit zu, die zugleich auf das Stück bezogen ihre Zukunft war. Sie schauen sich selbst im Modus des Vergangenen, das doch die Zukunft ist, in der Gegenwart der Aufführung zu. Durch derartige Überlagerungen wird die lineare Zeit des Handlungsverlaufs aufgelöst und in eine andere Zeit, die Zeit der Erinnerung, verwandelt.

Die Fiktion als Verführung zur Realität

In Bernd Ernsts und Stefan Kaegis drei Audiotouren *Verweis Kirchner* (Gießen 2000), *System Kirchner* (Frankfurt 2000) und *Kanal Kirchner* (München 2001) begaben sich die Teilnehmer mit Walkman ausgestattet einzeln durch den Stadtraum auf die Suche nach dem verschwundenen (fiktiven) Bibliothekar Bruno Kirchner. Im Zusammenhang mit diesen Stadtrundgängen ist immer wieder bemerkt worden, dass durch die Überlagerung der Realität mit einem zweiten, über das Hören vermittelten Raum ein Zwischenraum der Unbestimmtheit entsteht, der die Wahrnehmung und den Körper der teilnehmenden Akteure zum Fokus hat. Auch in *Call Cutta* sind unsere Körper Chronotopoi zwischen gestern und heute, hier und dort, Erinnerung und Gegenwart. So werden wir in einem Hinterhof aufgefordert, auf ein Podest zu steigen, den linken Fuß etwas vor zu stellen und mit dem linken ausgestreckten Arm nach links, nach Indien, zu zeigen, um so zur »Skulptur von Netaji« zu werden. Durch diese körperliche Haltung nehmen wir eine Position in der Geschichte ein. Wir nehmen die Pose eines anderen ein, den wir für einen kurzen Moment wie ein Schauspieler verkörpern und darstellen. Ähnliche Haltungen üben auch die anderen Zuschauer in *Uraufführung* ein, die sich damit retrospektiv in Dürrenmatts Geschichte einschreiben.

In diesem Zwischenraum findet jedoch noch etwas anderes statt als die radikale Subjektivierung der Wahrnehmung, die auf sich selbst zurückgeworfen wird. Diesen zweiten Punkt, der mit der Fiktion verbunden ist, gilt es nun stark zu machen. Durch das Nadelöhr der Figur des fiktiven Großvaters in *Call Cutta* und Dürrenmatts Dramentext in *Uraufführung* und der verschiedenen mit ihnen verbundenen Strategien der Verwandlung von Information in Erfahrung, wie sie eben beschrieben wurden, erhalten die Teilnehmer auch Zugang zu einem allgemeinen gesellschaftlichen Moment. Denn der Großvater ist, obwohl er in der Geschichte personalisiert wird, letztlich eine Unmöglichkeit, die nie erschöpfend beschrieben werden kann und dessen vermeintliche Erfahrungen mir nie zugänglich sind. Weil er von jedem Call-Center-Agenten bemüht wird, firmiert er als eine Art Platzhalter oder als Leerstelle, in der sich mein individuelles Gedächtnis, an das ständig appelliert wird, in ein kollektives verwandelt. Auch die anderen Teilnehmer nehmen ihren Platz in der Geschichte ein, die es auf diese Weise so nie gegeben hat. »Samir Muckerjee« und seine Geschichte stellt eine allgemeine Matrix dar, in der ich mit meinen individuellen Erfahrungen nie aufgehen kann. Gerade weil niemand seine Erfahrungen gemacht hat – schließlich gab es sie gar nicht –, wir in sie aber durch die performativen Akte erinnernd verstrickt sind, die wir an historischer Stätte im Berliner Stadtraum wiederholend erinnern, eröffnet sich ein Raum der Allgemeinheit, in dem sich mein individuelles Gedächtnis mit dem kollektiven berührt. Genau diese Möglichkeit der Unmöglichkeit, die letztlich die Fiktion charakterisiert, schließt mir Erfahrungsräume und Gedächtnisorte auf, in denen ich mich mit der Vergangenheit als erinnerter auseinandersetzen muss.

Wolfgang Iser beschreibt in *Das Fiktive und das Imaginäre* das Verhältnis von Fiktion und Imaginärem als eines der Bearbeitung. So geht er von einem diffusen, amorphen Imaginären aus, das alles sein und jede Form annehmen kann. Durch Akte des Fingierens, die mit den beiden strukturalistischen Grundoperationen der Selektion von Realitätselementen und deren anschließender Kombination zu einem neuen Syntagma, dem Kunstwerk, identisch sind, erhält das Imaginäre eine konkrete Gestalt. Durch die Akte des Fingierens erhält es in Form des Kunstwerks alternativen Wirklichkeitsstatus. Ziel der Fiktion ist es demnach, dass der Mensch sich gerade aufgrund der Unverfügbarkeit bestimmter Erfahrungen als Möglichkeit erfahren und sich als anderen metaphorisieren kann. Für Iser sind das die beiden existenziellen Erfahrungen der Geburt und des Todes, die nicht gelebt werden können und die deshalb Akte des Fingierens in Gang setzen, um das Unverfügbare zu assimilieren. Fiktion setzt damit der Einbildungskraft Grenzen und macht sie dadurch erst als bestimmte erfahrbar. Die Fiktion als Geburtshelfer und Gestalter des Imaginären – vor dem Hintergrund meiner Ausführungen kann und muss man Fiktion aber noch anders denken, nämlich als Geburtshelfer der sogenannten Realität selbst. Elemente aus der Wirklichkeit werden nicht mehr allein durch die Dekontextualisierung, die sie im Rahmen des Kunstwerks erfahren, in die Schwebe gebracht, um neu und anders zu erscheinen. Die Fiktion hat auch die Funktion, die Realität selbst (und nicht das Imaginäre) zu etablieren, indem sie einen Bruch, eine Distanz zu ihr aufrechterhält. Die Akte des Fingierens erzeugen ein Gebilde, das als Reizschutz funktioniert, weil es Affekte regelt und dosiert, um sie in ein Allgemeines zu überführen, in das wir unsere individuellen Erfahrungen qua Metaphorisierung integrieren können. Die Akte des Fingierens bearbeiten die Realität, um ihrer Struktur selbst einen notwendigen fiktiven Status zuzuweisen, den wir wie die Führung durch einen Call-Center-Agenten aus Kalkutta akzeptieren, weil er uns überhaupt erst über die Distanz zur Welt, die er gemeinsam mit uns herstellt, einen individuellen Zugang zu ihr ermöglicht. Die Unterbrechung etabliert die Realität, weil sie sie allererst durch den Bruch zu einer (subjektiv) erfahrbaren macht.

Rimini Protokoll radikalisieren die Vorstellung von der Ins-Werk-Setzung des Imaginären, indem sie den Supplementcharakter des Imaginären für die Herstellung der Realität in Szene setzen. Trotzdem sie mit fiktiven Elementen spielen, präsentieren sie keine abgeschlossene imaginäre Gestalt, die die Welt als mögliche, andere repräsentiert. Iser beharrt auf der Repräsentationsfunktion der Fiktion, was dem Gegenstand seiner Untersuchung, der Literatur, geschuldet sein mag. Das Theater im Allgemeinen und die Projekte von Rimini Protokoll im Besonderen ermöglichen jedoch eine Durchdringung von Welt und Fiktion, die die Grenze produktiv verwischt. Stattdessen setzt beim Rezipienten ein Zaudern und Zögern ein, das von Erinnerungsprozessen zwischen Gehörtem und Gesehenem durchwoben ist. Ein Oszillieren zwischen

Glaube und Unglauben beginnt, ein Hin- und Hergerissensein zwischen dem, was man über den Zweiten Weltkrieg und den Anhalterbahnhof weiß, was man sieht und darüber erzählt bekommt, und dem, was, obwohl es verbürgt ist wie die Geschichte von Netaji, Zweifeln unterliegt. Dieses Hin und Her gleicht einem Akt der Verführung, der sicher einen großen Teil der Faszination der Projekte von Rimini Protokoll ausmacht. Es ist eine Verführung, die, ausgelöst durch das Moment der Fiktion, eine Beschäftigung mit der Realität und gesellschaftlich relevanten Inhalten ermöglicht. Man könnte sie Verführung zum Symbolischen nennen. Obwohl *Call Cutta* wie *Uraufführung* in jedem Moment auf die Realität hin durchlässig sind, behaupten die Projekte nie, die Realität zu sein. Vielmehr gehen sie den Umweg über die Unmöglichkeit, dass sich die Geschichte genau so zugetragen hat, um uns über den Abstand zu ihr als individuelle Subjekte in die Geschichte zu verstricken, die wir zugleich *in situ* herstellen.

Fiktion ist also nicht gleich Illusion. Beruht erstere auf einer Verabredung zum Fingieren, zu dem der Rahmen des Theaters ein Merkmal ist, setzt letztere auf eine (phantasmatische) bruchlose Identifizierung mit der Sache selbst. Hier liegt der Unterschied zu Fernsehformaten und ihren Geständnisshows, auf die die Arbeiten von Rimini Protokoll durchaus anspielen. Wo diese jedoch die Illusion erzeugen, auch dann noch als Simulakrum mit der Realität identisch zu sein, wenn die Probleme, die verhandelt werden, von Schauspielern vorgetragen werden, impliziert mich die Fiktion ins Allgemeine, gerade weil sich durch sie eine Lücke, ein Abstand zur Realität auftut, die mein Ort als Subjekt ist.

Erinnern ans Vergessene
Die Gedächtnisfunktion des Theaters wird immer dann aktiviert, wenn sich zwischen Signifikant und Signifikat ein Riss auftut, sich die (phantasmatische) Verbindung der beiden Seiten des Zeichens lockert und öffnet. Dadurch wird die Bedeutungsfunktion suspendiert und die Materialität der Signifikanten (Körperlichkeit, Stimmlichkeit, Atmosphären, Töne, Farben, Lichtstimmungen, Materialien der verwendeten Objekte, etc.) tritt in ihrer Möglichkeit, Begehren zu binden und subjektive Erinnerungsprozesse über die Sinnlichkeit des Materials auszulösen, in den Vordergrund. Genau das geschieht in *Call Cutta* und in *Uraufführung*. Eine alternative Wirklichkeit, die sich neben unsere lebensweltliche Wirklichkeit stellen würde, kann es hier nicht geben, weil die Schließung einer imaginären Gestalt verhindert wird. Ständig gleitet unser Sehen und

Hören von der erzählten Geschichte hinüber zum realen Stadtraum oder ins Parkett des Zürcher Schauspielhauses und bricht sich sowohl an unserer momentanen als auch an der historischen Realität. Damit diese jedoch in ihrem historischen Gewordensein wieder zu einer Erfahrung wird, muss sie wieder möglich, muss sie fiktionalisiert werden. Die Verführung zum Symbolischen durch die Fiktion etabliert eine Gemeinschaft über die Suspension des Imaginären, durch seine Unterbrechung eben in dem Moment, in dem es sich etabliert. Die Konjunktion der beiden Gedächtnisformen in der Unterbrechung impliziert eine Verpflichtung gegenüber der Vergangenheit, in deren Horizont ich immer schon stehe und in den ich im Hier und Jetzt der Stadtführung erinnernd wieder eintrete.

Für die Gedächtnisfunktion des Theaters bedeutet das, dass die Vorstellung von der Einheit der Zeit, die von Aristoteles zwar nie formuliert wurde, in der Rezeptionsgeschichte seiner *Poetik* aber eine zentrale Rolle spielte, aufgesprengt wird. Im dramatischen Theater und selbst noch bei Bertolt Brecht liegen größere Zeitsprünge zwischen den Akten, um Brüche in der Zeiterfahrung zwischen der realen Zeit des Theaters und der erzählten Zeit möglichst zu vermeiden. »Kontinuität nach innen, Abgeschlossenheit nach außen«, fasst Hans-Thies Lehmann die Funktion der Zeit im Drama zusammen. Ziel dieser Illusion von Kontinuität in der Wahrnehmung der Zuschauer ist die Vermeidung von Abschweifungen, von individuellen Träumereien und Fantasien, die nicht über die Bedeutungsfunktion der erzählten Geschichte abgestützt sind. Dass bei einer Stadtführung wie *Call Cutta* weder eine Kontinuität nach innen noch eine Abgeschlossenheit nach außen erreicht werden kann, liegt auf der Hand. Dass *Uraufführung: Der Besuch der alten Dame* die Geschlossenheit der Bühnenwelt bereits mit dem ersten Schritt auf die Bühne durchbricht, ist ebenfalls deutlich geworden. Stattdessen etablieren die Produktionen Chronotopoi, in denen sich ganz verschiedene Zeiten und Orte zu einer anderen Zeit überlagern und vermischen.

»Ihr habt doch ein Leben lang geprobt!«
Die Entstehung von *Uraufführung: Der Besuch der alten Dame*

von Tobi Müller

Eigentlich wollten die Riminis diesmal alles anders machen bei ihrer Arbeit im barocken Plüschtheater des Pfauen, der angestammten Bühne des Schauspielhauses Zürich. Sie planten die Rekonstruktion einer der wohl mythischsten Uraufführungen dieses Ortes: Friedrich Dürrenmatts *Der Besuch der alten Dame* am 29. Januar 1956. Viel Geschichte, viel Legendenbildung, viel, wie immer, nachträglich fabrizierte Erinnerung wäre zu behandeln gewesen. Nicht nur an der Super-Aura von Dürrenmatt hätte man sich abarbeiten müssen. Auch an jener der Giehse.

Giehse, Therese: Deutsche, jüdische und sozialistische Schauspielerin, die ab 1938 in der Schweizer Emigration lebte, erst mit den Kindern Thomas Manns in Zürich das politische Kabarett Die Pfeffermühle gründete und dann im Schauspielhaus Teil des »Emigranten-Ensembles« war. Auch nach dem Krieg kehrte sie immer wieder als bejubelter Gast dorthin zurück. Die Giehse gab im lokalen Kunstsystem eine Art Beweis ab, dass die Schweiz ihre humanitäre Aufgabe im faschistischen Europa auch wirklich übernommen hatte. Mittlerweile weiß man, dass das komplizierter ist. Und dass gerade der Pfauen, in den späten 1930er Jahren als »Juden- und Kommunistentheater« beschimpft, während des Krieges vor allem »geistige Landesverteidigung« betrieb und die Emigranten oft in der zweiten Reihe stehen mussten.

Doch am 29. Januar 1956 gab Giehse erstmals die Claire Zachanassian, die »alte Dame«, die als längst ausgewanderte Magnatin in ihr Heimatstädtchen zurückkehrt und für den Betrag einer Milliarde die marode Gemeinde dazu bringt, ihre Jugendliebe Albert Ill zu ermorden, der sie vor Jahrzehnten betrogen und verraten hatte. Jetzt wollten die Riminis diesen Schul- und Überstoff also nachstellen. Und zwar so: ohne Experten – einzig mit lebensgroßen Pappfiguren der Schauspieler von 1956. Die Authentizität wäre vielleicht als Authentizitismus entlarvt worden, die auratisch aufgeladenen Erinnerungen als Fetisch. Die Riminis ohne Experten, das wäre etwa so verblüffend wie Botho Strauss ohne Mythos und Zivilisationskritik.

Davon rückte man wieder ab. Eines wollten sie dennoch unbedingt, nämlich alles anders machen. Drei Tage vor der Premiere sagen sie: »Es ging darum, die eigenen Methoden zu hinterfragen und sich nicht zu

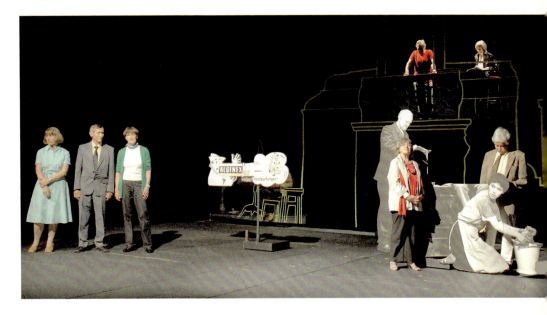

Uraufführung: Der Besuch der alten Dame

wiederholen. Weil wir dachten, dass sich wenig über Erinnerung herstellt bei den Menschen, die wir bis dahin getroffen hatten. Menschen liefern dafür nicht zuverlässiges Material.« Das war ihnen so zwar nicht neu – in ihren Produktionen wird ja stets gezeigt, wie sehr Erinnerung ein Prozess der Vergegenwärtigung ist, wie sehr sie kollektiv und im Moment entsteht und selten auf einen gesicherten Moment in der Vergangenheit rekurrieren kann. Aber die Ausgangslage in Zürich war tatsächlich anders als bei den bisherigen Arbeiten (und sollte es bleiben).

Denn nachdem sie zeitweise auch mit professionellen Schauspielern gesprochen hatten, um die Rekonstruktion der Spielweisen von 1956 quasi professionell herzustellen, und sie auch davon wieder abgekommen waren, arbeiteten sie mit lauter Leuten, deren Expertise jeweils nichts mit den Figuren in Dürrenmatts Stück zu tun hat, sondern einzig mit der Zeugenschaft seiner Uraufführung. Keine Zachanassian im »richtigen Leben« wurde gesucht, kein verschuldeter Kleinkrämer Ill (wie man nach *Wallenstein* hätte vermuten können). Der gemeinsame Nenner war ein öffentlicher Abend vor mehr als fünfzig Jahren. Ein langer Weg, den Rimini Protokoll und ihr Expertentheater zurückgelegt haben, um doch wieder – und doch anders – beim Bewährten anzukommen. Am Anfang hieß es noch ironisch: »Der Erste, der mit einem Experten spricht, ist ein Verräter.«

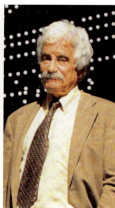

Und dann sitzen die Experten ... ja wo sitzen sie eigentlich? Bei einem Casting oder bereits auf einer Probe? Das ist noch nicht so klar. Gewiss, echt sind sie. Sie alle waren vor 51 Jahren dabei, auf, hinter oder vor der Bühne. Ein Bühnenarbeiter, drei Mitglieder des damaligen Kinderchors, ein Zuschauer. Von Casting-Fieber kann keine Rede sein. »Die meisten«, sagen die Riminis danach im Gespräch, »können nicht abschätzen, was ein erstes Treffen bedeutet. Man redet ja nur mit ihnen. Um es Casting zu nennen, ist die Fallhöhe zu gering.« Das macht es auch einfacher, mit manchen Experten Recherche-Gespräche zu führen, ohne mit ihnen zwingend eine Arbeitsbeziehung einzugehen.

Doch weil auf der, nennen wir es: Probe doch noch ein Rest an Nervosität zu spüren ist, scherzen die Riminis mit den naturgemäß älteren Experten (der Schweizer Kritiker Günther Fässler hat später das Durchschnittsalter ausgerechnet: 69,9 Jahre): »Ihr seid genommen!« Der Witz auf das Casting-Format wird – altersbedingt – kaum verstanden, besser kommt Folgendes an: »Wir garantieren Wohlgefühl!«

Einige Experten stoßen trotz Wohlfühlgarantie nach. Ob es denn tatsächlich gar keine Schauspieler geben werde auf der Bühne? Darauf sind die Riminis vorbereitet: »Nein, Sie haben doch alle ein Leben lang geprobt!« Das sitzt. In Seminaren wäre damit das Stichwort für die Theatralität des Alltags oder die Performativität der Subjektwerdung gegeben. Hier, in Zürich auf der Probe, wird gelacht. »Sie sind keine Schauspieler, das stimmt. Aber Wieder-Hersteller!« Warum man eigentlich den Begriff der Rekonstruktion verwenden würde, will einer wissen. Damit müsse sich doch eine Idee verbinden? Welche? Ein Rimini-Protokollant ant-

Die Experten von *Uraufführung: Der Besuch der alten Dame*

wortet ebenso schlau mit der Betonung auf KON in Rekonstruktion. Man wolle ZUSAMMEN Erinnerung herstellen. Damit ist der Angelpunkt, der Kipppunkt des Unternehmens genannt. Man spricht über ein entschwundenes Ereignis, von dem kaum Ton- und keine Filmaufnahmen existieren, man spricht über eine Abwesenheit, will dabei aber genau diesen Prozess von den Rändern des Geschehens ins Zentrum stellen. Wird man diese Ebenen – das Ereignis und sein thematisiertes Fehlen – immer sauber unterscheiden können? Will man das überhaupt?

Was die Riminis weniger anpeilen als bisher, ist die persönliche Durchdringung der Experten mit dem vermeintlichen Primärstoff. Denn der eigentliche Primärstoff ist ja die Uraufführung als Ereignis und nicht der Text. Allerdings sagen die drei von Anfang an: »Es wird ziemlich viel Originaltext stehen bleiben am Ende.« Die Experten konnten sich in Zürich bereits ein Bild von den Riminis machen, weil *Karl Marx: Das Kapital, Erster Band* kurz vor dieser Probenrunde in Zürich zu sehen war. In *Kapital* ist der Primärstoff erstens klarer eingegrenzt, zweitens greifen die Experten biografischer auf ihn zu. Das erschwert die Klärung der neuen Ausgangslage – denn die Riminis lassen die Uraufführungs-Experten nicht zwingend durch ihre professionellen Fähigkeiten zu Wort kommen, sondern durch ihre Zeugenschaft. Andererseits erleichtert die Sichtung von *Kapital* das Zutrauen zu den Machern und ihrer Art des Arbeitens. Die Experten konnten sehen, so die Riminis, »dass das irgendwie komisch anfängt, dann aber eine Form findet und sich vermittelt«.

Ein Experte fragt am Ende der Probe/des Castings explizit nach der Relevanz des Persönlichen. Das spricht dafür, dass die vorangegange-

Uraufführung: Der Besuch der alten Dame

ne Fragerunde der Riminis an die Experten gut funktioniert hat. Denn die war nicht frei von parallelen Suggestionen auf das Stück, ziemlich persönlich und erfolgreich in dem Sinne, als vieles davon an der Premiere vom 21. Juni 2007 zu hören und zu sehen ist. Die Fragen: 1) Was war Ihre erste große Investition im Leben – gemessen an Ihren Mitteln? 2) Wohin führten Ihre ersten Reisen? 3) Was war Ihre erste politische Massenveranstaltung? 4) Wo und wie haben Sie in Ihrer Jugend Spuren hinterlassen?

Jede dieser vier Fragen greift ein Thema oder gleich eine Szene von Dürrenmatts Stück auf und zielt somit über das Persönliche mitten in den Originaltext, nicht in das Ereignis der Uraufführung. Wie persönlich und ausführlich die Antworten, bisweilen Bekenntnisse sind, erkennt man daran, dass ein Geschwisterpaar des damaligen Kinderchors dabei Dinge erzählt, die sie voneinander nicht wussten. Man fühlt sich wirklich wohl. Und einer sagt unvermittelt: »Tja, das sind noch Erlebnisse!« Ob er damit 1956 oder 2007 meint, ist vielleicht bereits die erste Ambivalenz, um die sich diese Arbeit immer auch drehen wird.

Eine weitere Expertin wird viel später auf einer Probe davon erzählen, wie unvergesslich ein anderes Erlebnis gewesen sei – um den Text dann von einem Kärtchen abzulesen. Man lacht. Auch weil das nicht ein klassischer Regie-Einfall war, sondern eine alltägliche Interferenz.

Manchmal wird sie aber auch hergestellt. Oder bloß festgehalten. Denn die Expertise von drei Experten liegt auch im Theater selbst. Der Regieassistent der Uraufführung von 1956 schlüpft noch einmal in seine Rolle von damals, mit zuweilen ironischer Hingabe. Was in seinem Regiebuch steht und was die Leute erinnern oder nicht erinnern, das soll sich widersprechen dürfen. Eine Fernseh-Ansagerin, die erste der Schweiz, steht neben einem Standbild ihrer Fernsehjugend und erzählt fließend von diesem Tag, an dem sie Abenddienst im Studio hatte. Und ein Zuschauer von damals, später Physiker, Ökonom und Kleintheaterleiter, erinnert sich haargenau an die moralische Wende im Stück. Nicht alles bleibt brüchig, manches behauptet auch Geschlossenheit. Überhaupt hat das Stück »sein Recht eingefordert«, sagen die Riminis. Alles anders machen: »Noch nie hatten wir so früh ein Textbuch – Sicherungsleinen, die wir normalerweise zu diesem Zeitpunkt nicht in dieser Form kennen.«

Kann sein, dass die Sehnsucht nach Sicherheit mit dem zum Teil fortgeschrittenen Alter der Experten zu tun hat. Oder auch mit der thematisierten Unsicherheit des rekonstruierten Ereignisses. Wenn man Theater über Theater macht, wimmelt es immer von solchen Spiegelungen. Erstaunt zeigen sich Rimini Protokoll im Gespräch darüber, wie sehr die Experten darauf warteten, geleitet und geführt zu werden. »So etwas wie Widerstand gab es nur dann, wenn die festgehaltenen Texte der Experten nicht mehr ganz ihren eigenen Worten entsprochen haben.« Meistens aber wollte man nicht lange am »Tisch sitzen und diskutieren«, sondern gesagt bekommen, was man zu tun habe. Erinnerung ist, was die anderen sagen. Auch dies ist eine Pointe des Probenprozesses, die viel mit der theoretischen Ausgangsfrage zu tun hat.

Eine weitere Pointe, die grundsätzlich auf die Arbeit von Rimini Protokoll verweist und ihr Urkonzept verkehrt, ist einem Kind geschuldet. Nach der Pause spielen Kinder den Dramentext nach. Das ent-auratisiert. Und öffnet ein Fenster zu der Frage hin, wie man in der Zukunft diese Produktion erinnern wird. Ein Knabe fällt auf. Er spielt den vom Humanismus in die Bigotterie gekippten Lehrer, der der Gemeindeversammlung die Vollendung des mörderischen Deals schmackhaft macht. Gespenstisch gut, sehr unkindlich. Auch sein Expertentum ist das Theater. Und er hat sich gewehrt: Warum in seinem Vertrag denn »Statist« stehen würde? Aus rechtlichen Gründen, weil er Kind sei, eine Anstellung deshalb kompliziert. »Aber ich habe doch Text, gehe an die Rampe und spiele. Ich bin Schauspieler!« Der Wunsch der Riminis ist wahr geworden: Hier ist alles anders.

Alida Schmidt: Bevor ich die ersten Schnitte setze, decke ich die Leiche ab.
(Sie deckt Olavs Körper ab.)

Hans-Dieter Ilgner: Ich rufe Chefrequisiteur Michael Buro.
(Chefrequisiteur Buro auf Video:) Sterben kommt regelmäßig vor. Mit Gift, mit Waffen, Schusswaffen, Stichwaffen. Ich hab hier einen Effektdolch – eine Art zu Sterben ist es, sich die Pulsadern aufzuschneiden. Und in dem Dolch ist eine Bohrung hier längs, und nach unten weg – eine Kapilarbohrung. Hinten drin ist ein Schlauch mit Blut gefüllt und das ganze sieht dann auf der Bühne so aus.

Alida Schmidt: *(schneidet mit dem Requisten-Messer Olavs Unterarm auf)* Die Leiche blutet selbstverständlich nicht, sie wird zur Vorbereitung auf den Kurs ein ganzes Jahr in einem Gemisch aus Formalin und Alkohol gelagert. Die Haut der Leiche ist gelblich verfärbt, es sind Leberflecken erkennbar, die Leiche ist am ganzen Körper rasiert.
Ich beginne nun mit den ersten Schnitten:
1. ein Schnitt von Schulter zu Schulter, etwa einen Zentimeter unter der Clavicula.
2. Vom manubrium sterni einen Schnitt über die Bauchdecke, wobei man den Bauchnabel links umgeht. Der Bauchnabel bleibt die gesamte Präparation über bestehen.
3. Hemdsärmlig einen Schnitt um den gesamten Oberarm.

Deadline

Werkverzeichnis

1995–1997

Ungunstraum. Alles zu seiner Zeit
(Helgard Haug / Marcus Droß / Daniel Wetzel)
Eine Reihe von Aufführungen, jeweils neu als ortsspezifische Etappen vorbereitet: Die Aufführung ist die einzige Probe, die Bühne ein Betriebssystem aus Apparaten, die einzeln bedient werden müssen, mit jeder Etappe werden andere Themen und Stoffe eingespeist, die die Struktur verändern.
I. Etappe (Hin- und Rückreise von Gießen zu einem Teilstück der Chinesischen Mauer)
21.1.1995, Probebühne Institut für Angewandte Theaterwissenschaft, Gießen.
II. Etappe (Reise um die Erde von London nach London)
Gäste: Zwei Feuerwehrmänner vom Dienst.
14.5.1995, Theatermaschine / Theater im Löbershof, Gießen.
III. Etappe (TiefSeeReise in den Mythos)
24.6.1995, 3ème festival de théâtre universitaire / Théâtre des Amandiers, Nanterre.
IV. Etappe (Reise im eigenen Modell)
15./16.9.1995, darK-Halle, Mainz.
V. Etappe: do you copy (Reise in der analogen Bewegung - in die Höhe und die Tiefe)
Gast: Li Tetzner.
13.1.1996, Incidences / Théâtre de Grammont, Montpellier.
Etappe: Piraten: »Piraten« (Reise über ein Minenfeld)
13.3.1996, Tschechisch-deutsches Theaterfestival, Köln.
Etappe: Living in a Cargo-Box
Haug/Droß auf der Bühne in Lyon, Wetzel und Katja Sonnemann (Übersetzung) per Telefonstandleitung aus Gießen.
3.4.1996, Les 7èmes Rencontres Théâtrales de Lyon, Lyon.
Etappe: Die Katze im Sack
27.4.1996, in den Mauern der Wesertalsperre, WASSERWÄRTS II, Eupen (Belgien).
Etappe: Now we go Step by Step
16.5.1996, UniversiteitsTheaterfestival, Amsterdam.
Etappe: [tet]
26.6.1996, 4ème festival du théâtre / Théâtre des Amandiers, Nanterre.
Etappe: Zu schön, um wahr zu sein
27.-30.6.; 5.-7.7.1996, Bunter Abend / TAT-Daimlerstraße, Frankfurt/Main.
Live at Cellular Buddies
2.-8.9.1996, Sonambiente, Gießen, Akademie der Künste, Berlin.
Etappe: Alibis
Die Zuschauer hören für die Dauer der Aufführung Heimatlieder und bekommen von den Chorführern Schild für Schild vermittelt, worin die Aufführung draußen besteht. Dort installieren Haug/Droß/Wetzel Schilder mit Bezeichnungen der ursprünglichen Blickachsen des mittlerweile zugewachsenen Parks.
Mit dem Chor 1888 von Rauischholzhausen.
31.10.1996, Schloss Rauischholzhausen.
Etappe: Rumpeldipumpel
5.-7.6.1997, Praterspektakel / Volksbühne Berlin.
Etappe: Etikettenschwindel
An jeder Straßenkreuzung von Marbach wird von einem Passanten eine Wegskizze von dort zur Schillerhöhe erstellt. Auf der Schillerhöhe werden die Wegskizzen auf Ständer zu einer maßstabsgerechten Anordnung als Stadtplan aus Kreuzungen montiert.
15.6.1997, Symposion Tanz und Literatur / Literaturarchiv Marbach am Neckar.
Etappe: Fernsehreif
5.7.1997, 12 Stunden. Gießen in Raum und Klang, Gießen.

Nach.Richten.Tier. 360° Theater auf 5 Rädern (Stefan Kaegi)
Ortsspezifisches Stück über Nachrichtensprache. Die Darsteller spielen sowohl im Hinterhof als auch auf der Straße vor einem Bordell. 50 Zuschauer sitzen auf drehbaren Bürostühlen im Erdgeschoss eines Bürogebäudes und beobachten Darsteller und Passanten durchs Fenster.
Mit: Ariane Andereggen, René Stäbler, die Ratte Bakunin. M: Marcel Hollenstein.
UA: 14.8.1996, Zürich.

Jäger und Sammler
(Kaegi / Regula J. Kopp)
Installation / Performance / Remix, 18 Wochen lang, mit über 120 Schweizer Künstlern und Sammlern in einem Schaufenster/Ladenlokal. Jede Woche finden eine Vernissage und ein Event statt. Abschlussritual mit einer Jagdhorngruppe.
04-06/1997, Bahnhof Selnau, Zürich.

Über das HDW-Verfahren (sich Gedanken machen über die Schwierigkeiten des Personen- und Güterverkehrs in einem Land mit extremen Ungunsträumen) (Haug/Droß/Wetzel)
Memory-Spiel mit den in bisherigen Bühnen-Aufführungen verwendeten Gegenständen als Motiven. Vorstellung der Liste, Wettspiel mit Publikum.
2.11.1997, Identa/Gasteig, München.

1998

Kugler Der Fall
(Kaegi)
Hörspiel. Kugler legt die Füße auf Europa. Vor ihm liegt eine Welt aus Papier: New York, Zürich, Topelobampo ... Kugler folgt mit dem Zeigefinger den Breitengraden. In fünf Stunden reist Kugler mit den Fingern um die Welt und unter die Plattentektonik in seinem Kopf.
Sprecher: René Stäbler, Albert Liebl-Ellend, Großmutter Kaegi, Kerstin Rullik, Sassa Röhrer u. a.
AP. Edition Howeg. US: 1998, Deutschlandfunk (54′).

Bei wieviel Lux schalten Wurst und Kraus das Licht ein?
Marke: Ungunstraum
(Haug/Droß/Wetzel)
Theaterprojekt. Fahrt mit dem Bus vom Theater in die Netzleitstelle für die Stromversorgung der Stadt Frankfurt. Heiterer Informationsabend auf verschiedenen Kanälen samt Verabschiedung eines Ingenieurs in den Ruhestand und Rückfahrt mit dem Taxi.
Mit: Schaltmeister Erhard Kraus (Haug), Ingenieur Helmut Fischer (Droß), Ingenieur Helmut Wurst (Wetzel) und je nach Abend/Dienstplan den Ingenieuren/Schaltmeistern Schuhmacher (Kraus), Branse (Wurst), Leisner (Branse), Mahr (Mölter), Pahl (Pahl), 24 Taxifahrern, Christine Peters (Prolog).
P: Künstlerhaus Mousonturm, Stadtwerke Frankfurt am Main GmbH.
UA: 15.5.1998, 16./17.5.: Bei wieviel Lux schalten Branse und Pohl das Licht ein? bzw. Bei wieviel Lux schalten Mölter und Kraus das Licht ein?

156 60 18 (1.49,-/Min.).
Ein szenischer Lauschangriff
(Kaegi)
Szenische Installation rund um das Telefon als Beichtstuhl, Flirtkanal und Vorstellungsraum. Das Stück kann im Raum besichtigt oder über die Telefonnummer, die der Titel des Stücks ist, mitgehört werden.
Mit: Franz Dubois, Albert Liebl-Ellend, Mona* (Sextelefonistin), Roland Reichen (Sekretariat Departement des Innern), Markus Hensler, Stefan Kaegi. M: Das ERDWERK™; V: Mo Diener; Installation von 20 Telefonstühlen aus der Nachbarschaft des Theaters und Anrufbeantwortern: Michael Blättler.
UA: 21.5.1998, Hope + Glory / Theater am Neumarkt, Zürich.

Etappe Bekanntenkreis.
Marke: Ungunstraum
(Haug/Droß/Wetzel)
Aufführung und Installation. Aufführung: 39 Mal lassen sich Haug/Droß/Wetzel zum nächsten Bekannten weiterempfehlen, der ein Fenster bei sich zu Hause empfiehlt, von dem aus ein Dia-Foto gemacht wird. Installation: 40 Blicke aus Esslinger Fenstern, bearbeitet und räumlich ergänzt in Diabetrachtern auf Schwenk-Armen, installiert wie ein Kaiserpanorama.
06/1998, 4. Internationale Fototriennale, Esslingen/Neckar.

Und hier ist schon wieder woanders
(Haug)
Installation mit Tonaufnahmen eines demenzkranken ehemaligen Doppelagenten.
14.8.–15.9.1998 im Rahmen von observer/secret services/KAS Galerie für Kunst und Medien, Berlin.

1999

Training 747
(Hygiene Heute: Bernd Ernst/Kaegi)
Theaterstück über zwei deutsche Fliegermythen: Joseph Beuys und Mathias Rust. Die Dramaturgie folgt einem Absturzprotokoll. Das Bühnenbild ist aus Secondhandmöbeln und Betttüchern gezimmert und produziert kontinuierlich Pannen, die zum System des Stücks werden. Zentrales Element: ein zum Effektgerät umgebauter Schreibtisch. Daran sitzt ein Textpilot und navigiert durch ein Drehbuch für zwei Readymade-Darsteller auf Schränken.
Mit: Thomas Klammer (Ex-Pornodarsteller), Melanie Wagner (Ex-Musical-Sängerin), Oliver Bedorf, Sylke Spender, Jens Holst.
UA: 1999, Probebühne, Uni Gießen. Publikumspreis des Cutting-Edge-Festivals, Darmstadt.

Mobile Reviere II
(Haug)
Rauminstallation: Der Grundriss des Galerieraums wird im Verhältnis 1:100 auf den aktuellen Falkplan der Stadt Berlin übertragen. Das Gebiet umfasst 28 Straßen, die einzeln aus dem

Netz gelöst und als Bahn nachgenäht werden. Als mobile Versatzstücke können sie im Galerieraum neu angeordnet werden.
3.9.–9.10.1999, Sechzehn Räume/loop raum für aktuelle kunst, Berlin.

2000

Warum Jodie Foster kein Wasser will
(Kaegi)
Doku-Hörspiel über Werbung im Allgemeinen und im Speziellen über Wonne, der täglich Schilder mit Botschaften durch die Fußgängerzone trägt: an Außerirdische, Gott und an Jodie Foster, in die er sich verliebte, als er den Film *Contact* im Kino sah.
Sprecher: H.L., Sylvi Kretzschmar, Oliver Bedorf, René Stäbler, Stefan Kaegi, Moritz A. Berg, Akif Katakurt, ein Waschmaschinenverkäufer, ein Rheumadeckenverkäufer, die Enkelkinder von Frau Schmidt u. a. Sänger: Claude Peinzger, Kathrin Weber, Albert Liebl-Ellend, Franz Dubois.
AP. US: 5.3.2000, DeutschlandRadio Berlin.

Kongress der Schwarzfahrer
(Hygiene Heute: Ernst/Kaegi)
5 Stunden inszenierter und sabotierter Kongress zur Erweiterung des Begriffs des Schwarzfahrens.
Mit: Georg Hörr (Pianist, Schwarzfahrer), Arthur Castro (Opernregisseur), Rolf Pagels (Borddiensttraining Deutsche Bahn), Dirk Hauer (Aktion Freier Transport für alle), Rainer Henschke (Sicherheitsberater Bahn Schutz GmbH), Yuri Englert (Darsteller), Jochen Puttfarcken (Mikrobiologe AKH Altona), Moritz und Florian Meyer (Schüler), Karl-Heinz Warenycia (Roulette-Spezialist), Peter Matzig (Dichter, Lebenskünstler), Chris Dressel (IT-Spezialist, Hacker-Experte), Dr. Ingrid Körber (Parasitologin), Cantemus Kinderchor, Ekkehart Opitz (Emotional Management), Prof. Dr. Werner Diederich (Philosophisches Institut Uni Hamburg) u.a. Vorsitz: Anita Friedezki; Coaching: Harald Gebhardt (Fromm Institut für Rhetorik+Kommunikation); Beratung: Dr. Thomas Rau (Büro des Ersten Bürgermeisters); Messe-Klima: Carsten »Locke« Witt; Holzwurmbekämpfung: Jürgen Rabeneck.
05/2000, Kampnagel, Hamburg.

O-Ton Ü-Tek
(Haug/Wetzel)
Hörspiel über die Übertragungstechnik mit denen, die während der Live-Sendung sprechen müssen, damit sie gelingt, aber über den Sender nicht zu hören sind.
Mit den Übertragungstechnikern Raimund Becker, Rainer Böhme, Christian Fischer, Joachim Jähnert, Uwe Lauschke, Vincent Lungwitz, Detlef Rebensdorf, Michael Redlich, Jürgen Rothe, Peter Rudert, Thomas Schütt, Robert Schurmann, Sascha Seipel sowie Dietmar Wilkens (Schaltraum), Andreas Zumach (Moderator Konferenzschaltung), Ulrike Pollay (Ansagerin).
P: Deutschlandradio Berlin. US: 5.6.2000 (48'50''); Vorführungen: Unfriendly Takeover, Frankfurt (simultan zur US), Radio Tesla, Podewil, Berlin.

came to rest
(Haug)
Einzelausstellung über Rast und Unrast in einer schwäbischen Kleinstadt, den Fußgängerzonen-Sänger Caruso, ungehörte Startschüsse und leerstehende Kinos.
06–07/2000, Villa Merkel/Bahnwärterhaus, Esslingen.

U-deur
(Haug)
Installation. Der Parfümeur Karl-Heinz Bork wird gebeten, eine Geruchsanalyse der Station der U-Bahnlinie 2 am Alexanderplatz durchzuführen. Er entwickelt eine Duftstoff-Rezeptur, eine Formel dieses Ortes. Der im Labor synthetisch reproduzierte Geruch wird in kleine Flakons abgefüllt, die der Reisende an einem Automaten in der U-Bahn-Station ziehen kann.
8.6.2000–31.12.2001, U2 Alexanderplatz / NGBK Berlin.

Aloa Samoa. Art can be fun but somebody has to pay for it.
(Haug/Wetzel/Winfried Tobias/Otmar Wagner)
Aufführung via Telefon. Unter dem Titel ZeitenWende wird in Gießen im Juli 2000 offiziell Nacht und Tag vertauscht: 0:00 Uhr nachts soll 12:00 Uhr mittags sein. Während die Gießener mitten in der Nacht zum Friseur oder aufs Standesamt gehen, können sie in der Fußgängerzone eine Telefonzelle betreten und den Hörer abnehmen. Sie werden dann automatisch mit Haug, Tobias, Wagner und Wetzel verbunden, die sich auf Samoa befinden, wo es tatsächlich Mittag ist und von wo sie über das Tagesgeschehen auf der anderen Seite der Erde berichten.
1.–2.7.2000, Gießen/Samoa.

Kirchner
(Hygiene Heute: Ernst/Kaegi)
Drei Audiotouren für drei Städte. Wo ist Kirchner? Was hat seine Tochter Beate mit Attarax zu tun? Wo sind die Eingänge zu den unterirdischen Laboratorien? Alle 10 Minuten geht

ein Zuschauer mit einem Walkman vom Theater in die Stadt, Schritt für Schritt lenkt die Stimme des verschollenen Bibliothekars Bruno Kirchner den Hörer durch Hinterhöfe und Fußpfade, die zum Bühnenbild seiner Verfolgung werden.
Stimmen: Peter Heusch, Oliver Bedorf.
Verweis Kirchner, *07/2000, ZeitenWende Gießen.*
System Kirchner, *2000/01, Künstlerhaus Mousonturm Frankfurt.*
Kanal Kirchner, *11/2001, SPIELART, München.*

Keim-Kraft
(Haug)
Installation. Das Phänomen Stadt wird in seine Einzelbestandteile zerlegt. So wie die Natur für die gezielte Aussaat in Samentüten angeboten wird, werden alle Stadtelemente getrennt voneinander in dieser Form zum Verkauf angeboten.
14.10.–18.11.2000, im Rahmen von Wir wohnen gern modern*/Galerie Pankow, Berlin.*

Kreuzworträtsel Boxenstopp
(Haug/Kaegi/Wetzel)
Theaterstück als Formel-1-Rennen für vier Damen um die 80. Im Altersheim wie auf der Autorennbahn sind Geschwindigkeit und die Verschmelzung von Körper und Technik zentrale Themen. Ob beim Reifenwechsel oder beim Aufstehen vom Tisch: An beiden Orten werden Strategien und Sicherheitsmaßnahmen eingesetzt, um Geistesgegenwart zu optimieren und Leben zu schützen.
Mit: Wera Düring, Ulrike Falke (wohnhaft im GDA Wohnstift), Martha Marbo, Christiane Zerda (Schauspielerinnen), Arnold Frühwald (Streckenposten/Bühnenarbeiter). B/L: Mathias Wendelin; DR: Florian Malzacher.
UA: 10.11.2000, plateaux/Künstlerhaus Mousonturm Frankfurt.

2001

Identa 01: Life is enough: leben/erzählen
(Hygiene Heute: Ernst/Kaegi mit Hartmuth Dedert)
Kongresswochenende über das Leben.
Mit: Prof. Dr. Fritz Jauker (Blutegel-Spezialist), Martin Nachbar (Tänzer), Fritz K.H. Stäter (Schriftpsychologe), Dieter W. Grotz (Ghostwriter), Lic. Phil. I. Hannes Veraguth (Cultural Studies), Evangelische Telefonseelsorge München, Rudolph Staritz (Ehemaliger Soldat des geheimen Funkmeldedienstes der Abwehr), Monika Klinkenberg (Trauerrednerin), Duro Toomato (Camel Bollocks Productions), Birgitta Arens (Schriftstellerin), Michael Blättler (Beisitz-Performer), Klasse 5b Max-Josef-Gymnasium, Eintagsfliege Michael u. a.
17.–18.2.2001, Gasteig, München.

De Hermeneutische Fitness Studio
(Hygiene Heute: Ernst/Kaegi)
Installation und Aufführung. Während zwei Wochen entwickelt Hygiene Heute jeden Tag ein neues Gerät für Körper und Geist. Aus Bungeeseilen, Bettfedern, Draht und Reifen entstehen Hometrainer für Thesen: die Gadamer-Schlaufe, das Diogenes-Fass, der Spinoza-Sprung, der Descartes-Kratzer. Jeder Gedanke ist eine Bewegung, jede Bewegung ein Gedanke.
21.–31.3.2001, im Rahmen von Tom Plischke BDC & Friends*/Beursschouwburg Brüssel.*

Play Dagobert (Kaegi)
Hörspiel und akustisch erweiterte Lesung. Romanze in fünf Akten für Ensemble mit Guckkastenbühne: Eine Oberbürgermeisterin muss so lange Kleists *Käthchen von Heilbronn* lesen, bis das Lösegeld eingetroffen ist, sonst fliegt das Schauspielhaus in die Luft. Die Polizei vermutet, dass es sich beim Regisseur um den Kaufhauserpresser Dagobert handeln könnte.
Mit: Swantje Henke, René Stäbler.
AP. US: 8.4.2001, Schweizer Radio DRS2.

Sitzgymnastik Boxenstopp
(Haug/Kaegi/Wetzel)
Hörspiel. Eine Erinnerung an ein Theaterstück über die Erinnerung an ein Rennen. Nach den Aufführungen besucht Düring ein Training am Hockenheim-Ring und spricht mit einem Streckenposten. Falke und Marbo versuchen, ihr Gedächtnis aufzufrischen. Es kommen auch der fiktive Rennveranstalter, die Sitzgymnastik-Trainerin und der dubiose Pförtner des Wohnstifts zu Wort.
Mit: Wera Düring, Ulrike Falke, Martha Marbo, Meta Nicolai (Pilotinnen), Margund Zschische (Trainerin), Klaus Hagopian (Sprecher vom Dienst, SWR), Johannes Th. Hübner (Pressesprecher AvD), Heinz Weger (Streckenposten Nürburgring), Salvator Luxenburger (Koordination GDA). RED: Katrin Zipse. P: SWR2. US: 17.4.2001 (30'00''); AP: DRS2 2001 u. a. (46'09'').

Torero Portero
(Kaegi)
Theaterstück als Straßenintervention mit Tonübertragung für Zuschauer, die auf einer Tribüne in einem geschlossenen Raum hinter Glas sitzen und von dort – aus Pförtner-Per-

spektive – drei argentinischen Pförtnern bei ihrer Lebenserzählung auf der Straße zuschauen.
Mit den argentinischen Porteros Edgardo Norberto Freytes, Tomas Kenny y Juan Domingo Spicogna und wechselnden Gästen. Straßenbild: Alejandra Bredeston; L: Soledad Sanchez; DR: Ariel Davila.
UA: 1.6.2001, Goethe-Insitut Córdoba. Jeweils ortsspezifische Adaptionen in Köln, München, Frankfurt, Berlin, Bogotá, Rio de Janeiro, São Paulo.

Europa tanzt. 48 Stunden Meerschwein Kongress
(Hygiene Heute: Ernst / Kaegi)
48 Stunden Wiener Kongress für 72 Meerschweinchen in einer Europalandkarte aus Gemüse und Nachttischen zur Eröffnung des Museumsquartiers Wien. Das Publikum verfolgt das Treiben der diplomatischen Alphatierchen durch Feldstecher. Über Kopfhörer gesellen sich zur Jägerperspektive Kommentare von Tierärzten, Historikern und ein Konferenzgespräch mit Monika Dworan, der Gründerin von »Meerschweinchen in Not«.
28.–29.6.2001, Tanzquartier Wien.

Raubkopie: Boxenstopp
(Haug / Kaegi / Wetzel)
Statt eines Gastspiels: Düring und Falke hören zum ersten Mal die Bänder, die Wochen nach dem Rennen – das ein Theaterstück war – aufgezeichnet wurden. Sie lösen dabei Kreuzworträtsel, stoppen die Bänder, um das Gehörte zu kommentieren, und entkorken ein letztes Mal Sektflaschen mit der Triumphmaschine.
Mit: Wera Düring, Ulrike Falke. B: Bert Neumann.
18.–19.11.2001, Prater / Volksbühne, Berlin.

Apparat Berlin
(Haug / Wetzel)
Szenische Arbeit zu Massenmanagement, Panikforschung und dem Selbstversuch der beiden Städte Berlin im Winter 1963/64: Was geschieht, wenn Menschen nach 18 Monaten Kontaktsperre und der Teilung ihrer Familienzusammenhänge aus West nach Ost gelassen werden. Zu jeder Aufführung wird der Tourist des Tages gefunden und präsentiert. Während der Aufführung ist an der Bushaltestelle Kastanienallee an der Seitenwand des Bühnengebäudes das Hörspiel *Apparat Herz* zu hören.
Mit: Joscphine Fabian, Martin Kaltwasser, Sascha Willenbacher und dem Touristen des Tages; vom Band: Peter Herz, Joachim Jauer, Ruprecht Kurzrock, Hörer des RIAS-Sonderprogramms zu Passierscheinfragen (Winter 1963/64).

B: Bert Neumann; Kostüm: Janina Audick.
P: Volksbühne am Rosa-Luxemburg-Platz, DeutschlandRadio Berlin.
UA: 28.11.2001, Prater / Volksbühne, Berlin.

Apparat Herz. Sondersendung zu Passierscheinfragen
(Haug / Wetzel)
Hörspiel. Das erste Passierscheinabkommen zwischen West-Berlin und der DDR erlaubte West-Berliner Bürgern, an einigen Tagen 1963/64, ihre Verwandten im Ostteil der Stadt für einen Tag zu besuchen. Haug/Wetzel haben im Archiv von DeutschlandRadio Berlin eine unbeachtete Kiste Tonbänder mit Mitschnitten von Sondersendungen des Rundfunks im Amerikanischen Sektor (RIAS) gefunden, bei denen Hörerfragen zum Verfahren im Mittelpunkt standen. Bis auf ein Statement von Peter Herz entstand das Hörstück aus den Bändern.
Mit: Peter Herz, Joachim Jauer, Ruprecht Kurzrock, Hörer des RIAS-Sonderprogramms zu Passierscheinfragen (1963/64).
P: DeutschlandRadio Berlin. US: 10.12.2001 (54'05'').

2002

Shooting Bourbaki. Ein Knabenschiessen
(Haug / Kaegi / Wetzel)
Theaterprojekt. Beim Knabenschiessen, dem traditionellen Zürcher Volksfest, führen 13- bis 17-Jährige vor. Mit Sturmgewehren schießen sie unter Anleitung von erfahrenen Schützen auf Zielscheiben, um Mofas oder Flugreisen zu gewinnen. Fünf Luzerner Knaben im Alter von 11 bis 14 recherchieren im Rahmen der Proben nach Arten des Schießens – im Schießstand der Polizei, beim Waffenladen um die Ecke, beim Gotcha-Spiel, mit dem CD-Player und im eigenen Videorecorder.
Mit: Valentin Erni, Thomas Hostettler, Diego Krauss, Ahmed Mehdi, Adrian Seitz.
P: Luzerner Theater, Expo.02. KP: Künstlerhaus Mousonturm, Deutsches Schauspielhaus in Hamburg, Sophiensaele Berlin, Teaterhuset Avant Garden Trondheim, BIT Teatergarasjen Bergen.
UA: 24.1.2002, Luzerner Theater. Impulse-Preis 2002.

Glühkäferkomplott
(Kaegi)
Live-Hörspiel über globale Werbekampagnen, Guerillastrategien, über Bombardierkäfer, die bei Gefahr explodierende Sekrete ausstoßen, und Glühkäfer, die durch das Imitieren fremder Blinkfrequenzen artfremde Larven anlocken und verspeisen.

Mit: Moritz Brendel, Kirstin Petri, Dr. rer. nat. Rüdiger Plarre, Baltus Salzwedel und dem ferngesteuerten Monster Pickup von Steffen Kast. B: David Fitzgerald; L: Mathias Wendelin; S: Björn Mehlig; DR: Robert Schoen; RED: Franziska Hirsbrunner.
P: SR, DRS, DLF. UA: 22.3.2002, intermedium 2/ZKM Karlsruhe; gleichzeitige US: MDR, WDR3 u. a.

Sonde Hannover
(Ernst / Haug / Kaegi / Wetzel)
Observationsstück mit Kopfhörern und Feldstechern im 10. Stock eines Hochhauses über dem Kröpckeplatz in Hannover. Der Blick von oben erklärt die Stadt zur Bühne, aus Passanten werden Figürchen, ihre Bewegungen erscheinen planbar, ihre Handlungen in Raster, Tabellen, Kategorien einteilbar.
Mit: Inge Mathes, Nina Lamazza, Farsin Nassre-Esfahni, Arne Sickenberg, Katarina Standke (unten), Harry Hubrig (Fensterputzer), Nils Foerster (Service); Stimmen von: Prof. Dr. Heiko Geiling (Politologe), Flugbeobachter Hallfeld (Polizei-Helikopterstaffel Hannover), Dr. Axel Haunschild (Ökonom, Uni Hamburg), Martin Klinke (Katasteramt Hannover), Georg-Walter Tullowitzki (Detektei Thiele), Prof. Dr. jur. Diethart Zielinski (Uni Hannover) u. a. S: Frank Böhle.
UA: 8.6.2002, Theaterformen/Kroepcke-Hochhaus, Hannover.

Deutschland 2
(Ernst / Haug / Kaegi / Wetzel)
Live-Kopie einer Bundestagsdebatte. Die Original-Debatte in Berlin wird 237 Bonner Bürgern live auf Kopfhörer übertragen. Diese Vertreter von Volksvertretern sprechen in Bonn die Berliner Debatte Wort für Wort mit. Die Teilnehmer stehen namentlich für je ein Mitglied des Bundestags ihrer Wahl.
27.6.2002, 9.00 Uhr morgens bis 1.00 Uhr nachts, Theater der Welt 2002 / Theaterhalle Bonn-Beuel.

Deutschland 2: Kritisches Tagebuch
(Haug / Wetzel)
Hörspiel. Drei Dialoge zu Demokratie und Kopie im Vorfeld des Theaterprojekts *Deutschland 2*: vor dem Plenarsaal, im Foyer des Plenarsaals und am Telefon.
Mit: Christina Tupetz (Bürger Bund Bonn BBB) und Egon Dudka (Simultanübersetzer); Karl-Heinz Schmitt (Platzmeister des Bundestags in Bonn i.R.) und Dr. Norbert Blüm (Bundestagsabgeordneter); Bernd Ickenroth (Wähler) und Reinhard Loske (Bundestagsabgeordneter). RED: Judith Heitkamp.
P: WDR3. US: 24./25./26.6.2002 (je ca. 6'30").

Deutschland 2
(Haug / Wetzel)
Hörspiel. Hunderte von Bonnern hatten sich gemeldet und ihren Volksvertreter zur Vertretung ausgewählt, während in Bundestagskreisen über diese Produktion kontrovers diskutiert wurde: Wie verhält sich das Original zu seiner Kopie? Das Hörspiel macht auf zwei Kanälen Original und Kopie hörbar und bündelt die Ereignisse.
Mit: Egon Dudka (Übersetzer), Wolfgang Skoda (Arbeitsamt Brühl), Bernd Ickenroth (arbeitslos, vertritt Reinhard Loske), Reinhard Loske (Bündnis 90/Die Grünen), Stimmen von Parlamentariern bei der Rede und ihren Wählern bei der Kopie in Bonn. DR: Martina Müller-Wallraf.
P: WDR 3, Theater der Welt 2002. US: 21.7.2002 (52'53").

Undo
(Haug / Wetzel)
Doku-Fiction-Hörspiel über den Brain Data Control Chip und den »undo«-Nebeneffekt in der ersten Baureihe. Was verändert sich, wenn die am Umgang mit Software geschulte Gewohnheit den Wunsch produziert, die undo-Taste auch im Leben zu drücken?
Mit: Ilia Papatheodorou (Ilia), Winfried Tobias (Michael Thomas), Prof. Detlef B. Linke (Link On), Dr. Christian Dierkes (Dr. Christian Wesenkamp), Otmar Wagner (Wolfgang), Birgitt Paul (Sprecherin SFB/ORB), Brigitte Klage (Zeichenstelle LKA Berlin), Otto Bahlo und Norbert Fischer (Pelikan GmbH), Darren Cooper (nortel networks, Silicon Valley), Jan Drouwen (Z-Archiv SFB), Felix Brychcy (Schachclub Kreuzberg), Passanten. RED: Manfred Mixner, Lutz Volke.
AP im Auftrag von SFB, ORB. US: 5.7.2002 (54'51").

don't cream!
(Haug / Wetzel)
Monolog der Fremdenführerin Miranda Skiniti über Preise, Regeln, Bakterien, Verbrecher als Touristen und Tourismus als Theater.
P: Goethe-Institut Athen, Fournos.
27.9.2002, Fournos, Athen.

Staat. Ein Terrarium
(Hygiene Heute: Ernst / Kaegi)
Installation / Aufführung. Auf der Suche nach dem kleinstmöglichen Darsteller richtet Hygiene Heute in einer Galerie ein raumübergreifendes Ameisenterrarium ein, das sich über 5 Wochen hinweg autonom entwickelt. Aus Rohren, Schläuchen, Mikrofonen, Honigwasserfäden und Blattlausnischen wachsen ein Modell von Mannheim und ein Demokratie-

Feldversuch für 200.000 Ameisen. Die Staatsentwicklungen und Forschungsergebnisse werden zu Texten, Skizzen und Statistiken eines Staatsschreibers.
Mit: 4 Kolonien einer Föderation Formica Polyctena (kahlrückige, rote Waldameise) und Michael Blättler. Casting: Rudolph Hermann, deutsche Ameisenschutzwarte; Training: Dieter Bretz (Herausgeber Ameisenschutz aktuell*); B: Günter Bergmann, Carlos Goma.*
28.9.–26.10.2002, Exit_Zeitraum, Mannheim.

Matraca Catraca. Uma viagem REM
(Kaegi)

Trip durch Salvador in einem Stadtbus mit 40 Kopfhörern, live gefahren, moderiert, beschimpft und besungen von einem Busfahrer und seinem Cobrador (Fahrkartenkontrolleur).
Mit: Moacir Rocha, Diney Antonio de Araujo im Bus, zahlreiche Tänzer, arbeitslose Cobradores und Transvestiten außerhalb. Live Musik: Nana Mereilles e Lucio da Bahia; Stimmen: Prof. Lessa (Psychologe), Darnilo (Bussurfer). Businnenraumgestaltung: Gaio Matos; Streckenvertonung: DJ Vicente.
P: Goethe-Institut Salvador, Fundação Cultural Estado da Bahia.
UA: 30.10.2002, Salvador da Bahia, Brasilien.

Physik
(Hygiene Heute: Ernst/Kaegi)

Bühnenversuch über die Performance von Wissenschaft zwischen Zeppelin, Kreisel, Raketen, Higgs-Teilchen, Chaospendel und Musik. Science und Fiction über Jan Hendrik Schön, dessen Resultate in der Halbleitertechnik sich als gefälscht erwiesen, nachdem er bereits Leiter eines Max-Planck-Institutes geworden war.
Mit: Dr. Karl Bruckschwaiger, Amadeus Kronheim; Oberflächenphysik: Roland Dreger; Forschung: Johannes Haux, Prof. Dr. Rudolf Ziegelbecker, Physikalisches Institut Uni Frankfurt u. a.
P: Hygiene Heute, Tanzquartier Wien. KP: Künstlerhaus Mousonturm Frankfurt, Productiehuis Rotterdam.
UA: 12.12.2002, Tanzquartier Wien.

Wundersame Welt der Übertragung I–III
(Haug/Wetzel)

Drei Sendungen über das Senden:
I. **Sondersendung zu Passierscheinfragen.** Neubearbeitung des Materials zu *Apparat Herz. US: 31.12.2002, SWR2.*
II. **Strippenzieher und Sendemannsgarn.** Neubearbeitung des Materials zu *O-Ton Ü-Tek. US: 27.1.2003, SWR2.*
III. **Berlin Backtalk.** Eine Livesendung unter Verfolgung der Spielregeln von *Deutschland 2. US: 26.6.2003, SWR2.*

2003

¡Sentate! Un zoostituto
(Kaegi)

Ein Stück über die Sprache zwischen Mensch und Tier in einem Theater mit Hinterausgang direkt in den Zoo von Buenos Aires. Auf der Bühne: Die ehemalige Bankangestellte Estella Maris mit ihrem Windhund Garotita, den sie nach ihrer Scheidung zu sich ins Bett holte; Maria Cisale mit ihren 12 Kaninchen, die nach Erinnerungen benannt sind, die Maria in einem Unfall verloren hatte; der Autoersatzteilhändler Enrique Santiago mit seinen Kamera-Schildkröten Romeo und Julietta; der Telefonkartenhacker Martín Fernandez mit seinem Import-Leguan Lacan II; ein professioneller Hundespaziergänger mit ca. 6-9 Kunden an der Leine.
B: Oscar Carballo; DR: Ariel Dávila, Gerardo Naumann. Als Teil von Biodrama, einem Zyklus von Vivi Tellas. KP: Complejo Teatral de Buenos Aires, Goethe-Institut Buenos Aires.
UA: 22.3.2003, Teatro Sarmiento, Buenos Aires.

Deadline
(Haug/Kaegi/Wetzel)

Theaterstück über den durchschnittlichen, mitteleuropäischen Tod: das unspektakuläre Ableben, das leise Sterben und seine Organisation – prä- und post mortem. Das in Film, Funk und Fernsehen täglich weltweit millionenfach aktualisierte Bild-Genre des Sterbens erhält eine Revision, die den routinierten Blick auf den Schauspieler-Tod ins Leere laufen lässt. Denn 97 Prozent der Deutschen sterben im Bett. Sie sprechen keine letzten Worte, sondern verlieren nach und nach die Sprache.
Mit: Olaf Meyer-Sievers (Trauerredner), Hilmar Gesse (Steinmetz), Hans-Dieter Illgner (Bürgermeister a. D.), Alida Schmidt (Krankenschwester, Vorpräparatorin), Julia Seminowa (Trauermusikerin), Alfred Ruppert (Oberbilleteur Kasino im Burgtheater); auf Video: Ensemblemitglieder des Deutschen Schauspielhauses in Hamburg bzw. des Burgtheaters; am Telefon: Sabine Herfort (eh. Krankenschwester). DR: Imanuel Schipper.
P: Deutsches Schauspielhaus in Hamburg. KP: schauspielhannover, Hebbel am Ufer Berlin, Burgtheater Wien.
UA: 24.4.2003, Schauspielhaus, Hamburg. Eingeladen zum Berliner Theatertreffen 2004.

The Midnight Special Agency
(Haug/Kaegi/Wetzel)

Portrait einer Stadt in 23 fünfminütigen Monologen. »Wen repräsentieren Sie? Was ist Ihre Fiktion? Was ist Ihre Rolle?« Während des Kunsten-Festivals tritt jeden Abend um Mit-

ternacht ein Mensch auf, der in Brüssel entlang dieser Fragen gefunden wurde und weder mit dem Festival noch mit Theater als Kunstform etwas zu tun hat. Er sagt, wie viele Menschen heute im Rahmen des Festivals auf der Bühne standen, und erzählt dann von seiner Rolle auf seiner Bühne zu Hause oder bei der Arbeit.
Mit: Klara Vanistendael (Vogelverkäuferin), Pierre Heureux (Stummfilmpianist), Said Batik (junger Mann von der Straße), Pat Lietart (Freihand-Tattoo-Spezialist), Lieve Biesmans (Flämischlehrerin), Jean-Pierre Dubois (Plane-Spotter), Harun Mohammed Badr (Sandalenverkäufer), Yves Bertino (Hobbyfechter), Daniel Alliet (Priester), Eric Pourtoy (Immobilienagent), Manfred Grede (Schachrichter), Christine Leonard (Redenschreiberin), Patrice Epunzola (Fensterputzer), Victor Michaux (Verkehrspolizist), Luc Lion (Sprecher Citroën), Claude Janssens (Touristenführer), Sai Qing Zou (Wahrsagerin), Maud Vandenbrande (Krankenschwester in einem Heim für Alzheimerkranke), Burkhard Doempcke (Simultandolmetscher), Nicole De Nève (Vorhangverkäuferin), Fabien Poignant (U-Bahn-Chauffeur), Sam De Bruyn und Raïane Claes (Schüler), Dirk De Graeve (Pyrotechniker).
P: Kunsten Festival des Arts, unterstützt durch Goethe-Institut Brüssel.
6.–24.5.2003, 23 verschiedene Aufführungen an 23 Tagen, KfdA-Festivalzentrum, Brüssel.

Dolly Grip Graz (Kaegi)
Motorradfahrt. Jede Viertelstunde wird ein Zuschauer von der Acconci-Insel abgeholt: Auf dem Rücksitz einer Yamaha, Suzuki oder im Seitenwagen – die Fahrer sind ausgewählte Experten ihrer Maschinen. Die Helme sind mit Kopfhörern ausgestattet. Die Fahrer sprechen, spielen Musik zu und geben Gas. Die Route von Dolly Grip Graz schlägt eine Schneise durch die verlassensten Ecken von Graz. Eine Kamerafahrt ohne Kamera.
Fahrer/DJs/Sprecher: Franz Liebmann, Axel Staudinger, Josef Weber, Regina Zurgast.
P: Kulturhauptstadt Graz 2003, Theater im Bahnhof.
UA: 4.7.2003, Graz.

Markt der Märkte
(Haug/Wetzel)
Theaterprojekt. Auf dem Balkon des Metropol-Kinos in Bonn sitzen jeden Mittwoch 40 Theaterbesucher und beobachten das Ende des Bonner Wochenmarkts. Weil die Hauptdarsteller, die Marktverkäufer, beschäftigt sind, kommen sie neben Wirtschaftsexperten u.a. über Kopfhörer vom Band zu Wort. Die Einspielungen werden verschränkt mit Texten von Statisten des Theaters, die auf dem Markt einkaufen, das Geschehen mit Texttafeln beschriften und von anderen Märkten berichten: der Frankfurter Börse, dem Genossenschaftsmarkt, dem Casino u.a. Im Verlauf des Stücks werden alle Stände abgebaut und der Platz gereinigt.
Mit: Dustin Loose, Werner Niederastroph, Renate Schnause, Sue Schulze, Wolfgang Skoda, Zoltan Stadler, Bettina Winterhoff (Statisten Theater Bonn), Uwe Freyberg und Jakob Hillebrandt (Marktverkäufer), Thomas Hensch und Kollegen (Stadtreinigung Bonn), Jens Kerbel (Abendregie). M: Christopher Dell; DR: Michael Eickhoff, Stephanie Gräve.
P: Theater Bonn.
UA: 24.9.2003, Metropol/Wochenmarkt Bonn.

Skrót. Krakau Files (Kaegi)
Städtetour. 3–5 Stunden ist jeder Zuschauer in Krakau allein unterwegs auf der Schnitzeljagd nach handgeschriebenen Zetteln unter Tischen oder hinter Laternen. Auf der Spur des untergetauchten Marek entfernt sich der Zuschauer Notiz für Notiz vom Stadtzentrum. Passwörter öffnen ihm Türen zu Privatwohnungen, versteckte Hinweise lassen ihn Läden betreten und nach unmöglichen Dingen fragen. So wächst ein persönlicher Roman, der sich als Fährte durch Krakau legt.
In Zusammenarbeit mit Anna Burzynska, Pjotr Ratajczak, Marta Bebenek, Julia Kluzowicz, Rafal Romanski, Michal Zadara, Kuba Szreder.
P: Goethe-Institut Krakau.
UA: 18.10.2003, Krakau.

Lokaltermin
(Haug/Kaegi/Wetzel)
Gerichtsbesuch für Theaterzuschauer. In drei Gruppen werden sie von Saal zu Saal geleitet und hören Strafprozessen zu. In zwei Pausen moderierte Gespräche mit Menschen, die am Strafgericht beschäftigt sind.
29.–31.10.2003, Kriminalgericht Moabit, Berlin.

Blau, blau, blau blüht der Enzian
(Haug)
Soundinstallation auf der Basis von Zahlensendungen. Wurde der Musiktitel *Blau blüht der Enzian* zu Zeiten des Kalten Krieges im Radio gespielt, war das für westdeutsche Agenten das Signal, dass die auf diesen Titel folgende Nachricht verschlüsselt und für sie bestimmt war. Heute werden v.a. die Zahlensendungen genutzt: Nach einer kurzen Zahlenfolge, die den betreffenden Agenten adressiert, folgen lose Zahlenreihen, die mit entsprechendem Schlüssel Worte, Sätze, Meldungen ergeben.
13.12.2003–15.2.2004, im Rahmen von world watcher/ NGBK, Kunsthaus Dresden.

2004

Zeugen! Ein Strafkammerspiel
(Haug / Kaegi / Wetzel)
Theaterstück. Ein Meta-Prozess auf einer Bühne über das Theater der Justiz. Jeden Tag wird der Gesetzestext in Moabit hundertfach neu interpretiert und dargestellt. Dem Als-ob des Theaters steht ein reales Strafmaß gegenüber: Das Theatrale der Rechtsprechung ist untrennbar verbunden mit dem Schwanken des Zuschauers zwischen Voyeurismus, Vorurteil und Sachlichkeit.
Mit: Brigitte Geier (Zeugenbegleiterin), Franziska Henschel (Schauspielerin in der Rolle von Konstanze Schargan, Gerichtszeichnerin), Ilse Nauck (Schöffin), Brigitte Neubacher (ehemalige Angeklagte), Thomas Dahlke (Tischlermeister), Eckart Fleischmann (Rechtsanwalt), Fabian Gerhardt (Schauspieler), Detlef Weisgerber (Gerichtsbesucher).
B: Steffi Wurster.
P: schauspielhannover, Hebbel am Ufer Berlin.
UA: 10.1.2004, HAU 2, Berlin.

Hot Spots – hmoun edó
(Haug / Wetzel)
Theaterstück über Tourismus. Eine Montage unterschiedlichster Perspektiven auf den bedeutenden Ort. Die ersten beiden Teile werden für zwei Gruppen gespielt; jede Zuschauergruppe sieht ein Experten-Stück im Theaterraum und folgt, während die andere Gruppe im Theaterraum ist, einer Fremdenführerin auf ihrer Tour, einem Monolog über das Fremdenführen.
Mit: Irini Daskalaki (Fremdenführerin), Pigi Psimenou (Stewardess, Fotografin), Vassilis Chrisostomidis (Rassist, Hotelgewerbe, Spezialist für historische Schlachten), Thomas Drosos (Tankwart, Klarinette, Paraglider), Yannis Vassos (Wärter Dionysos-Theater, Poet), Souzanna Vrapi (Putzfrau aus Albanien, mittlerweile legal, Berufswunsch Stewardess), Charlambos Ganotis (Vermittler, Performer); auf der Tour: Wachhabende vor der Synagoge, Empfangspersonal Hotel Jason, Christos (Obdachloser in der Ruine seines Hauses und Herr der Katzen). In Zusammenarbeit mit Michael Marmarinos.
DR: Imanuel Schipper.
P: Thesseum, Athen, Goethe-Institut Athen.
UA: 11.3.2004, Thesseum, Athen.

Sabenation. Go home & follow the news
(Haug / Kaegi / Wetzel)
Theaterstück mit sechs ehemaligen Sabena-Mitarbeitern, zweieinhalb Jahre nach dem Bankrott der belgischen Fluggesellschaft. Auf der Bühne nehmen sie noch einmal ihre Uniform in die Hand, rekonstruieren den Flughafen von Brüssel, die »große Familie« und ihr Ende. Sabenation ist aber kein nostalgischer Blick auf Trümmer, sondern eine Bestandsaufnahme des Jetzt. Was bleibt von der Corporate Identity nach der Entlassung im eigenen Körper eingeschrieben? Sabenation ist nicht nur ein Stück über eine paradigmatische wirtschaftliche Krise und ihre Opfer, sondern auch ein Reflex auf die Fortsetzung der Nation mit anderen Mitteln.
Mit: Kris Depoorter (Check-in and Boarding), Medhy Godart (Cateringfahrer), Peter Kirschen (Funker und Pilot), Jean Pettiaux (Fluglotse), Danny Rits (Sicherheitschef), Myriam Reitanos (Stewardess), ihre Adoptiv-Tochter Deborah Reitanos.
B/L: Mathias Wendelin.
P: Kunsten Festival des Arts. KP: Theaterformen.
UA: 30.4.2004, Koninklijke Vlaamse Schouwburg, Brüssel.

Brunswick Airport. Weil der Himmel uns braucht
(Haug / Kaegi / Wetzel)
Ortsspezifische Installation auf und um den Flughafen Braunschweig. Die Besucher werden anhand eines fotografischen Leitsystems paarweise durch das Gebäude gesteuert – von der Sicherheitsschleuse für Fugzeuge über den hölzernen Dachboden über ausrangierte Hotel-Zimmer und Bunkerräume auf eine Hollywoodschaukel mit Blick auf das Flugfeld. An 12 Stationen hören sie akustische Inszenierungen mit Stimmen von Menschen, die am Flughafen bzw. in einer der zahlreichen benachbarten Forschungseinrichtungen beschäftigt sind.
Mit den Stimmen von Wernher Baumbach (Geschäftsführer Flughafengesellschaft), Ulrich Frost (Bundesgrenzschutz), Thomas Okupnik (Feuerwehr), Herrn Riechweit (DB Sicherheitsdienst), Axel Thiel (Bundesstelle für Flugunfalluntersuchungen BFU), Volker Brandt und Carsten Seehof (Simtec Simulation Technology GmbH), Manfred Müller (Aerowest Flug Center GmbH), Frank Morlang und Sven Kaltenhäuser (Institut für Flugführung, Deutsches Zentrum für Luft- und Raumfahrt), Prof. Dr. Georg Rüppell (Ornithologe, Zoologisches Institut, TU Braunschweig), Silvia Ohrmann und Jörn Pfingstgräff (Studenten am Institut für Luft- und Raumfahrtsysteme, TU Braunschweig), Frau und Herr Eickenroth (Nachbarn). DR: Haiko Pfost.
4.–11.6.2004, Theaterformen / Regionalflughafen Braunschweig.

Alles muss raus!
(Haug / Wetzel)
Hörspiel über den globalen Markt und kooperative Konkurrenz. Die entscheidenden Handelsbewegungen ereignen sich längst im Internet, das Frankfurter DAX-Parkett liefert nur noch die Kulisse, geschrien wird schon lange nicht

mehr. Auf dem Bonner Wochenmarkt dagegen aktualisiert sich jeden Werktag dieselbe Szenerie von Neuem, um jeden Euro wird lautstark geworben.
Mit: Jens Kerbel, Wolfgang Skoda, Thomas Hensch (Straßenreiniger), Sue Schulze, Gospavar Stanic, Landwirte Küster und Sobania, Frank Henseler (Zentralmarkt Roisdorf), Coskun Bulut (Frankfurter Wertpapierbörse), Gerald Müller (Commerzbank Frankfurt), Verkäufer, Käufer, Anwohner des Bonner Wochenmarkts. RED: Martina Müller-Wallraf.
P: WDR. US: 21.6.2004 (50'17'').

Schwarzenbergplatz
(Haug / Kaegi / Wetzel)
Bühnenstück über das Wien der Diplomatie und Repräsentation, über das, was gesagt und über das, was nicht gesagt werden sollte. Über die Antropomorphismen des Gefühlsaustausches zwischen Staaten. Das semantische Feld, das entsteht, wenn Nationen aufeinandertreffen, in der Hofburg, in der Botschaft, beim Kamingespräch, an der Grünen Grenze, im Fahnengeschäft, beim Strategiespiel und auf der Jagd nach illegalen Einwanderern.
Mit: Brigitte Hörbinger (Ex-Generalkonsuls-Gattin), Ulrike Zimmel (Inh. »Fahnen Christl«), Ying Xie (Musikstudentin aus China), Horst Fischer (Sekretär eines Honorargeneralkonsulats), Hofrat Dr. Willfried Kovárnik (Fremdenpolizei der Stadt Wien), Major Thomas Mader (eh. Kommandant Ehrengarde), Adrian Weygand (Strategiespiel-Experte, Diplomatensohn), Martin Thelen (Auswärtiges Amt), Dr. Wolfgang Wolte (Botschafter i. R.). Mitarbeit B: Viktoria Rautscher; DR: Andreas Beck.
UA: 4.12.2004, Kasino am Schwarzenbergplatz, Burgtheater Wien. Nominiert für den Nestroy-Preis 2005.

Zeugen! Ein Verhör
(Haug / Kaegi / Wetzel)
Hörspiel. »12 Uhr Untreue, 13 Uhr Diebstahl, nach der Mittagspause Paragraph 310 ...« – Im Hörspielstudio entsteht eine akustische Kopie des Berliner Landgerichts Moabit, ein Erinnerungsversuch für Zeugen eines Prozesses, der eine Theateraufführung war.
Mit: Brigitte Geier (Zeugenbegleiterin), Ilse Nauck (Schöffin), Konstanza Schargan (Gerichtszeichnerin), Thomas Dahlke (Tischlermeister), Ekkhard Fleischmann (Rechtsanwalt), Friedrich Carl Föhrig (Strafrichter a. D.), Eckehard Hille (Gerichtsbesucher), Detlef Weisgerber (Gerichtsbesucher, Posaune), Fabian Gerhardt (Sprecher).
P: DeutschlandRadio Berlin.
US: 13.12.2004 (53'44'').

2005

Call Cutta
(Haug / Kaegi / Wetzel)
Stadtrundgang. Aus einem indischen Call-Center ferngesteuerte Tour durch Kalkutta bzw. Berlin. Alle 10 Minuten geht ein Zuschauer mit einem Handy los. Ohne ihr Publikum zu sehen, führen die Call-Center-Agenten ihre Gesprächspartner durch die Stadt – in Indien durch ein übervölkertes Viertel vergangener »goldener« Theater-, aber auch Widerstandstage im Kampf gegen die britische Kolonialmacht; in Berlin entlang von Stationen des Widerstandskämpfers Subhas Chandra Bose während seiner Berlin-Aufenthalte in den 40er Jahren.
Live-Telefonstimmen im Call-Center: Shuktara Banerjee, Sonali Mehrotra, Madushree Mukherjee, Priyanka Nandy, Ranjana Pradhan, Ritwika Ray Chaudhuri, Aditi Roy, Sunayana Roy, Sagnik Chakraborty, Kanav Chopra, Islam Mohammed, David Xavier.
P: Goethe-Institut Kalkutta, Hebbel am Ufer Berlin, Rimini Protokoll.
UA Kalkutta: 26.2.2005, UA Berlin: 2.4.2005.

Wurfsendung: Schnappauf im Patentamt
(Haug / Wetzel)
Zehn Radiobeiträge mit ca. 45 Sek. Länge über Klang-Kategorien im Verzeichnis des Berliner Patentamtes: 01. Problem der Tonerzeugung, 02. Radio, 03. Rundfunk, 04. Puppen, 05. Pistolen, 06. Lokomotive, 07. Glocken, 08. Glocken für Tiere, 09. Tönende Glieder, 10. Tonerzeugende Spielzeuge.
Mit: Lothar Schnappauf (Deutsches Patent- und Markenamt DPMA Berlin). RED: Nathalie Singer.
US: 03/2005, DeutschlandRadio Kultur.

Mnemopark
(Kaegi)
Bühnenstück als Film, der vor den Augen des Publikums entsteht. Vier Modelleisenbahner und eine Bauerntochter stoßen mit Hilfe von Minikameras in eine Modellschweiz vor. 37 Meter Gleis der Modulbau-Freunde Basel werden als Landschaftssimulation im Maßstab 1:87 zum Filmstudio. Die H0-Schienen dienen als Dolly-Grip-Spur und Flaschenputzerbäume als simulierte Natur für Bollywood und Agrarsubvention. Hier sind die Wiesen, Wälder und Ställe tatsächlich gefälscht, doch steigert das nur ihre fiktive Wirklichkeit.
Mit den Modelleisenbahnern Max Kurrus, Hermann Löhle, Heidy Louise Ludewig, René Mühlethaler, der Bauerntochter

und Schauspielerin Rahel Hubacher, dem Musiker Niki Neekke, einem Huhn und sechs Goldfischen. B: Lex Vögtli; V: Jeanne Rüfenacht; S: Niki Neecke; DR: Andrea Schwieter. UA: 24.5.2005, Theater Basel. Ausgezeichnet mit dem Preis der Jury, Festival Politik im freien Theater 2005.

Wallenstein. Eine dokumentarische Inszenierung
(Haug / Wetzel)

Auf der Bühne stehen Menschen aus Mannheim und Weimar. Mit ihren Biografien messen sie sich an Schillers Protagonisten und treten ihnen entgegen. Menschen aus zwei Städten, die zu den gegensätzlichen ideologischen Blöcken entlang des Eisernen Vorhangs gehörten: Experten für Aufstieg und Fall im politischen Ränkespiel der Macht, Loyalität und Gehorsam oder eben auch das Individuum in rasanten politischen Umbruchphasen.

Mit: Rita Mischereit (Inhaberin einer Partnerschaftsagentur), Esther Potter (geprüfte Astrologin), Wolfgang Brendel (eh. Oberkellner Hotel Elephant, Weimar), Friedemann Gassner (Elektromeister, Schillerfan), Robert Helfert (Stadtamtsrat a. D., Luftwaffenhelfer), Ralf Kirsten (Stellv. Leiter Polizeidirektion, Stadtrat Weimar), Dr. Sven-Joachim Otto (Richter Sozialgericht Heidelberg, Stadtrat Mannheim, CDU), Hagen Reich (eh. Zeitsoldat), Dave Blalock und Darnell Stephen Summers (Vietnamveteranen, Anti-Kriegs-Aktivisten); auf Video: Carsten Südmersen (Fraktionsvorsitzender CDU, Mannheim), Prof. Martin Weber (Wahrscheinlichkeitsforscher, Uni Mannheim). Mitarbeit B: Judith Kehrle; DR: Imanuel Schipper; DR Weimar: Dunja Funke.
P: 13. Internationale Schillertage Mannheim, Nationaltheater Mannheim. KP: Deutsches Nationaltheater Weimar.
UA: 5.6.2005, 13. Internationale Schillertage Mannheim. Eingeladen zum Berliner Theatertreffen 2006.

v.l.n.r. Gruppen von Gruppen
(Kaegi)

Digitaldia-Vortrag. Was sagen Gesichter, wenn sie gemeinsam schweigen? Stefan Kaegi typologisiert und kommentiert 100 Gruppenbilder aus dem Internet.
UA: 14.8.2005, Performing Lectures / Unfriendly Takeover, Frankfurt.

Cameriga
(Haug / Kaegi / Wetzel)

Theaterprojekt über eine Meta-Bürokratie. 20 Menschen, die mit dem ehemaligen Rathaus von Riga in Verbindung stehen, besetzen noch einmal 20 Büros im jetzt leerstehenden Gebäude. Die Zuschauer besuchen in Paaren jeweils 7 Büros für je 5 Minuten. Jedes Paar folgt dabei seiner festgeschriebenen Route von Termin zu Termin, von Raum zu Raum.

Mit: Māra Alksne (Stadtarchiv), the »King of the world« und Liene Jurgelāne (Übersetzerin), Vita Timermane-Moora und Chor des Außenministeriums, SIA »Tiriba« (Reinigungs-Team), Gita Umanovska (Executive Director Jüdische Gemeinde Riga), Marika Barone (Übersetzerin Stadt Riga), Gunārs Janaitis (Fotograf), Iveta Kalniņa (Sekretariat Stadtverwaltung), Juris Peršakovs (Chauffeur Stadtverwaltung), Normunds Puriņš (Wächter im Aufführungs-Gebäude), Māris Krūmiņš (Stadtverwaltung), Tālivaldis Margēvičs (Filmemacher), Laima Lupiķe (Stadtverwaltung, Leitung Auslands-Beziehungen), Viesturs (Underground-Regisseur), Gunta Muižniece (Sekretariat Stadtverwaltung), Aleksandrs Fridrihs Neilands (Historiker), Ingrīda Nokalna (Sekretariat Stadtverwaltung), zwei russische Schachspieler aus dem Park, Vanda Zariņa (Historikerin), Margita Zālīte (Pressesprecherin d. Kultusministerin), Ivo Briedis (Performer).
24.-25.9.2005, Homo Novus Festival, ehemaliges Rathaus / künftiges Außenministerium, Riga.

2006

Männer meldet euch!
(Haug / Wetzel)

Video. Rita Mischereit, Chefin von »Deutschlands erster Seitensprung-Agentur«, versteht sich als soziale Einrichtung. Sie sitzt auf der leeren Bühne des Schauspielhauses Zürich und erklärt Kunden am Telefon die Geschäftsbedingungen, beantwortet Fragen nach Frauentypen und formuliert in Arbeitspausen ihre Vorstellung vom Theater. Länge: 20 min.
Vernissage: 12.3.2006, Ursula Blickle Stiftung, Kraichtal; 24.3.-16.4.2006, Kunsthalle Wien.

Blaiberg und sweetheart 19
(Haug / Kaegi / Wetzel)

Theaterstück über die Suche nach dem »richtigen Herz« bei Herztransplantation und Partnervermittlung. Wie findet sich der perfekte Partner? Was stößt sich ab? Auf vier Leinwänden rund um die Arenabühne operiert das kardiologische Team des Universitätsspitals Zürich, und die Experten setzen ihr Leben mit Avataren in der noch unbekannten Online-Plattform Second Life fort.

Mit: Renate Behr (Kardiotechnikerin, bedient im Stadtspital Triemli die Herz-Lungen-Maschine), Hansueli Bertschinger (Professor em. Veterinärmedizin, Mikrobiologe, spezialisiert auf Schweinekrankheiten), Jeanne Epple (Juristin, vermittelt Zahnbehandlungen und Kontakte zu heiratswilligen Frauen in Russland), Nick Ganz (Veranstalter von Single-Events und

Speedflirting-Abenden), Heidi Mettler (lebt seit 2001 mit einem neuen Herzen), Crista D. Weisshaupt (eh. Kantonsrätin mit Organspenderausweis, sucht online einen Partner). DR: Imanuel Schipper.
P: Schauspielhaus Zürich. KP: Hebbel am Ufer Berlin.
UA: 31.3.2006, Schauspielhaus Zürich.

The Police Training Opera / The Memory Job

(Wetzel / Pigi Psimenou)

Zwei Aufführungen im Rahmen von »Apartamentos Equis« (X Wohnungen) in Caracas. *The Police Training Opera*: Drei ehemalige Opernsänger erklären, dass die Gefühle, die sie singen, nicht die Gefühle sind, die sie beim Singen haben können. Polizisten der Bezirkspolizei Chacao führen dazu im Kampftraining vor, dass sie selbst bei großen Schmerzen keine Gefühle zeigen sollen. *The Memory Job*: Audiotour mit der Stimme von Rafel Castillo, offizieller Chronist des Stadtteils Chacao.
Mit: Rafel Castillo (Chronist), Gisela Hollaender (Sopran), Irina Nicolescu (Sopran), Julio Daantje (Tenor), Fernando Roa (Piano), ca. 20 PolizistInnen der Policia Chacao und ihr Trainer.
P: Apartamentos Equis, Ateneo Festival Caracas, Goethe-Institut Venezuela.
UA: 12.4.2006, Caracas.

Cargo Sofia. Eine europäische Last-KraftWagen-Fahrt

(Kaegi)

Jeweils 50 Zuschauer sitzen in einem Lastwagen, dessen linke Seitenwand durch eine Glasfront ersetzt wurde. Vom Theater weg fährt der mobile Guckkasten an Laderampen und Containerterminals, live kommentiert durch die bulgarischen LKW-Fahrer Ventzislav Borissov, Nedjalko Nedjalkov, Svetoslav Michev und – je nach Aufführungsort – Berliner Fleischspediteuren, polnischen Gemüsegroßhändlern, Basler Logistikern, Essener Autobahnpolizisten oder serbischen Hafenarbeitern.
Co-Regie: Jörg Karrenbauer; M: Nicki Neecke, Florian Fischer, Margo Aleksiev u. a.; V: Wladimir Miller u. a.; Fahrzeugumbau: Notker Schweikhardt; Produktionsleitung: Bettina Land, Anne Schulz.
P: Goethe-Institut Sofia, Hebbel am Ufer Berlin, Theater Basel. KP: PACT Zollverein Essen, Le-Maillon Straßburg, Theorem, Pro Helvetia.
UA: Cargo Sofia-Basel: 31.5.2006. Ortsspezifische Versionen: Cargo Sofia-Berlin, Avignon, Ljubljana, Warszawa, Zagreb, Beograd, Riga, Frankfurt, Wien, Strasbourg, Dublin, Madrid, Kopenhagen, Paris, Hamburg, Amman, Damaskus usw.

miles and more. Rücktrittsdramaturgien in der Politik

(Haug / Wetzel / Heike Haug)

Radiostück über die Verführungen der Macht, Fallstricke, Schleudersitze, Pattex-Politiker, *bad timing*, Ressortpannen und Krisenmanagement, Schuld und Sühne.
Mit: Jürgen Leinemann (Journalist), Tarek Al-Wazir (Landtagsabgeordneter), Bernd Stegemann (Dramaturg), Bettina Röhl (Journalistin), Jörn Fischer (Rücktrittsforscher), Dirk Kaesler (Soziologe), Marcus Knill (Kommunikationsberater), Sven-Joachim Otto (Kommunalpolitiker), Helga Lehner (Nachrichtensprecherin). Unter Verwendung des Hörspiels *Richard II.* von William Shakespeare (P: HR 1963. Mit: Hans Quest, Günther Strack u. a.).
P: WDR, DeutschlandRadio Kultur. US: 27.8.2006 (53'53'').

Karl Marx: Das Kapital, Erster Band

(Haug / Wetzel)

Bühnenstück vor der vierten Wand, die ein Regal geworden ist, mit Menschen, die mit ihren Biografien den Wunsch nach Inszenierung des Werks *Das Kapital* betasten.
Mit: Christian Spremberg (Call-Center-Agent), Thomas Kuczynski (Statistiker, Wirtschaftshistoriker, Editor), Tālivaldis Marģēvičs (Historiker, Filmemacher, Riga), Franziska Zwerg (Übersetzerin), Jochen Noth (Unternehmensberater, Dozent), Ralph Warnholz (Elektroniker, eh. Spieler), Ulf Mailänder (Autor in der Rolle von Jürgen Harksen, Anlageberater), Sascha Warnecke (Revolutionär, Azubi Medienkaufmann), alternierend mit Archibald Peeters (Student, Aktivist, Brüssel). B: Haug, Wetzel, Daniel T. Schultze; DR: Andrea Schwieter, Imanuel Schipper.
P: Düsseldorfer Schauspielhaus. KP: Schauspielhaus Zürich, schauspielfrankfurt, Hebbel am Ufer Berlin.
UA: 4.11.2006, Schauspielhaus, Düsseldorf. Ausgezeichnet mit dem Mülheimer Dramatikerpreis und dem Mülheimer Publikumspreis 2007.

2007

Chácara Paraíso. Mostra de Arte Policía

(Lola Arias / Kaegi)

Installation mit 18 brasilianischen Polizisten und ihren Familien im 14. Stock eines Hochhauses an der Avenida Paulista. In kleinen Gruppen oder alleine begegnen die Zuschauer in einem Labyrinth von Zimmern Polizisten ohne Uniform. Mit Fotoalben und einfachen Gegenständen erzählen sie ihre Biografie zwischen Pflicht und Moral.

Mit: Flávia (Notruftelefonistin), Marcel (Kontrabassist im Musikkorps der Militärpolizei), Sargento Amorim (Polizeihundetrainer) mit Agatha (zur Ruhe gesetzter Polizeihund), Sebastião (pensionierter Polizist), Cleber (wegen Totschlag entlassener Polizist), Eliana (Ex-Verkehrspolizistin), Luis Carlos (Ex-Leibwächter des Gouverneurs von São Paulo), Thiago (Offizier einer privaten Sicherheitsfirma) u. a.
P: Copa Cultura, Goethe-Institut São Paulo, Bundeskulturstiftung, SESC São Paulo.
UA: 2.2.2007, São Paulo.

Uraufführung: Der Besuch der alten Dame
(Haug/Kaegi/Wetzel)
Rekonstruktion der Uraufführung von 1956 und dem, was rund um das Theater geschah, davor und danach, am selben Ort mit Beteiligten von damals, sowie 11 Kindern, 46 lebensgroßen Schwarzweißfotos und einem Musiker.
Mit: Ursula Gähwiler, Hans Graf und Christine Vetter (damals Kinderchor), Bibi Gessner (damals Direktionssekretärin), Richard Merz (damals Regieassistent), Eva Mezger (eine der ersten Fernsehansagerinnen der Schweiz), Hans Städeli (damals Bühnenarbeiter), Kurt Weiss und Johannes Baur (damals Zuschauer) u. a. *M:* Markus Reschtnefki; *DR:* Imanuel Schipper.
UA: 21.6.2007, Schauspielhaus Zürich.

Peymannbeschimpfung. Ein Training
(Haug/Wetzel)
Claus Peymann liest aus Briefen, die ihm im Herbst 1977 in der sog. »Zahnspendenaffäre« geschickt wurden. Rolf Otto präsentiert die Dächer der Absenderadressen via Google Earth. Gabriele Vogler-Stump schildert, wie sie Stammheimerin wurde. Der TV Stammheim präsentiert sich mit Auszügen aus Trainingsprogrammen einzelner Gruppen und bespricht die Nachbarschaft des TV und der JVA.
Mit Claus Peymann (auf Video), Gabriele Vogler-Stump (Lehrerin), Rolf Otto (Rüstmeister, Staatstheater), Ursula Ernst (Yoga) und den Gruppen Frauengymnastik, Yoga, Hip-Hop, Paartanz, Jazzdance, Step-Aerobic und Tischtennis vom Turnverein Stammheim.
UA: 22.9.2007, Festival Endstation Stammheim/Schauspiel Stuttgart.

Peymannbeschimpfung
(Haug/Wetzel)
Hörstück. Weiterschreibung der *Regeln für die Schauspieler* aus Handkes *Publikumsbeschimpfung*. Akustisches Protokoll der Recherche zwischen Akten und Erzählungen von Claus Peymann und anderen zur so genannten »Zahnspendenaffäre« und dem Turnverein Stammheim.
Mit: Claus Peymann, Margarita Broich (Schauspielerin), Gabriele Vogler-Stump (Stammheimerin), Bärbel Noack (ehem. Sekretärin), Rolf Otto (Rüstmeister), Martin Lambrecht (Tischtennis). *RED:* Katrin Moll. Kooperation mit Schauspiel Stuttgart, Landesarchiv Baden-Württemberg, Staatsarchiv Ludwigsburg.
P: DeutschlandRadio Kultur. *US:* 1.10.2007 (54').

ABKÜRZUNGEN: AP: Autorenproduktion; B: Bühne; DR: Dramaturgie; KP: Koproduktion; L: Licht; M: Musik; P: Produktion; RED: Redaktion; S: Sound; UA: Uraufführung; US: Ursendung; V: Video.

Autoren

Eva Behrendt ist freie Redakteurin bei der Zeitschrift *Theater heute*. Außerdem schreibt sie für die *taz*, *Die Welt*, den *Zürcher Tages-Anzeiger*, war Jurorin für das freie Theaterfestival Impulse und den Berliner Senat und ist seit 2007 Mitglied der Jury des Berliner Theatertreffens. Lebt in Berlin.

Diedrich Diederichsen ist Autor für zahlreiche Magazine und Zeitungen. Er ist Professor für Kunst der Gegenwart an der Akademie der Bildenden Künste Wien. Jüngere Publikationen u. a. *Musikzimmer* (2005), *Sexbeat* (2002), *2000 Schallplatten* (2000), *Der lange Weg nach Mitte – Der Sound und die Stadt* (1999), *Loving The Alien* (1998). Als Kurator konzipierte er div. Veranstaltungen und Ausstellungen. Lebt in Berlin.

Miriam Dreysse ist wissenschaftliche Mitarbeiterin am Institut für Angewandte Theaterwissenschaft der Universität Gießen. Promotion über die Theaterarbeit Einar Schleefs (*Szene vor dem Palast*, 1999); div. Regieassistenzen und Produktionsdramaturgien. Lehre, Forschung und Publikationen vor allem zu zeitgenössischem Theater und Performance sowie zur Geschlechterkonstruktion in Theater, Performance und Populärkultur. Lebt in Gießen.

Heiner Goebbels ist Komponist, Regisseur, Professor und geschäftsführender Direktor des Instituts für Angewandte Theaterwissenschaft der Universität Gießen, seit 2006 Präsident der Hessischen Theaterakademie. Kompositionen für Ensemble und Orchester, Hörstücke, szenische Konzerte und Musiktheaterstücke, zahlreiche CDs und Preise. Mitglied der Akademie der Künste, Berlin. Lebt in Frankfurt.

Hans-Thies Lehmann ist Professor für Theaterwissenschaft an der Universität Frankfurt. Maßgeblich beteiligt beim Aufbau der Studiengänge für Angewandte Theaterwissenschaft der Universität Gießen, Theater-, Film- und Medienwissenschaft sowie Master-Studiengang Dramaturgie an der Universität Frankfurt. Veröffentlichungen u. a. *Postdramatisches Theater* (1999), *Das politische Schreiben* (2002), *Heiner-Müller-Handbuch* (mit Patrick Primavesi, 2003). Lebt in Frankfurt.

Florian Malzacher ist seit 2006 Leitender Dramaturg/Kurator des Festivals steirischer herbst, Graz. Autor für Tageszeitungen und Fachzeitschriften. Gründungsmitglied des Kuratorenkollektivs Unfriendly Takeover in Frankfurt, Kurator diverser Akademien und Projekte. Dramaturgien, Lehraufträge und Jurymitgliedschaften. Mitherausgeber von *Not Even a Game Anymore. Das Theater von Forced Entertainment* (2004). Lebt in Frankfurt und Graz.

Annemarie Matzke ist Theaterwissenschaftlerin und Performance-Künstlerin; Mitglied der Performance-Gruppe She She Pop und wissenschaftliche Mitarbeiterin am Institut für Theaterwissenschaft der FU Berlin; Studium der Angewandten Theaterwissenschaft in Gießen; Promotion zu Selbst-Inszenierungen im zeitgenössischen Theater (*Testen, Spielen, Tricksen, Scheitern*, 2005). Lebt in Berlin.

Tobi Müller ist Autor für Tageszeitungen und Fachzeitschriften in der Schweiz und in Deutschland. Seit 2001 beim *Tages-Anzeiger* in Zürich, dort ab 2005 verantwortlich für Pop. Jurys: Impulse-Berater Nordrhein-Westfalen, Berliner Theatertreffen 2003 bis 2006, Autoren-Werkstatttage (deutscher Literaturfonds und Burgtheater, Wien). Seit Januar 2007 Kultur-Redakteur beim Schweizer Fernsehen DRS, weiterhin freie Arbeiten. Lebt in Zürich.

Autoren

Martina Müller-Wallraf ist Hörspieldramaturgin beim Westdeutschen Rundfunk in Köln. Sie studierte Politologie, Geschichte und Literatur und arbeitete zunächst journalistisch für Zeitungen und Rundfunk. Für die WDR-Hörspielredaktion entwickelte und betreut sie eine avancierte, vielfach ausgezeichnete Sendeschiene. Lebt in Köln und Diessen am Ammersee.

Priyanka Nandy lebt in Kalkutta, wo sie Englische Literatur an der Jadavpur-Universität studiert. Außerdem betreibt sie einen ausführlichen Blog unter http://myownfairystories.blogspot.com.

Matthias Pees arbeitete als freier Journalist und Theaterkritiker sowie als Dramaturg an der Volksbühne Berlin, am schauspielhannover und für die Ruhrfestspiele Recklinghausen. Seit 2004 ist er freier Kurator und Produzent in São Paulo, wo er mit Stefan Kaegi bei der brasilianischen Adaptation von *Torrero Portero* und der Produktion *Chácara Paraíso* zusammenarbeitete. Lebt in São Paulo.

Kathrin Röggla schreibt Prosa, Radioarbeiten und Theatertexte. Ihre letzten Buchpublikationen sind *disaster awareness fair* (2006) und *wir schlafen nicht* (2004), als Theaterstücke wurden zuletzt *draussen tobt die dunkelziffer* (2005) und *junk space* (2004) uraufgeführt. Lebt in Berlin.

Jens Roselt ist Theaterwissenschaftler und Dramatiker, Geschäftsführer des Sonderforschungsbereichs Kulturen des Performativen an der Freien Universität Berlin. Zahlreiche Veröffentlichungen zur Theorie und Ästhetik des Theaters (u. a. *Seelen mit Methode*, 2005), Theaterstücke u. a. *Dreier* (2002) und *Body Snacks* (2004) sowie Dramatisierungen u. a. für die Volksbühne Berlin. Lebt in Berlin.

Gerald Siegmund studierte Theaterwissenschaft, Anglistik und Romanistik in Frankfurt. Zahlreiche Veröffentlichungen zum zeitgenössischen Tanz und Theater, u.a. *William Forsythe. Denken in Bewegung* (2004) und *Abwesenheit. Eine performative Ästhetik des Tanzes* (2006). Zurzeit ist er Assistenzprofessor am Institut für Theaterwissenschaft der Universität Bern, Schweiz. Lebt in Frankfurt und Bern.

Koproduzenten

Das **Düsseldorfer Schauspielhaus** ist das größte Sprechtheater in Nordrhein-Westfalen. Mit einem Ensemble aus etwa 40 festen Schauspielerinnen und Schauspielern produziert es 25 bis 30 Neuproduktionen pro Spielzeit. Mit anderen Stücken des Repertoires werden diese in etwa 800 Vorstellungen pro Saison auf drei Hauptbühnen aufgeführt.
Rimini Protokoll ist dem Düsseldorfer Schauspielhaus seit Beginn der Generalintendanz von Amélie Niermeyer 2006/07 fest verbunden. So wurde *Karl Marx: Das Kapital, Erster Band* vom Schauspielhaus als geschäftsführender Koproduzenten in Düsseldorf uraufgeführt. Für die Spielzeit 2008/09 ist eine Uraufführung von Rimini Protokoll in Düsseldorf geplant.
www.duesseldorfer-schauspielhaus.de

Das **Hebbel am Ufer** unter der künstlerischen Leitung von Matthias Lilienthal bietet in seinen drei Spielstätten – HAU 1, HAU 2 und HAU 3 – internationale Gastspiele, Vorstellungen der Berliner und (inter-)nationalen Tanzszene sowie experimentelle Theaterprojekte.
Das HAU wurde 2004 in einer Kritikerumfrage zum »Theater des Jahres« gewählt. Neben den jährlichen Festivals wie Tanz im August, Context oder 100° Berlin bündelt das HAU immer wieder Veranstaltungen zu thematischen Schwerpunkten. 2007 wurde das HAU mit dem Designpreis der Bundesrepublik Deutschland ausgezeichnet. Für die Spielzeit 2008/09 sind drei Uraufführungen von Rimini Protokoll geplant.
www.hebbel-theater.de

Das **Institute for Contemporary Arts Research an der Zürcher Hochschule der Künste** fördert und praktiziert künstlerische Forschung im Feld insbesondere der bildenden Kunst. Im Zentrum der Forschung stehen die Philosophie der Kunst, Technologien der Kunst, Wissensräume der Kunst, Kunst im Raum der Öffentlichkeit sowie die Erarbeitung eines der Disziplin Kunst angemessenen Forschungsbegriffs. In allen Bereichen versteht sich künstlerische Forschung als eine der künstlerischen Praxis inhärente Arbeit. Das Institut pflegt internationale Kooperationen mit Künstlern sowie mit Forschungseinrichtungen sowohl künstlerischer wie wissenschaftlicher Disziplinen. Das Institut wird geleitet von Prof. Christoph Schenker.
www.ifcar.ch

Das **Institute for the Performing Arts and Film an der Zürcher Hochschule der Künste** wurde zum 1. September 2007 gegründet und bildet die Plattform für Forschung und Entwicklung in Film, Tanz und Theater der Zürcher Hochschule der Künste. Es initiiert, fördert und publiziert Forschungsprojekte, Tagungen und Produktionen mit, durch und über Kunst. Geleitet wird das Institut von Prof. Anton Rey, Mitarbeiter sind Nicole Greuter, Monika Gysel und Imanuel Schipper. Für 2008 ist ein Forschungsprojekt zu Rimini Protokolls Arbeitsweisen geplant.
http://ipf.zhdk.ch

Seit 2002 gibt **PACT Zollverein** im Herzen des Ruhrgebietes der zeitgenössischen internationalen Kunst mit den Schwerpunkten Choreographie, Tanz und Performance Raum für öffentliche Aufführungen und Ausstellungen, für temporäre Lernarchitekturen und Residenzen. Transdisziplinäre Plattformen befragen Methoden, Theorie und Praxis in den Grenzbereichen von performativer und bildender Kunst sowie den verbundenen Wissenschaften und untersuchen ihre gesellschaftliche Relevanz.
In der ehemaligen Waschkaue des Weltkulturerbes Zollverein stehen Prozesse gleichwertig neben der Produktion und der Präsentation.
www.pact-zollverein.de

Fotografen

- Archiv Deutschlandradio: S. 216 *(O-Ton Ü-Tek)*, 218 *(Apparat Herz)*
- Thomas Aurin: S. 36, 108, 219 *(Sonde Hannover)*, 222 *(Zeugen! Ein Strafkammerspiel)*, 223 *(Zeugen! Ein Verhör)*
- Adriana Bernal: S. 144/145
- Thilo Beu: S. 22, 109, 111, 139, 219 *(Deutschland 2)*, 221 *(Markt der Märkte)*
- Urška Boljkovac: S. 100/101 links und Mitte, 102
- Barbara Braun/drama-berlin.de: S. 51, 67, 96, 161, 169, 173, 177, 224 *(Wallenstein)*, 225 *(Karl Marx: Das Kapital, Erster Band)*
- Alejandra Bredeston: S. 149, 217 *(Torero Portero)*
- João Caldas: S. 150, 151, 225 *(Chácara Paraíso. Mostra de Arte Policía)*
- Complejo Teatral de Buenos Aires: S. 153, 220 *(¡Sentate! Un zoostituto)*
- Arno Declair: S. 35, 187, 212/213, 220 *(Deadline)*
- Katalin Deér: S. 30, 218 *(Raubkopie: Boxenstopp)*, 218 *(Apparat Berlin)*,
- Christian Enger: S. 74/75, 89, 90, 222 *(Sabenation. Go home & follow the news)*
- Alexander Paul Englert: S. 12/13, 29, 81, 82, 217 *(Kreuzworträtsel Boxenstopp)*
- Iko Freese/drama berlin.de: S. 11
- David Graeter: S. 226 *(Peymannbeschimpfung)*
- Helgard Haug: S. 105, 216 *(came to rest)*, 216 *(U-deur)*, 217 *(Wir wohnen gerne modern/Keim-Kraft)*
- Haug/Droß/Wetzel: S. 15, 19, 215 *(Über das HDW-Verfahren ...)*, 215 *(Etappe Bekanntenkreis. Marke: Ungunstraum)*
- Rolf Hegi: S. 196
- Ruth Hommelsheim: S. 16, 214 *(Zu schön, um wahr zu sein)*
- Sebastian Hoppe: S. 65, 92 links, 98/99, 101 rechts, 103, 113, 156/157, 223 *(Mnemopark)*
- Hygiene Heute: S. 14, 17, 18, 215 *(Training 747)*, 216 *(Kongress der Schwarzfahrer)*, 217 *(De Hermeneutische Fitness Studio)*, 218 *(Europa tanzt. 48 Stunden Meerschwein Kongress)*
- Angelika Kettl: S. 42/43 Mitte
- Hanna Lippmann: S. 215 *(Mobile Reviere II)*
- Mauk – privat: S. 215 *(Und hier ist schon wieder woanders)*
- Rimini Protokoll: S. 7, 25, 42 links, 54, 57, 69, 71, 106, 112, 116/117, 120, 121, 123, 130–136, 141, 214 *(Nach.Richten.Tier.)*, 214 *(Jäger und Sammler)*, 215 *(156 60 18 [1.49,/Min.])*, 218 *(Shooting Bourbaki. Ein Knabenschießen)*, 218 *(Glühkäferkomplott)*, 219 *(Deutschland 2: Kritisches Tagebuch)*, 219 *(don't cream!)*, 220 *(Matraca Catraca. Uma viagem REM)*, 220 *(Wundersame Welt der Übertragung)*, 220 *(The Midnight Special Agency)*, 221 *(Skrót. Krakau Files)*, 222 *(Hot Spots – hmoun edó)*, 222 *(Brunswick Airport. Weil der Himmel uns braucht)*, 222 *(Alles muss raus!)*, 223 *(Call Cutta)*, 224 *(Cameriga)*, 224 *(Männer meldet euch!)*, 225 *(Cargo Sofia. Eine europäische LastKraftWagen-Fahrt)*
- Pigi Psimenou: S. 225 *(The Police Training Opera/The Memory Job)*
- Dieter Rüchel: S. 44/45, 53
- Konstanza Schargan: S. 221 *(Lokaltermin)*
- Christian Schnur: S. 73, 224 *(Blaiberg und sweetheart 19)*, 227
- Tanzquartier Wien: S. 220 *(Physik)*
- C. Weimer: S. 43 rechts
- Reinhard Werner: S. 33, 223 *(Schwarzenbergplatz)*
- Nada Zgank/Memento: S. 92 rechts, 93
- Leonard Zubler: S. 180/181, 197, 198, 201, 207–210, 226 *(Uraufführung: Der Besuch der alten Dame)*

**Alle Rechte an den Abbildungen liegen bei den jeweiligen Fotografen.
Wir danken allen Fotografen für den Abdruck der Bilder.**